리더의 언어병법

마음이 끌리고 일이 풀리고 운을 일으키는

리더의 언어병법

2018년 1월 15일 초판 1쇄 발행
2023년 6월 1일 초판 5쇄 발행

지은이 김성회

펴낸이 김은경
펴낸곳 ㈜북스톤
주소 서울특별시 성동구 성수이로20길 3, 602호
대표전화 02-6463-7000
팩스 02-6499-1706
이메일 info@book-stone.co.kr
출판등록 2015년 1월 2일 제2018-000078호
ⓒ 김성회(저작권자와 맺은 특약에 따라 검인을 생략합니다)
ISBN 979-11-87289-29-6 (03320)

이 책의 국립중앙도서관 출판예정도서목록(CIP)은 서지정보유통지원시스템 홈페이지(http://seoji.nl.go.kr)와 국가자료공동목록시스템(http://www.nl.go.kr/kolisnet)에서 이용하실 수 있습니다.(CIP제어번호: CIP2017035534)

책값은 뒤표지에 있습니다. 잘못된 책은 구입처에서 바꿔드립니다.

북스톤은 세상에 오래 남는 책을 만들고자 합니다. 이에 동참을 원하는 독자 여러분의 아이디어와 원고를 기다리고 있습니다. 책으로 엮기를 원하는 기획이나 원고가 있으신 분은 연락처와 함께 이메일 info@book-stone.co.kr로 보내주세요. 돌에 새기듯, 오래 남는 지혜를 전하는 데 힘쓰겠습니다.

마음이 끌리고 일이 풀리고 운을 일으키는

리더의 언어병법

| 김성회 지음 |

넥스톤

사람이 따르는 말, 운을 일으키는 말을 하라

리더란 어떤 의미인가? 리더의 시장가격이 요즘처럼 하한가를 친 적이 있었던가. 기성세대란 말과 겹쳐지면 정도는 더 심하다. '1도 모르면서' 고집만 센 부장, 뜬금없는 아재개그로 어떻게든 대화에 끼어보려는 주책바가지, 혹은 입만 열면 따발총으로 가르치려 드는 꼰대, 시간장소 불문하고 막걸리판을 벌이는 떼등산족 등 수치심 없고 개념 없는 상사의 총칭으로 쓰인다.

이것은 자초한 것이기도 하고, 주위에서 갖다붙인 꼬리표이기도 하다. 이들이 모셨던 상사세대는 '하면 된다'를 외치며 경제기적을 일구었다. 반면 오늘날의 중장년 리더들은 '되면 한다'는 직원들과 함께 일해야 한다. 어떻게든 젖은 낙엽으로 쓸려가지 않는, 생존의 필살 리더십을 발휘해야 한다.

리더의 언어는 더 어려워졌다. 한마디 하면 꼰대의 잔소리라 하고, 가만히 있으면 상사로서 직무유기라고 뒷담화를 한다. 끈끈한 관심을 표하면 '공과 사를 구분해달라'는 깐깐한 응답이 돌아온다. 위로는 산업화 역군으로 칭송받았던 '잘된 세대'를 상사로 모시고, 아래로는 단군 이래 최고 스펙의 '잘난 세대'를 부하, 아니 동료로 대하면서 이들은 쪼이고, 치인다. 말은 삭이고 마음에 새기는 게 미덕이라고 배워온 이들은 어떻게 말을 섞어야 하는지 알지 못한다.

당신은 이런 세태에 어떻게 대처해야 할지 몰라 난감했던 적이 없는가. 일자 다리 찢기를 하듯 양다리작전을 펼치며 힘에 부치지는 않았는가. 과거의 미덕과 현재의 악덕의 기준이 헷갈려 혼란스러운 적은 없는가? 예전보다 성과는 더 내라고 조이면서, 직원은 쪼지 말라는 이중고에서 가쁜 숨을 쉰 적은 없는가.

나는 이들 세대에게 힘을 주고 싶었다. 팍팍한 저성장시대에 팔팔한 고성과를 내야 하는 짐을 나눠 지고 싶었다. "이만해도 애써왔다는 걸 알지만 2%만 보충하면 돼요" 하며 일으켜 세워 같이 손잡고 싶었다. 썩 괜찮은 상사가 될 리더십의 비밀을 공유하고 싶었다. 이 책은 바로 그런 고민의 결과물이다. 세태와 시대의 틈바구니에서 안팎 곱사등이가 된 기성세대에게 리더의 자리를 회복시켜줄 비밀병법서다. 머리는 '4차 산업혁명 시대의 리더십'을 따라가고 싶지만 몸이 산업화시대에 머무는 몸체분리의 고통을 겪는 관리자들의 리더십 향상을 돕는 것이 목적이다. 끈끈한 정(情)도 푼푼한 인센티브도 없고, 충성은 증발한 시대에 어떻게 성과를 낼 것인가.

이 책은 36가지 상황별 언어병법을 소개한다. 제목인 '언어병법'에서 언어는 단지 그럴듯한 말주변만을 뜻하지 않는다.

곧바로 갈 길을 에둘러 시간만 버리게 하는 말 돌리기, 말 꼬기, 말 꾸미기, 날 세우기의 말솜씨가 아니다. 서로의 신뢰를 다지는 평탄하고 반듯한 도리를 가리킨다. 창조적 조어력, 스토리텔링력, 감정절제력 모두를 포괄하는 종합적 개념이다. 즉 말의 기술인 언술(言術)을 포함, 말의 기품인 언품(言品), 말의 영향력인 언력(言力)을 함께 가리킨다. 이 셋의 관계는 더하기가 아닌 곱하기로서 함께 작동해야 힘을 발휘하고 말발을 세울 수 있다.

'병법'은 오늘날 리더들이 처한 상황이 전장처럼 급박하다는 점에서 취했다. 이른바 따뜻한 고전계열인 《논어》뿐 아니라 냉혹한 현실인식을 바탕으로 한 《한비자》, 《귀곡자》 등을 전거(典據)로 한 것도 그 때문이다. 동양고전의 전거와 오늘날 조직에서 벌어지는 사례를 합종연횡으로 엮어 현장감을 주고자 했다. 책에 등장한 상황들은 현장에서 보고 들은 리더들의 희로애락 육성을 바탕으로 한 것들이다. 못난 직원을 성장시키고 못된 직원을 변화시켜야 하는 상황, 절실한 직언을 해야 할 때, 권고사직처럼 곤란한 대화를 풀어야 하는 경우 등… 위아래에서 함께 압력 받는 리더들이라면 늘 고민하고 부딪히는 문제적 상황을 뽑아보았다. 여기에 경영학 이론 등의 학문적 근거를 토대로 구체적 팁을 제시하고자 했다. 매편 말미에는 '성찰과 통찰' 코너를 마련, 자신을 돌아보는 질문을 던져볼 수 있도록 했다. 처음부터 다 읽어도 좋지만, 현재 자신에게 필요한 부분을 골라 읽어도 무방하다.

이 책은 크게 3부로 구성돼 있다. 1부는 '말발' 즉 구성원의 젖 먹던 힘까지 끌어내는 업무적 소통, 2부는 '끗발' 즉 남의 편도 내 편으로 끌어오고야 마는 정서적 소통, 3부는 '운발' 즉 인생의 운을 불러일으키는 창조적 소통이 주내용이다.

1부는 칭찬, 피드백, 회의 등 일상적인 업무에 필요한 소통 리더십을 다뤘다. 말이라고 다 같은 말이 아니다. 가성비, 아니 가심비(價心費, 가격 대비 마음의 만족도)가 높아야 동기부여가 된다. 어떻게 일하는 척, 통하는 척하는 '척-척'을 벗어나 말 그대로 일이 척척 돌아가게 할 것인가? 겉으로 말은 못하지만, 속으로는 애면글면 고민됐던 리더의 마음앓이를 읽고, 함께 답을 찾아보고자 했다.

2부는 정서적 소통리더십을 다뤘다. 결국 답은 사람 아니겠는가. 말 한마디로 리더의 매력이 배가되는 '말의 마술'을 담고자 했다. 단지 말 한마디를 바꾸고, 힘주고, 순서를 뒤집는 것만으로도 영향력과 설득력이 향상될 수 있는 병법들을 나누고자 했다.

3부는 창조적 소통리더십을 다뤘다. 언력을 통한 운발 향상이다. 1부, 2부가 현장에서 리더십을 발휘하기 위한 전술적인 즉효처방이라면 3부는 전략적인 총론처방이다. 말로 꼬였던 운을 말로 풀어 일으키고, 막혔던 소통의 혈을 뚫는 방법이다. 말하자면 소통의 기초체력 강화다. 아울러 리더 스스로에 대한 성찰을 통해 자기인지를 높이는 소통강화법 등을 담았다.

리더로서 뭔가 제대로 해보고 싶다면, 먼저 말부터 바꾸라. 말이 변화의 첫 단추다. 인플루언서(influencer)가 되려면 언(言)플루언서가 돼야 한다. 말이 리더십이다. 리더의 의식(意識)은 리더의 말, 의식(儀式)을 통해 드러난다. 삭이지도 말고, 새기지만도 말고 섞으라. 리더의 말을 갈고 닦고 조이라. 마음을 당기고, 일을 풀어 운을 일으키라. 말과 운과 끗에 '영향력'의 발을 달아보라.

이 원고가 빛을 보기까지 함께하며 힘이 되어준 가족, 늘 꼼꼼한 편집으로 감동을 주는 북스톤 출판사에 깊이 감사드린다. 내 연재 칼럼의 게이트키퍼(gate keeper)로서 분에 넘치는 관심을 기울여준 〈이투데이〉의 임철순 주필과 〈조선비즈〉의 김지수 문화부장, 그리고 '인문경영'이란 장르를 개척할 수 있도록 자극을 준 벗 강혁 〈뉴스웨이〉 국장에게 깊이 감사드린다. 세상 일이 늘 그렇듯 혼자서 할 수 있는 것이 무엇이 있으랴. 글 쓰고 책을 낼 때마다 갖는 소회다. 많은 분들에게 지고 있는 말빚, 글빚, 마음빚의 무게가 무겁다. 그저 열심히 분발하겠다는 각오로 감사의 말을 갈음한다.

김성회

2부 | 남 편도 내 편으로 만드는 정서적 언품(言品)

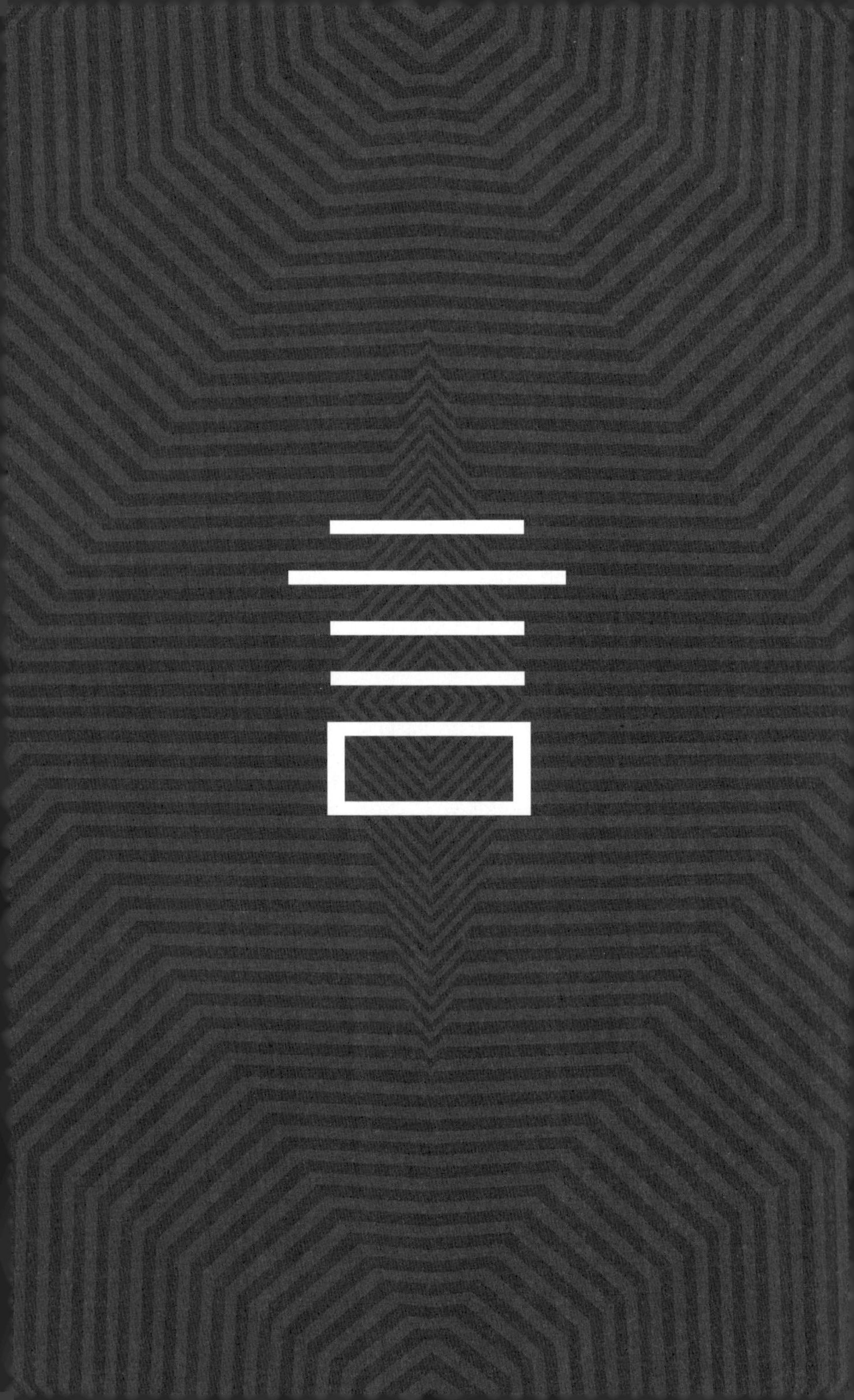
言

1부

術

구성원의 역량을 끌어내는 업무적 언술

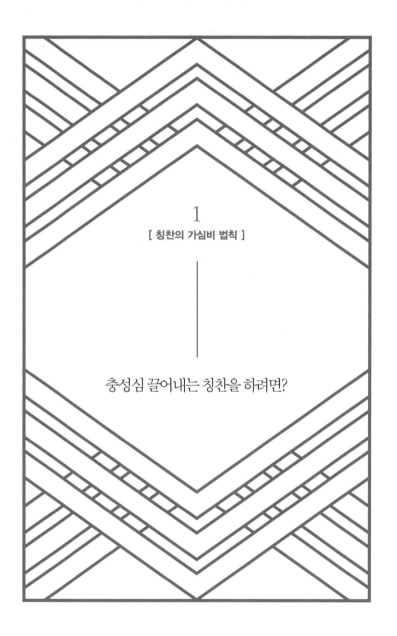

1
[칭찬의 가심비 법칙]

충성심 끌어내는 칭찬을 하려면?

문제아 뒤에는 문제 부모 있고, 위인 뒤에는 훌륭한 부모가 있다. 고전소설 〈구운몽〉을 쓴 서포 김만중이 어렸을 때, 어머니 윤씨는 늘 발(簾)을 쳐놓고 아들을 가르쳤다. 이것을 보고 지나가던 사람이 궁금해서 "(아들인데도) 내외하는 것인가" 하고 묻자 "유복자이니 공부를 조금만 잘하면 칭찬의 도가 지나칠 수 있고 기대에 미흡하면 지나치게 안타까운 표정이 드러날 것이니 얼굴을 가린다"고 대답했다고 한다. 칭찬 하나에도 넘칠까, 모자랄까 신중을 기한 현명한 어머니의 교육방식이다.

우리는 칭찬이라 하면 달달한 것만을 생각한다. 그러다 우스갯말처럼 '단 거'가 위험(danger)해지면 그때서야 칭찬의 역습 운운하며 부작용을 탓한다. 당신의 칭찬은 위험하지 않은가. 얼마나 가성비, 아니 가심비(가격 대비 심리만족도)가 높은가.

C소장은 50여 권을 출간한 역량 있는 저자다. 어느 날 지인 한 명을 C소장에게 소개할 기회가 생겼다. 지인은 소개를 듣더니 경탄의 눈으로 말했다. "책을 50권이나 내시다니, 이건 재능을 넘어 정말 좋은 습관을 가졌다는 뜻이네요. 정말 존경합니다. 재능을 넘어 습관을요" 하며 손을 꽉 쥐는 것이었다. 그 말을 들은 C소장은 거의 울먹일 정도로 고마워했다. 재능이란

칭찬은 흔히 들었던 반면, 좋은 습관이란 말은 처음 듣는 칭찬인 데서 온 감동이었다. 처음 악수를 나눌 때만 해도 "신간 나오면 보내드리겠습니다" 하고 훗날을 기약하다가 '성실한 습관' 이야기를 듣자 "제가 최근에 낸 책을 보내드리겠습니다. 주소 말씀해주시지요"로 태도가 돌변했다.

창조적 칭찬은 이처럼 사람을 격발시킨다. 구성원을 어떻게 칭찬할 것인가는 리더가 결정해야 할 우선순위 중 하나다. 칭찬의 기준이 흔들리면 조직의 기강도 흔들린다. 나아가 진정성이 결여된 짝퉁 칭찬은 오히려 독이 되기 십상이다.

어떤 칭찬이 본전도 못 찾게 하고, 기초체력을 해치는 칭찬인가? '삼식이 칭찬'이 그것이다. 삼식이, 퇴직 후 하루 삼시세끼를 집에서 먹어 푸대접받는 천덕꾸러기 신세를 가리키는 시쳇말이다. 칭찬에서도 삼식이는 천덕꾸러기다. 형식, 허식, 의식이 바로 그것이다.

첫째, 형식적 칭찬, 빤한 칭찬을 피하라.

똑같은 칭찬을 여기저기 뿌리고 다니는 돌려막기 식 붕어빵 칭찬은 효과가 없다. 학교나 회사의 기념식을 가장 지루하게 하는 것이 무엇이었는지 생각해보라. 바로 '이하동문', '대독(代讀)'이다. 칭찬도 마찬가지다. 내게 한 칭찬을 토씨 하나 안 바꾸고 다른 사람에게 하는 것을 본다면 어떤 기분이 들겠는가. 칭찬은 1대 1 맞춤형이어야 한다. 뭘 칭찬해야 할지 모르겠다고? 칭찬 불능은 관찰 불능에 다름 아니다. 뭘 잘해서가 아니라, 실패가 줄어드는 것도 향상이요, 칭찬거리다. 칭찬거리는 아는 만큼 보인다. 칭찬에 돈은 들지 않지만, 대신 리더의 품이 든다. 다품종 소량생산 맞춤형의 칭찬을 하라.

더욱이 입으로만 하는 칭찬은 상대를 혼란스럽게 한다. 조직행동 심리학자 리처드 보야치스(Richard Boyatzis)와 대니얼 골먼(Daniel Goleman)은 실험에서 한 집단에는 부정적인 피드백을 주면서 고개를 끄덕이거나 미소를 짓는 등 긍정적인 신호를 전달했다. 한편 다른 집단에는 긍정적인 피드백을 주면서도 얼굴을 찡그리거나 눈을 가늘게 뜨면서 비판적인 태도를 취했다. 이후 인터뷰를 해보니, 후자가 전자보다 자신의 성과에 대해 부정적으로 인식하는 것으로 나타났다. 전달방식이 내용 자체보다 더 중요하게 받아들여진 것이다.

이왕 할 칭찬이면 온몸으로, 말만 아니라 행동과 표정으로 진심을 다하라. 그래야 신통방통력을 발휘한다.

둘째, 허식적 칭찬, 과한 칭찬은 피하라.

칭찬에도 객관성이 필요하다. 모자라지도 넘치지도 않게, 칭찬의 수준과 기준을 맞추라. MSG(합성조미료) 듬뿍 넣은 음식은 당장 입맛엔 당길지 모르지만, 속을 거북하게 한다.

타인의 칭찬에 대해 느끼는 인간의 기쁜 감정은 자기확인과 자기확대, 둘로 나뉜다. 자기확인의 칭찬은 이미 스스로 인정하고 있는 자신의 장점이다. 반면 자기확대의 칭찬은 자신이 깨닫지 못한 점을 칭찬받는 경우다. 당연히 후자의 기쁨이 더 크다. 성공보다 성장, 잘한 것보다 자란 것에 대한 조언과 관심이 곁들여질 때 칭찬의 효과가 배가된다.

이를 위해서는 우선, 최상급 남발의 공갈빵 칭찬부터 피하자. 때 아니게 사무실을 돌아다니며 엄지손가락을 치켜세우고 "정말 잘하고 있군, 최고야. 계속 파이팅!" 해봐야 아무도 동기부여되지 않는다. 그러기는커녕 여론조작용인지 이미지 쇄신용인지 성과유도용인지 리더의 의도를 파악하고자 안테나를 세우기 십상이다. 혹은 상대를 불안하게 하고 부담스럽게 한다. 최고의 칭찬에 걸맞게 행동하려니 불편하다. 내가 그 정도로 잘나지는 못했는데 하는 마음에 초조감에 시달리게 된다. 칭찬에 걸맞은 사람이 되기 위해 자신의 능력과 태도를 수단방법 가리지 않고 꿰맞추려는 부작용까지 일어날 수 있다.

셋째, 의식적 칭찬, 기준 없는 칭찬을 피하라.
칭찬의 공정성을 보여주라. 칭찬은 받을 만한 사람이 받아야 한다. 벌에 일벌백계(一罰百戒)의 의미가 있다면, 칭찬에는 단번에 여러 사람을 감동시키는 일찬백동(一讚百動)의 의미가 있다. 그러므로 칭찬은 조직의 기준에 맞춰져야 한다. 조직이 아니라 리더의 기분에 따라 칭찬이 오르락내리락할 때 사람들은 칭찬의 가식성에 기분 나빠한다.

모 IT회사에서 있었던 일이다. 어느 직원이 사표를 내자 당장 일할 사람이 부족한 사장의 마음이 다급해졌다. 일단 붙잡아야겠다는 생각에 전사조회 자리에서 그 직원을 가리키며 '우리 회사에 크게 공헌해왔고, 앞으로도 공헌할 사람'이라며 박수를 유도했다. 그 이벤트 덕분에 몇 달 붙잡아놓을 수는 있었지만, 결국 그는 이직했다. 떠난 그는 그렇다 치고, '박수를 강요당한 직원'들은 어떤 기분이었을까. '며칠씩 밤샘한 우리는 뭘로 아는 거야, 역시 우는 아이에게 젖 주는군' 하는 패배감과 상실감, 분노감이었다. 더구나 그 직원은 자기중심적 행동으로 원성이 자자한 사람이었다. 한 사람 칭찬하려다 전 직원을 좌절감에 빠지게 한 것이다.

공개적이고 의식적인 칭찬일수록 평판을 고려해야 한다. 비록 능력이 뛰어나도 동료들의 지탄대상이란 평가를 듣고 있다면 재고해볼 필요가 있다. 당장의 아쉬운 상황이나 일시적 기분으로 칭찬해서는 안 된다.

또 하나, 이왕 칭찬할 거라면 순도 100% 화통한 칭찬을 하라. 괜히 생색내거나, 더 잘하라고 부담을 주는 불순물을 섞지 말라. 입장 바꾸어 생각해보라. 평소에는 인사 한 번 공손하게 하지 않던 직원이 진급심사 직전에 찾아와 아부 설레발을 칠 때 당신이라면 기분이 어떻겠는가. 그런 칭찬이 진심이라 믿을 사람은 아무도 없다. 상사도 마찬가지다. 평소에 칭찬 한 번

하지 않던 사람이 갑자기 칭찬을 남발하면 저의를 의심하게
된다. '빨리 본론이나 말하지 뭘 저렇게 오래 끌어.' 의도의 꼬
리를 감춘 채 늘어놓는 구미호 칭찬은 안 하느니만 못하다.

특히 비난을 위한 도입부로 칭찬을 사용하는 것은 절대금물
이다. 글쓰기에는 1단락 1메시지 원칙이 있다. 칭찬도 마찬가
지다. 'Yes but'이 거절화법의 정석이라지만, 반전 지적질은
가급적 하지 않는 게 좋다.

유통업계의 K팀장은 나름대로 칭찬을 많이 한다고 자부한
다. 그런데 직원들은 칭찬받고서도 기가 살기는커녕 입이 댓
발은 나온다. 옆 팀 팀장은 툭하면 야단을 치는데도 팀원들이
충성만 외치던데 왜 그는 칭찬해도 본전을 못 찾을까. 여기에
는 이유가 있다. 야단 같은 칭찬과 칭찬 같은 야단이 있다. 교
만한 꽈배기형 칭찬은 사기를 떨어뜨린다. "자네 이번에 웬일
이야? 매번 헤매더니 이번엔 웬일로 제대로 해왔네.""자네 출
신 대학에서 이런 인재가 배출되다니 현수막 걸렸겠는걸." 어
떤가. 듣기만 해도 피가 거꾸로 솟는, 안 하느니만 못한 칭찬
아닌가. "자넨 MBA잖아, 자기 업무는 잘 알겠지", "여자 치고
는 잘하는데"처럼 무턱대고 일반화하는 말도 똑같이 나쁜 칭
찬이다.

차가운 조각을 생명체로 만들어내는 피그말리온 효과, 물론
좋은 말이다. 석상에 숨결을 불어넣는 예술가처럼 상대방의

강점과 잠재성을 최대한 발휘하도록 돕는 것이 리더십이다. 문제는 조각당하는 입장, 칭찬받는 입장에선 조각가의 수고(?)를 조종 또는 사육으로 생각하며, 끌질을 고통스러워하는 경우도 많다는 점이다. 당사자의 의지와 상관없이 리더가 바라는 기대만 표현하지 말라. 부담과 조종으로 받아들여 갈등과 상처, 좌절을 유발할 수 있다.

진정성 있는 칭찬은 달달하기보다 오히려 담담하다. 달달한 칭찬과 담담한 칭찬, 그 차이가 짐작되는가? 재능에 방점을 찍으면 칭찬이 달달해진다. 그러나 재능은 재료일 뿐 제품이 아니다. 이것을 구분하지 못한 칭찬은 사람을 오염시킨다. 반면 담담한 칭찬은 재능 이면의 노력과 행동에도 관심을 보인다. 행동과 그 효과를 관찰하고 경과를 알려주는 것이야말로 최고의 명품칭찬이다. 설탕물같이 달달해 먹을수록 갈증 나는 칭찬보다, 맹물같이 먹어도 먹어도 질리지 않는 담담한 칭찬을 하라. 단 거는 데인저하다.

> **[성찰과 통찰]**
> – 우선 내게 칭찬을 3개 해보자. 곳간에서 인심 나는 법이다. 자신을 잘 칭찬하는 사람이 자존감 있고, 자존감 있는 사람이 칭찬도 잘한다.
> – 내가 힘들 때 나를 일으켜 세운 칭찬은 무엇이었는가?
> – 조직 내에서 서로 '상대의 칭찬거리' 3개씩 교환해보자.

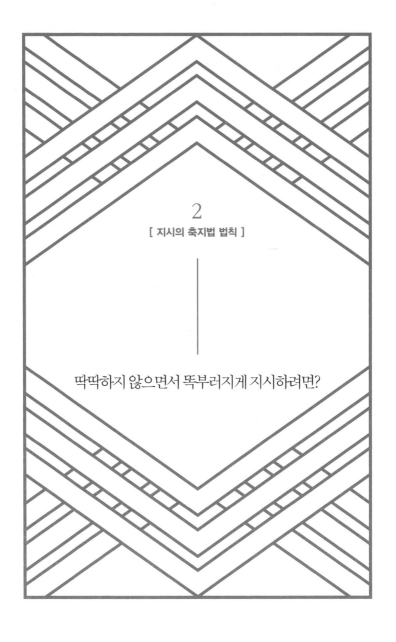

2

[지시의 축지법 법칙]

딱딱하지 않으면서 똑부러지게 지시하려면?

"식량을 아껴서 오래 먹이되 너무 아끼지는 말라."

"아껴 먹이되 너무 아껴서 근력을 상하게 하지는 말라."

김훈 작가의 소설을 영화화한 〈남한산성〉 중 인조의 대사다. 이 장면에서 조직의 문제적 상사들을 떠올렸다는 이들이 많았다. 얼핏 좋은 말인 것 같은데 지시대로 하려면 뜬구름 잡기다. 백성들에게 급식을 하란 말인가, 하지 말란 말인가.

인조의 지시에는 명확성이 없다. 일반적으로 좋은 지시는 명확한, 시쳇말로 '아쌀한' 지시다. 시키는 사항이 수치로, 가치로, 책임으로 명확히 드러나야 한다. 애매모호한 미사여구나, 좋은 게 좋은 것 아니냐는 뜬구름 잡기 식 대의명분, 구체적 사항 없이 "알겠나? 알겠나?"만 반복하는 지시는 금물이다. 더구나 인조처럼 모순적 지시를 하면 직원들은 혼란에 빠진다. 어느 금융기업의 임원은 조직혁신을 추진하되 잡음은 내지 말라는 지시를 받았다며 곤혹스러워했다. 모 기업 임원들은 오너의 불명확한 지시를 해석하기 위해 녹음을 한다고 한다. 메시지 아닌 시그널, 현실적 장애물을 읽어주지 않은 채 무조건 해보라는 일방적 지시는 앞이 안 보이는 상황에서 무기 없이 전쟁터로 나가라는 것과 같다.

자, 인조는 그렇다 치고, 당신의 지시방식은 어떤가?

박 부장이 김 대리에게 지시하고 있다. "김 대리, 이 보고서 마치는 대로 내 책상에 올려놔."

이 지시에는 옥에 티가 숨어 있다. 박 부장은 언제까지 해야 하는 일인지, 왜 필요한 일인지, 지금 하고 있는 일과의 우선순위는 어떻게 조정해야 하는지를 설명하지 않았다. 박 부장의 지시는 이렇게 고쳐야 한다. "다음 주 월요일 2시 임원 회의에서 쓸 자료이니 월요일 오전 중에는 제출해주게. 급한 일이니 지금 하는 일은 문 대리에게 인계하고 이것부터 서둘러주게."

지시란 조직에서 반드시 지켜야 하는 지침을 상사가 내리는 행위다. 지시는 리더십의 성적표요, 상사의 수준이다. 훌륭한 지시가 훌륭한 결과를 가져오고 졸렬한 지시가 졸렬한 결과를 가져온다. 상사가 귀신같이 알아야 시키기도 귀신같이 시킨다는 것을 조직생활을 해본 사람이라면 누구나 실감할 것이다. 직원들의 보고서를 보고 정말 '딱이야!' 소리가 절로 나온 적이 얼마나 되는가? 그보다는 '내가 그렇게 말했는데 또 삐딱선을 탔어'라고 답답해하는 경우가 더 많지는 않은가? 그럴 때는 직원을 탓하지 말고 자신의 지시를 한 번 성찰해볼 필요가 있다.

공자의 발언에 마침 지시와 맥락이 통하는 언급이 있다. 야심만만한 소장파 제자 자장이 하루는 "어떻게 해야 정치를 잘할 수 있습니까?"라고 물었다. 이에 공자는 무엇을 해야 하는지보다도 무엇을 피해야 하는지로 답변을 대신했다.

"4가지 악한 일을 하지 않아야 정치를 잘할 수 있다."

이른바 '학포적린'의 폐해다. 명확히 지시하지 않고 성과만 가져오라고 다그치고(虐), 기한이나 보고방법 등 세부사항을 설명하지 않고 닦달하거나(暴), 지시의 방향과 목적을 공유하지 않은 채 성과만 다그치고(敵), 책임에 인색한 것(吝)이 바로 나쁜 지시의 4가지 유형이라는 것.

이를 반영하듯, 한 설문조사에 따르면 업무지시에서 가장 개선되어야 할 사항으로 응답자의 34.8%가 관련 정보자료의 불충분한 공유를 꼽았다. 33.6%는 어떤 결과물을 만들지 애매한 지시, 32.1%는 명확한 설명 없이 시키는 대로 하라는 일방적 업무지시를 들었다. 한마디로 지시내용의 명확성이 부족하다는 이야기다.

애매모호하고, 두루뭉술하고, 뜬구름 잡는 지시는 '어쩌다 실수'가 아니다. 권력에 목마르거나 실력에 목타거나, 하여튼 뭔가 간절한 상사가 일부러 쳐놓은 함정이다. 불투명하게 덮어 정보를 독점하려 하거나, 양다리를 걸쳐 출구전략을 마련해놓은 것이다. 애초에 본인도 지시사항을 제대로 파악하지 못했거나, 아니면 책임과 뒷감당이 어려워 미리 만들어둔 연막전술이랄까.

상사가 지시를 빙자한 방임을 하면, 직원은 복명을 가장한 불복종과 불실행으로 대응한다. 좋은 지시의 요건은 누가, 언제까지, 왜 어떻게 할 것인가가 합의되는 것이다. 가장 중요한 것은 상사의 지원과 책임보장이다. 어찌 보면 이것이 명확성보다 더 중요하다. 지시에 상사의 지원과 책임이 더해질 때 날개를 단다. 반대로 지시에서 상사의 책임이 빠지면 나락에 빠진다.

이상의 사항은 명확한 경로가 설정돼 있는 지시일 때의 해결방안이다. 리더가 학포적린 사항을 시정해 육하원칙에 맞춰 지시하고, 직원과 상호합의하고 대차대조하면 해결될 문제다. 답이 있는 문제이기 때문이다.

그렇다면 리더조차 답을 모르는 상황에서 도전적 지시를 내려야 할 때는 어떻게 해야 할까. 앞에서 인조가 지시를 명쾌하게 내리기 어려웠던 이유도 현장의 문제점과 상황을 알 수 없었기 때문이다. 유동적이고(volatility), 불확실하며(uncertainty), 복잡하고(complexity), 모호한(ambiguity) 리스크 앞에서 어떤 지시를 내려야 할까. 구체적으로 지시하려니 상사가 모르고, 자율적으로 해보라고 하려니 직원이 모르는 상황. 게다가 시시콜콜 자세히 지시하면 자칫 '대리급 리더'라고 뒤에서 손가락질당하기 십상이다. 과연 리더는 어느 장단에 발을 맞춰야 할까.

최근 〈하버드 비즈니스 리뷰(HBR)〉의 연구는 지시의 명확성에 대해 재고할 필요가 있다고 말한다. 명확한 지시가 좋을 때가 있고, 추상적 지시가 좋을 때가 있다. 요컨대 상황과의 적합성이 더 중요하다. 월터 미셸(Walter Mischel), 니라 리버먼(Nira Liberman), 야코프 트로프(Yaacov Trope) 등의 심리학자들은 '심리적 거리'를 밀고 당기며 적절히 조절할 것을 주문한다. 말하자면 무협지에서 축지법을 쓰듯 거리를 자유자재로 조절해야지, 무조건 구체적이거나 무조건 막연하게 하는 것은 정답이 아니라는 것. 심리적 거리란 자신과 타인(사회적 거리), 현재와 미래(시간적 거리), 물리적 장소(공간적 거리) 사이의 간극을 말한다. 무조건 가까운 것보다는 적정 수준의 거리를 유지하기 위해 밀당을 해야 한다.

첫째, '사회적 거리' 축지법은 일반적으로 말하는 권력거리다. 한 대규모 조사에 따르면 기업의 리더가 추상적이고 이상적인 화법을 구사할수록 직원들의 업무만족도가 높아진다고 한다. 다만 직속상관만큼은 구체적인 피드백을 해주는 것이 좋다. 즉 직급에 따라 명확성의 강도가 달라져야 한다는 것. 권력거리가 멀다면 추상적 지시가 자율적 활동의 여지를 더 주는 이점이 있다.

둘째, '시간적 거리' 축지법이다. 최종 데드라인을 알려주고 상사에 대한 보고기한은 직원 스스로 정하게 하면 시간적 거리를 손쉽게 줄여 몰입도와 생산성을 높일 수 있다. 댄 애리얼리(Dan Ariely)와 클라우스 베르텐브로흐(Klaus Werten-broch) 교수는 학생들에게 몇 가지 과제를 내면서 제출기한을 스스로 정하게 했다(단, 학기말까지는 제출한다는 조건을 붙였다). 그 결과 마감기한을 가깝게 정한 학생들의 과제가 더 우수했다고 한다.

미래를 머릿속에 그려보는 것도 시간적 거리를 줄이는 데 유용하다. 동문회 행사에 연설자로 초청받았을 때 부담스럽고 걱정된다면 바로 다음 날 연설해야 한다고 상상해보자. 그래도 역시 초청을 수락하겠는가? 또 연설문을 쓰다가 내용이 떠오르지 않아 곤혹스러울 때는 이미 연설을 마쳤다고 상상해본다. 연설 직후에 느낄 성취감과 전문가로서의 입지 확보 등 원하는 결과를 떠올리면 그 결과를 가져다줄 연설 주제와 요점을 구상하는 데 도움이 된다. 자신이나 직원에게 과제를 부여할 때에도 같은 전략을 쓸 수 있다. 다음 번 업무평가 보고서를 떠올려보자. 그때 가장 자랑스럽게 내세울 수 있는 성과는 무엇이 될까?

시간거리를 임의로 앞으로 당기는 것 외에 뒤로 늦추는 상상을 해보는 것도 방법이다. 마감이 바로 내일이라면 무엇부터 서두르겠는가. 마감을 좀 더 길게 잡는다면 무엇을 보충하겠는가. 시간적 거리를 줄이면 목표달성에 필요한 조치가, 시간적 거리를 늘리면 목표를 정한 이유가 한층 선명해진다. 이런 축지법을 통해 각각 필요한 것을 정리해본 후 지시하라.

셋째, '공간적 거리'는 가장 쉽게 조절할 수 있는 데다 효과도 높다. 창의적 지시와 토론은 천장이 높은 사무실에서, 집중이 필요한 지시와 회의는 천장이 낮은 사무실로 이동해 진행하는 회사가 많다. 심지어 대상을 향해 얼굴을 돌리는 간단한 행동만으로도 심리적 거리를 좁힐 수 있다는 연구결과도 있다.

　요컨대 심리적 거리는 가까운 것만이 능사가 아니다. 시간적 거리 역시 마감시한을 멀리 잡아준다고 좋은 것도 아니다. 공간적 거리 역시 늘 자유로운 분위기가 바람직한 것은 아니다. 그때그때 사안에 따라 적절히 조절하고 합의할 필요가 있다.
　지금까지 살펴본 내용을 바탕으로, 효과적으로 지시하는 법을 3단계로 알아보자.
　첫째, 에피타이저다. 의외로 많은 상사들이 자신도 잘 모르면서 '일단 시작해놓고 고쳐가야지'라고 생각한다. 그러나 명심하라. 상사의 지시는 일언중천금이다. 따라서 지시하기 전에 일단 큰 그림을 먼저 그려봐야 한다. 일에 대해 정확하게 파악해야 한다는 것이다. 내가 원하는 것이 무엇인지, 일의 결과는 어떠해야 하는지 업무 가이드라인을 말해줘야 한다. 당장 할 수 있는 방법은 용어의 정의다. 같은 단어라도 같은 의미로 쓰고 있는지 확인해보라. 핀셋 같은 언어사용을 할수록 모호함이 줄어든다.
　둘째, 두툼한 스테이크가 나올 메인 코스다. 누구에게 시킬지 정해 본격적으로 지시하는 단계다. 우선 문패를 제대로 찾아야 한다. 누가 이 일의 적임자인지 따져야 하는데, 이게 말처럼 쉽지 않다. 직원들끼리 일을 임의배분하다가는 사각지대와 중복지대, 무임승차자가 발생하기 십상이다. 더욱이 '만만해서 시키는 것이 아니라 인정해서 맡긴다'는 것을 표현해주지 않으면 직원이 신명나게 일할 수 없다.

지시사항에 대한 가이드라인을 만들 때에는 숫자와 고유명사를 분명히 넣어야 한다. 숫자는 바로 데드라인이다. 아울러 보고 횟수와 보고 일정, 보고 당사자를 분명히 하자. 이것을 정해놓지 않으면 직원이 괴롭다. 화장실 다녀오다 눈길만 마주쳐도 "참, 지난번에 시킨 그거 어떻게 됐어?"라는 말이 들릴까 노심초사하게 되기 때문이다. 특히 '최대한', '빨리', '되는대로'라는 표현은 금물이다.

또 하나 정말 중요한 사항이 있다. 상사들이 흔히 하는 착각인데, 직원이 지시의 목적과 배경을 자신만큼 분명히 알고 있으리라 짐작하는 것이다. 직원은 리더만큼 정보와 지시의 배경을 알지 못한다. 텍스트뿐 아니라 콘텍스트를 이야기해야 한다. 무엇을 그리는지 말해주지 않으면 호랑이 그림에 고양이 꼬리를 달게 될지 모른다. 가령 "작년 홍보 계획안 찾아와봐"라는 지시보다는 "사장님 주재의 홍보 혁신안 회의가 있으니 자료 좀 찾아와보게. 최대한 다양한 자료가 필요하니 그 외에도 관련되는 자료가 있으면 함께 가져와봐"라고 말해야 한다. "자네 짬밥이 얼마인데 말을 그렇게밖에 못 알아들어?"라고 질책해봐야 불필요한 보완 작업만 부를 뿐이다. 일이 짐인가, 기회인가, 이에 대한 인식을 좌우하는 것은 전적으로 상사 책임이다.

셋째, 이제 디저트를 맛볼 차례다. 디저트가 맛있어야 식사에 대한 평가도 후해진다. 아무리 잘한 지시도 '애프터'를 확인하지 않으면 모래성이 될 수 있다. 직원 입장에서는 상사의 지시를 잘 이해하지 못했어도 모르겠다는 말을 하기 쉽지 않다. 당신도 예전에 겪어보지 않았나. 그러니 서로 같은 생각을 하고 있는지 확인하는 것이 좋다. "내가 이야기한 것 중에서 궁금한 것은 없나? 편하게 말해보게"라고 물어보라. 미련한 곰발, 쓸모없는 사족 같은 이 질문이야말로 당신의 지시에서 가장 필요한 한마디다.

[성찰과 통찰]

똑똑한 지시의 핵심은 상사의 지원이다. "내가 무엇을 도와주면 되겠는가?"라는 말로 똑똑한 상사, 아니 도사가 돼보라.

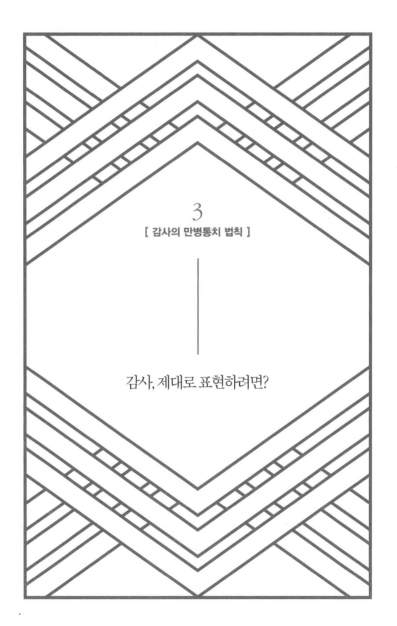

3
[감사의 만병통치 법칙]

감사, 제대로 표현하려면?

한신은 유방을 도와 한나라 건국에 기여한 명장이지만 초년에 불우했다. 하루는 밥 한 덩이도 먹지 못한 그를 빨래하던 아낙이 측은하게 여겨 밥을 주었다. 한신이 고마운 마음에 은혜를 갚겠다고 맹세하자, 아낙은 "대장부가 스스로 먹을 것을 구하지 못하니, 내 그대가 가엾어서 밥을 주는 것이지 어찌 보답을 바라겠소"라고 화를 냈다. 그러나 한신은 약속을 잊지 않았고, 천하통일 후 초나라 왕으로 금의환향하자 그 아낙을 찾아 음식을 대접하고 천금을 하사했다.

　한신이 사례한 이는 아낙만이 아니었다. 젊은 시절 그에게 "네가 죽기를 두려워하지 않으면 나를 찌르고, 죽음을 두려워하면 내 가랑이 사이로 기어가라"며 무시했던 동네 무뢰배가 있었는데, 그를 불러 중위로 삼은 것이다. 그 이유가 걸작이다. "나를 모욕했다 하여 내 어찌 이 사람을 죽일 수 있었겠는가? 그를 죽이더라도 이름이 드러날 것이 없어 참았기에 오늘의 공을 이룬 것"이라고 말했다.

　《사기열전》 중 〈회음후 열전〉에 전하는 한신의 이야기다. 이야기가 주는 교훈은 크게 두 가지다.

　첫째, 감사에는 역(逆) 인과응보 법칙이 작용한다. 성공한 사람이 감사할 줄 아는 게 아니다. 감사할 줄 알아야 성공한다. 작은 감사라도 잊지 않는 사람이 성공한다.

윤은기 전 중앙공무원교육원 원장은 공군장교로 복무하던 시절의 상관을 지금도 찾아가 인사드리고 부부동반 식사를 한다. 인생의 롤모델을 젊은 시기에 만나 큰 배움을 얻었다는 감사와 예전 어록과 교훈으로 이야기꽃을 피우면서 거의 40년째 해오는 연례행사다. 그 상관은 "나를 거쳐간 부관 가운데 이렇게 감사를 표하는 이는 당신뿐이니 그것만으로도 당신이 보통 사람이 아니라는 뜻"이라며 고마워한다. 여러 리더들이 학창 시절 스승이나 멘토를 평생 찾아뵈며 감사의 마음을 전하는 모습을 볼 때마다 역 인과응보 법칙을 생각하게 된다. 감사하는 사람이 성공하는 것이지, 성공한 사람만이 고마워하는 것이 아니다. 상대가 '꺼진 불인지 켜진 불인지' 따지지 않고 챙기고 찾아가는 마음, 그것이 감사의 자장을 형성하고 행복을 부른다. 감사는 발열도 중요하지만 더 중요한 것은 보온이다. 감사의 유통기한을 늘려라.

둘째, 감사거리는 발견하는 게 아니라 발명하는 것이다. 빨래하는 아낙의 밥 한 덩이에 천금으로 보답했다는 이야기는 뭉클한 감동이다. 그 뒤에 이어지는 '가랑이 밑을 기게 한 동네 조폭'에게도 벼슬로 감사를 표시한 이야기는 찌릿한 감탄이다. '저 정도 그릇이니 개천 지렁이에서 용이 됐지' 하며 한신의 그릇 크기에 혀를 내두르게 된다.

감사는 발견이 아니라 발명이다. 분노와 원망을 감사로 승화하려면 웬만한 화력으론 힘들다. 고마워할 줄 모르는 사람들이 흔히 하는 말이 있다. "고마워할 것이 있어야 고마워하지!" 반면에 감사감각이 발달한 사람은 감사할 거리를 찾기보다 만든다.

모 대기업의 전문경영인 사장은 오너와의 갈등으로 힘들 때마다 마음속으로 성경구절 '범사에 감사하라'를 새기며 삭였다고 했다.

"월급쟁이 사장은 오너와 이견이 있을 때 힘들다. 크게 깨지고 마찰을 빚었더라도 회장실을 나올 때는 어금니를 악물고라도 주변에 미소를 지으려고 애썼다. 불화설, 밀월설 모두 내 입에서 비롯되는 것이다. 주변에서는 나를 '역대 사장 중 오너와 가장 사이좋은 사람'이라 말하지만 천만의 말씀이다. 조직생활에서 윗사람과 갈등 없는 사람이 어디 있겠는가. 사이가 좋은 사람과 그렇지 않은 사람의 차이는 갈등이 있고 없고가 아니라 밖으로 떠드느냐 아니냐의 차이다. 갈등설이 밖에 나돌게 하는 것은 못난이다."

《백년을 살아보니》의 저자 김형석 교수는 "잘 산 인생의 지표는 박수보다 감사를 얼마나 많이 받느냐"라고 말한다. 감사를 많이 받기 위해서는 감사를 많이 표현해야 한다. 자, 그러면 감사를 어떻게 표현할 것인가. 거리상, 심리상 어려운 이에게 효과적인 감사표현은 감사편지다. 간단한 팁을 소개한다.

첫째, 도움을 주신 분의 이름을 다정하게 쓰라. 공적 관계라면 격식을 갖추어서 쓰는 게 좋다. 당연한 것인데도, 많은 분들이 받는 사람의 이름 쓰는 것을 잊어버린다. 이때 그냥 '홍길동 회장님께' 하는 것보다는 '늘 존경하는' 등 수식어를 붙이면 A플러스다.

둘째, 본격적 감사를 표현할 단계다. 가령 저녁식사 대접을 받은 후 감사편지를 쓴다고 해보자. 이때 "저녁식사에 초대해주셔서 감사합니다"와 "홍길동 사장님과의 저녁식사를 생각하면 지금도 마음이 따뜻해집니다", 어떤 것이 마음에 와 닿는가. 감사의 사실이나 인과관계를 과거형으로 말하지 말고, 지금까지 이어지고 있는 내 마음에 초점을 맞춰 현재시제로 전달하라.

셋째, 상대가 베풀어준 행동, 말이 내게 미친 영향력을 언급하라. 가령 책을 선물받았다면 구체적 용도나 계획 등의 스토리를 말해주라. "홍길동 사장님이 선물해주신 책은 저도 꼭 읽어보고 싶던 것이었습니다. 우선 첫장을 열어보았더니 …구절이 와 닿았습니다. 이번 주말에는 꼭 완독할 계획입니다"라든가 "다 읽고 독후감 보내겠습니다. 저 또한 조직운영에 적용해볼 예정입니다" 하는 것이다.

넷째, 상대의 행위로 맺어진 돈독한 관계에 대한 감사로 마무리하라. 상대의 말과 행동이 내게 어떤 의미이고, 관계가 어떻게 진전되기를 기대하는지 담으면 좋다. "그때 식사자리에서 같이 만난 K전무님과 H상무님과의 만남도 참 기억에 남습니다. 다음에는 제가 식사에 초대해 좋은 대화의 시간을 가질 수 있게 해주십시오."

다섯째, 당신의 이름 앞에 '○○님을 늘 존경하는' 등의 수식어구를 붙이면 좋다. 하나 더 덧붙이자면 다른 사람에게 먼저 읽혀보는 것도 좋다.

감사는 고래를 춤추게 할 뿐 아니라 세상을 요동시킨다. 감사가 또 다른 감사를 낳는다. 위로, 아래로 옆으로, 온 누리에 내리내리 복리의 나비효과를 일으킨다. 우선 본인부터가 감사로 행복해진다. 갖지 못한 것을 따지는 일상에서, 가진 것을 돌아보게 되기 때문이다.

간단한 감사 표현이 얼마나 긍정적 효과를 낳는지는 다양한 연구결과로 입증된다. 격의 없는 대화를 통해 서로의 가치를 인정하는 연인은 잘 헤어지지 않는다. 선생님이 등 두드려가며 격려한 학생은 어려운 문제를 더 잘 푼다. 새로 조직된 그룹이라도 서로에게 감사를 표현하는 문화가 있다면 한 달 전에 만들어진 그룹보다 더 강한 연대감을 느낀다. 와튼스쿨의 애덤 그랜트(Adam Grant)는 리더가 감사하는 시간을 가질수록 직원들이 더 참여적이고 생산성이 높아진다는 것을 밝혀냈다.

대처 켈트너(Dacher Keltner) 버클리대 심리학 교수는 NBA 농구팀을 살펴본 결과, 머리를 두들기거나 힘차게 포옹하거나, 엉덩이나 가슴을 서로 부딪치는 등 신체를 이용해 고마움을 표현하는 선수가 있으면 시즌당 2경기 이상 더 승리할 수 있다는 연구결과를 발표한 바 있다.

감사의 효용은 개인 간 관계에서뿐 아니라 조직에서도 빛을 발한다. 연구에 의하면 감사 메시지를 받은 직원이 인센티브 보너스를 받은 직원보다 훨씬 의욕이 높아진다고 한다. 3팀으로 나눠 한 팀에는 감사도 인센티브도 주지 않고, 둘째 팀에는 감사문자만, 셋째 팀에는 인센티브만 주었다. 동기부여 효과는 어떤 순서로 나타났을까? 당초 HR팀은 인센티브가 문자 메시지보다 더 효과가 좋을 것이라 예상했으나 결과는 의외였다. 인센티브 그룹은 첫날만 반짝 효과가 있었을 뿐, 전체적으로는 아무런 보상을 받지 않은 그룹보다도 6.5%나 생산성이 낮았다. 반면 문자 메시지는 효과가 지속적이었다.

감사 효과를 인재경영에 적용한 리더들도 있다. 캠벨수프의 CEO였던 더글러스 코넌트(Douglas Conant)는 비서와 함께 뭔가 특별한 일을 한 직원을 찾기 위해 매일 1시간씩 이메일과 회사 인트라넷을 살펴보곤 했다고 한다. 그런 다음 그들의 공헌에 감사하는 편지를 써서 전했다. 어림잡아 매일 10통의 편지를 손수 썼다고 하니, 10년의 재임기간 동안 총 3만 통이나 작성한 셈이다.

감사는 가장 부작용 없는 칭찬이다. 칭찬은 도가 지나치면 상사에겐 값싼 아부가 되고, 직원에게는 속보이는 비위 맞추기가 되기 쉽다. 반면 감사는 이미 한 일에 대한 사후 인정이기 때문에 상대방이 '왜 저러지?' 하고 의아해할 여지가 없다.

나아가 감사는 권력에 중독된 갑질을 막는 방부제이기도 하다. 도움을 청하고 감사를 표하는 것 자체가 목이 뻣뻣해진 사람은 하기 힘든 말랑말랑한 언행 아닌가. 진정성을 담아 감사를 표현하라. 90도의 감사 꾸벅은 달랑 끄덕보다 힘이 세다. 팔로워에게도, 리더에게도 망설이지 말고, 가급적 공개적으로 감사를 표현하라. 갑, 을 따질 것 없이 과용하고 남용해도 부작용 없는 게 바로 감사다.

[**성찰과 통찰**]

감사를 땡큐, 즉 '나쁜 일은 땡, 좋은 일은 큐'라 풀기도 한다. 좋은 일은 불러들이고 나쁜 일은 마감하는 데 감사가 최선이란 뜻이다.

– 앞의 프로세스에 맞춰 감사편지를 써보자.
– 감사편지를 쓰기 전과 쓰면서, 그리고 쓴 후 그것을 읽으면서 기분이 어떻게 달라지는가?

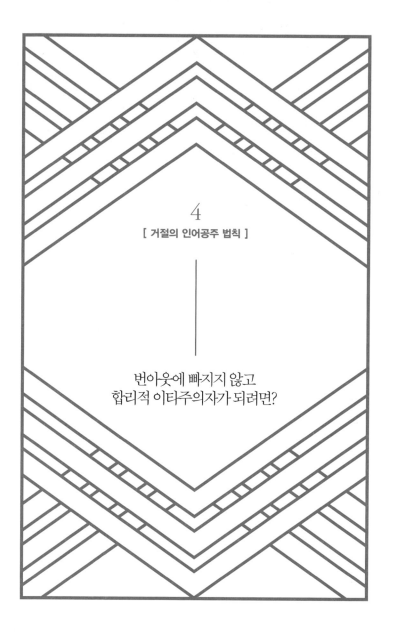

4

[거절의 인어공주 법칙]

번아웃에 빠지지 않고
합리적 이타주의자가 되려면?

많은 이들, 특히 사람 좋다는 평을 듣는 사람들이 어려워하는 게 거절이다. 당신도 그렇지 않은가? 거절보다 도움의 미덕을 익혀온 교육의 영향 때문일 것이다. "조건 없이 도움을 주는 사람이 되어라." "착한 사람이 복 받는다." 어릴 때부터 귀에 딱지가 앉도록 듣는 말이다. 미국 대학 졸업식 축사에서 빠지지 않는 단골 레퍼토리이기도 하다. 선의는 선의를 낳고 협력을 촉발시켜 긍정 전염을 일으킨다는 것을 부정할 사람은 없다. 일본의 노(老) 변호사 니시나카 쓰토무는 "남을 돕는 도덕성이 운의 과학"임을 설파하기도 했다.

그런데 간혹 착함을 약함으로 이용하는 악당족이 있다. 교과서 속 교훈과 현실의 충고 간 간극이 가장 큰 것이 이 인과응보, 권선징악이 아닐까 한다. 나는 이상적인 협조관계를 꿈꾸는데, 상대방은 나의 선의를 악용하는 뱀파이어일 때가 있다. 또는 한없이 퍼주며 빨대로 빨리다 보니 선의가 소진돼 호구가 되는 기분이 들 때도 있다. 번아웃(burn-out) 증후군은 일에만 있는 것이 아니다. 사람 간 관계에서도 자를 것을 제때 자르지 못하면 자기 앞가림도 못하는 번아웃에 시달리게 된다. 산더미 요청 때문에 정작 자신에게 집중하지 못해 본업도, 선행도 놓친 채 탈진해버린다. 정작 필요한 사람에게는 도움을 베풀 수 없다.

애덤 그랜트 와튼스쿨 교수는 〈제대로 선행하는 법을 아는 리더들〉이라는 논문에서 선한 인품 때문에 거절을 못해 탈진하는 것을 '호의 탈진'이라 명명하며, 강박적으로 베풀지 말고 선의에도 전략적 시혜가 필요하다고 조언했다. 헌신과 거절 사이의 기준을 세우지 못하면 인어공주의 소진 프로세스를 답습할 뿐이다. 동화 '인어공주'를 생각해보라. 육지의 왕자를 만나기 위해 자신의 영혼까지 마녀에게 저당잡히고, 꼬리를 사람의 다리로 바꾸는 고통을 치르고도 결국 사랑을 이루지 못했다. 남 보기엔 아름다울지 모르지만 본인에겐 애절하고 비참한 사랑이다.

인간관계에서 협조와 도움도 마찬가지다. 호의를 베풀되 호구가 되지는 말라. 필요할 때는 거절할 줄 알아야 한다. 이보전진을 위한 일보후퇴의 기술, 전략적 거절의 지혜가 필요하다.

첫째, 거절의 죄책감에서 자유로워지라. 이기적이어서 거절하는 게 아니라 더 잘 도와주기 위해 거절한다고 생각을 치환해보라. 무조건적 승낙과 시혜는 에너지에 과부하를 건다. 그런가 하면 무조건적 거절은 관계를 해친다. 내가 가진 시간과 역량 자원, 압박감, 관계에 미칠 영향(이득과 기회비용) 등을 생각하면 승낙할지 거절할지 판단이 될 것이다.

둘째, 도와줄 대상을 신중하게 고려하라. 이른바 '빨대'라 불리는 감탄고토(甘呑苦吐) 유형의 도움은 단호하게 거절하라.

방법은 다음과 같다. 자기가 하기 싫어 무조건 부탁부터 하고 보는 유형에게는 미리 과제를 줘 사전준비를 얼마나 잘하는지 성의를 체크해보라. 작은 도움을 주면서 상대방이 자기중심적 인지 검증해보는 것도 방법이다. 딴 욕심이 있으면서 부탁을 가장하는 사람, 받으면서 말만 많은 사람, 간이라도 빼줄 듯 아첨하다가 일이 끝나면 입을 씻는 사람들의 청은 거절하라. 가장 경계할 것은 친절을 내세워 챙겨가는 양두구육의 이중인격형이다. 무뚝뚝한 기버(giver)와 상냥한 테이커(taker)를 헷갈리지 말라.

셋째, 거절은 수용의 양면이다. 스스로 도움의 한도와 기준을 정할 필요가 있다. 부탁을 받아들이는 질적 기준과 양적 쿼터를 정해놓아야 거절을 잘할 수 있다. 기준을 넘으면 정중하게 거절하라. 선행효과를 높이기 위해서라도 선택과 집중, 제한적 운영은 필요하다. 1주 3회 등 나름의 쿼터를 정하라. 거절할 경우 설명과 조건을 달아 다음 기회를 기약해두는 것도 좋다. 혹은 대안을 제시하거나 다른 적임자를 소개하는 것도 방법이다. 단, 도울 때는 감사를 넘어 감동할 정도로 도와주라. 거절은 도움의 효율을 높이기 위한 전략적 문턱이다.

넷째, 도움에도 전문분야가 있다. 자신이 잘할 수 있는 방법과 분야가 아닌 것은 전문가에게 넘기자. 스스로가 도움의 적임자인지 자문해보라. 제대로 알지도 못하면서 나섰다가 별반도움 되지 않는다는 걸 나중에야 깨닫게 되니 차라리 요청을 거절하는 편이 서로에게 훨씬 이롭다.

생산적으로 베푸는 사람은 전략적 거절의 달인이다. 생산적 거절을 할 줄 아는 사람이 협업도 잘하고, 좋은 관계를 유지할 줄도 안다. 다만 거절할 때에는 다음의 사항을 유의할 필요가 있다.

첫째, 그 자리에서 너무 빨리 거절하지 말라. 상대방이 말을 꺼내자마자 거절하면 냉정해 보인다. 또 상대에게 편견을 가진 것처럼 보일 수 있다. 검토할 시간을 가진 후 거절하라. 상대도 어차피 모든 제안이 수용될 수 없음은 각오했을 것이다. 좋은 부탁과 수용은 우정을 강화하는 다리가 되기도 한다. 그런 기회를 놓치는 것은 아닌지 심사숙고하라.

둘째, 화내거나 거만하게 거절하지 말라. 자신의 입장만 생각해 거절하면 상대는 무시당했다고 여겨 반감을 품는다. 재론의 여지가 없는 싸늘한 표정과 모진 말투는 상처를 남긴다. 따뜻한 거절이야말로 언어정치의 최고봉이다.

《논어》에 등장하는 거절 장면의 압권은 양화의 '애기돼지찜 선물'을 둘러싼 밀당전이다. 당시 공자는 48세로 명성이 이미 높았을 때였다. 양화는 당대의 실세였지만 하극상을 꾀해 평판이 좋지 않았다. 양화는 오피니언 리더인 공자를 이용해 자신의 명망을 높이려고 만남을 청했다. 그 속셈을 뻔히 꿰뚫어본 공자는 만남 자체를 어떻게든 피하려 했다. 그러자 양화는 최고로 귀한 선물이었던 새끼돼지찜을 공자에게 보냈다. 선물을 받으면 반드시 답례인사를 와야 하는 풍속을 이용한 것이다. 공자는 양화가 집에 없는 틈을 타 인사를 가는 것으로 끝내 만남을 피한다. 예절은 갖추되 만남은 피한 것이다. 공자가 그랬듯이 최대한 정중하게, 그러나 메시지는 분명하게 전달하라.

셋째, 거절이 상대에게 각성과 성장의 기회가 될 수 있다. 직접적인 도움을 너무 많이 주면 상대방의 성장을 저해하고 팀의 기여를 제한할 수 있다. 실제로 《논어》에는 공자가 제자들을 내쳐서 스스로 생각하도록 유도하는 장면이 등장한다. 공자의 제자 중에 유비란 인물이 있었다. 그가 찾아오자 공자는 병이 들었다며 만나주지 않았다. 아마 그에게 못마땅한 바가 있었던 것 같다. 아프다는 말을 전하는 사람이 문을 나서자마자 공자는 비파를 잡고 노래를 불렀다. 실제로는 아프지 않다는 것을 알게 하여 거절의 원인이 유비 자신에게 있다는 사정을 알게 하려는 것이었다.

[성찰과 통찰]

떳떳하게 도와주면 상대방도 고마워하지만, 굽실대며 도와주면 도움 받는 걸 당연한 권한처럼 생각한다. 합리적 이타주의자, '전문적 헬퍼'가 되기 위한 당신의 언어전술은 무엇인가?

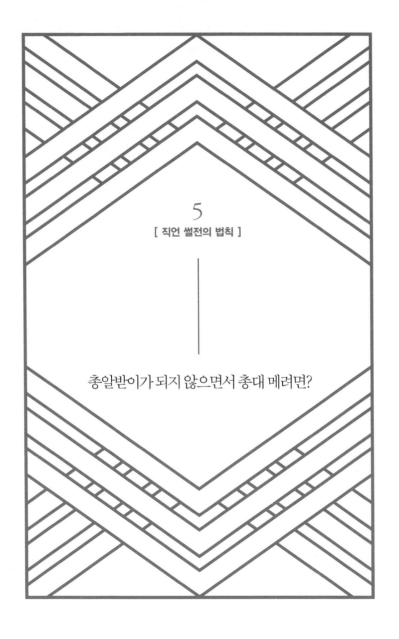

5

[직언 썰전의 법칙]

총알받이가 되지 않으면서 총대 메려면?

동양에서 소통의 정점은 직언이다. 진실을 말할 수 있는 용기야말로 직언의 요체다. 왕은 경청만 해도 훌륭한 리더십을 발휘할 수 있지만, 신하에게 직언은 생존에 필요한 필살기다. 아부가 방어술이라면 직언은 공격술이다.

직언은 어렵다. 안 해도 문제고, 잦아도 문제고… 왕에게 '생각'을 말하는 것은 엄청난 용기와 전략적 사고가 필요했다. 이는 정도의 차이가 있을지언정 오늘날도 다르지 않다. 반대를 표하는 직언, 아이디어를 제시하는 제언(進言), 생각을 덧붙이는 조언에는 용기와 결기가 필요하다. 역린(逆鱗, 용의 턱 아래에 거꾸로 난 비늘로, 건드리면 용이 크게 노하여 건드린 사람을 죽인다고 한다)을 피해 어떻게 핵심을 건드릴 것인가. 이런 점에서 직언은 땀내 나는 썰전이다. 말의 기술을 넘어 예술을 요한다.

서양의 썰전은 수사학이다. '청중'이란 제삼자를 놓고 광장에서 벌이는 대결이기에 현란한 말솜씨가 중요했다. 실패해봐야 무대에서 퇴장하면 그만이었다. 반면에 동양의 썰전은 유세다. 군주 한 명을 독대하고 밀실에서 벌이는, 생사가 걸린 설득이었다. 막히면 죽고 먹히면 사는, 숨 막히는 접전이었다.

이 상황에서 당신은 총대를 멜 것인가, 총알받이가 될 것인가. 목이 곧아 슬픈 직언파도 있지만, 목이 굳은 석회질파도 있다. 그들은 '고새를 못 참는 고놈의 입방정'을 탓하면서도 나름 장렬히 산화하는 것에 자부심을 갖고 있다. 그런가 하면 묵언수행으로 할 말을 삼키느라 몸에 사리가 생길 지경이라고 하는 수도승파도 있다. 이들은 조직의 변두리와 한직을 맴도는 직장불운에 나름의 정당화를 시도한다. 총대를 멨다가 총알받이가 되었다는 것이다.

과연 그런가. 사람은 누구나 자기확증편향을 가진다. 자기가 보고 싶은 것만 보고, 믿고 싶은 것만 믿고 자신에게 유리한 정보만 선택적으로 수집하는 심리적 왜곡작용이다. 이는 주위의 직언을 듣지 않고 '나만 옳고 맞다'고 우기는 황소고집 리더에게 적용된다. 바로 당신이 철옹성벽에 부딪쳤다 산산이 부서진 채 튕겨 나올 때 느끼는 상사의 문제점이 이것 아닌가? 그러나 이는 '아니 되옵니다'를 외치며 매사 결전불사를 외치는 팔로워들에게도 동시에 적용된다. 당신의 곧은 소리는 정말 곧은 소리인가, 굳은 소리인가.

리더십 이론서, 강의에서 귀에 딱지가 앉도록 하는 말은 '리더여, 직언을 들어라'다. 반면에 피 튀기는 현장에서 인생선배들이 팔로워들에게 공통적으로 하는 말은 "직언은 자살골을 넣는 것과 같다. 직언은 금물이다. 설사 상사가 직언을 요구하더라도 절대 하지 말라"다. 이순신 장군은 '죽으려고 하면 살고, 살려고 하면 죽는다'고 말했지만 현실은 죽으려고 하면 그냥 장렬하게 죽는다.

현장에선 '하룻강아지 범 무서운 줄 모르고' 직언했다가 리더의 뒤끝에 희생돼 '피박' 쓴 사연이 낭자하다. 직언도 아닌 제안 하나에도 "그럼 자네가 한번 해보게"하며 '독박' 썼다는 울상 이야기까지 합치면, 상사 앞에서의 입놀림은 '쪽박' 차기에 딱 좋아 백해무익하다는 사칙연산이 쉽게 나온다. 실제로 한 연구에 의하면 고위층에 자기 의견이나 우려를 자주 표명하는 직원일수록 연봉 인상이나 승진 가능성이 낮은 것으로 나타났다. 리더가 아무리 직언을 장려해도 조직은 침묵의 바다가 될 수밖에 없는 이유다. 피박 아니면 독박인데 득 될 것이 없다고 생각해서다. 하다못해 공자만 해도 직언을 강조하지만, 3번을 말해서 안 되면 그만하라는 제한 횟수를 설정해주었다. 말해도 듣지 않는 것은 몰라서가 아니라 받아들일 뜻이 없는 것이기 때문이다. 한 끗 차이로 만용과 용기가 갈린다. 부질없음과 하릴없음… 직언의 외줄타기다.

반면 모 대기업의 임원은 "아부는 현재의 지위를 지켜주는 방어술이지만, 직언은 미래의 지위로 나가게 하는 적극적 공격술"이라고 말한다. 아부는 누구나 할 수 있어 밀리지 않게 할 뿐이지만, 직언은 아무나 할 수 없어 돋보이게 한다는 설명이었다. 꼬리를 흔들 개는 많지만 씩씩하게 짖어 적을 막아주는 충견은 구하기 힘들기 때문에 희소성이 먹힌다는 것이다.

상사의 심기경호도 하고, 본인의 커리어와 조직의 비전에도 도움이 되는 일석삼조 직언의 기술을 발휘하려면 어떻게 해야 할까. 총알받이가 되지 않고 총대를 메려면 다음의 3가지를 유념하자.

첫째, 문제를 검토하라. 사람 때문인지 일 때문인지를 스스로 돌아보라. 부당함에는 비효율적인 것과 비윤리적인 것의 두 가지 갈래가 있다. 전자는 불리한 것이고 후자는 불의한 것이다. 불의, 비윤리 이슈는 사내외 고발도 불사해야 한다. 그러나 불리한 것으로 대항해서는 안 된다. 개인적 의견 차이를 정의 대 불의로 포장하면 웃음거리나 자해로 끝나기 쉽다. 특정주제에 대해 특정 리더에게 이의를 제기하는 것은 건전할 수있지만, 사사건건 이의를 제기하는 것은 말 그대로 들이받는것일 뿐이다. 반항적이고 고립된 팔로워는 리더에게 영향을미칠 만큼 신뢰를 얻지 못한다.

둘째, 팩트 체크하라. 루머인지, 가십인지, 팩트인지 판단하는 것이다. 근거 없는 가십성 소문인지, 알아두어야 하는 루머인지, 반드시 보고해야 할 사실인지 구분하라. 논리와 근거를 댈 수 없는 직언은 장작을 지고 불로 뛰어드는 것과 같다. 남에게 들은 것과 본인이 실제로 알고 있는 것을 구분하고, 말이 되는지 살펴라. 그 이슈를 액면 그대로 받아들일 수 있는지 먼저검토해보라. 일단 정보가 검증되었다면 그것은 상사에게 알려야 할 중요한 사항일 수 있다. 단지 나쁜 소식이란 이유로 차단해서는 안 된다.

셋째, 논리를 검토하라. 건설적이고 사실 확인이 된 이야기라면, 구조를 세우라. 상사에게 유익한 점부터 부각시키는 것이 효과적이다. 대의명분, 능력과 지식을 과시하는 자료를 중구난방 나열하다가는 자칫 말이 끝나기도 전에 퇴각해야 할 일이 빚어질 수 있다. 확신이 들지 않으면 "방금 제가 해드린 이야기에 부연설명이 필요하십니까, 지금 설명하거나 나중에 보내드릴 수 있는 보충자료가 더 있습니다"라고 말하며 추이를 관찰해 더 전진할지, 후퇴할지를 결정하라. 근거 없는 직언을 남발하는 사람들은 '누가 물어봤냐고'의 타박을 듣기 십상이다. 나쁜 조언은 단 한 번으로도 당신을 오지랖 넓은 사람으로 만들어 평판을 급속히 떨어뜨린다.

직언할 내용의 검증이 끝났다면 그다음에는 직언방식을 고민하자. 먹히는 직언을 하려면 맛을 더해야 한다. MSG라도 쳐라. 직언의 MSG는 비유(metapor), 이야기(story), 이해득실(gain & loss)을 뜻한다. 간접화법을 활용함으로써 할 말은 다 하면서도 자신의 의사를 좀 더 부드럽게 전달하는 외유내강의 힘을 발휘하자. 인간은 누구나 남에게 깨지기보다는 스스로 깨치길 원한다. 그러니 간접적으로 비춰주라. 스스로 깨달아 깨우치게 하라. 썰전의 고수였던 공자, 맹자, 안영을 통해 직언에 스리쿠션을 주는 효과적 MSG 썰법을 배워보자.

첫째, 비유로 말하라.

제경공이 공자에게 정치를 물었을 때의 일이다. 공자의 답은 간결하다. "임금은 임금답고, 신하는 신하다우며, 아버지는 아버지답고, 자식은 자식다운 것입니다(君君 臣臣 父父 子子)."

제경공을 직접 겨냥한 대답은 아니지만, 이 말에는 깊은 뜻이 들어 있다. 제경공은 대부인 최저가 군주를 살해하고 옹립한 일종의 바지군주(?)였다. 그가 재위할 때 대신들이 서로 죽이는 등 조정이 혼란했다. 게다가 제경공은 궁실 짓기를 좋아하고 사냥개와 말을 기르는 등 사치가 끝이 없었다. 이를 구구절절 이야기하며 잘못을 다 고치라고 직언했다면 어땠을까. 말을 채 끝마치기도 전에 "물러가라!"는 고함을 들었을지도 모른다. 그런데 고작 여덟 글자로 군주의 조건을 제시하고 스스로 돌아보게 한 것이다. 이처럼 완곡한 표현으로 빗대어 간언하는 것을 공자는 풍간(諷諫)이라 했다. 공자는 "당신은 군주답지 않다"는 칼날 같은 비판을 "군주가 군주다워야 신하가 신하다워진다"는 칼집에 에둘러 담았다.

비유를 사용하면 날카로운 메시지를 좀 더 부드럽게 포장할 수 있다. 공자가 아들 백어에게《시경》공부의 중요성을 강조한 것도 이와 연관해 생각해볼 수 있다. 사물이나 전체에 빗댄 비유를 통해 부드럽게 메시지를 감싸 전달할 수 있기 때문이다. 옌핑 투(Yanping Tu)의 연구에 의하면 사람들은 물리적으로나 심리적으로나 가까이 다가오면 불편해하는 경향이 있다고 한다. 직언도 마찬가지다. 너무 들이대지 말라. 상사가 자신의 통치영역, 결정권한의 범주를 침범당했다고 생각하지 않게 스며들게 하라. 비유는 이러한 위험을 살짝 돌아가게 해준다.

둘째, 스토리로 말하라.

맹자는 호변가(好辯家)였다. 하지만 그가 직설로 쏘아댔다면 왕 아니라 제자들도 기함하고 도망갔을 것이다. 맹자의 날카로운 메시지에 사람들이 귀를 기울인 것은 정의로워서가 아니라 흥미로워서다. 그는 메시지를 날것으로 던지지 않았다. 재미있는 이야기로 포장하고, 마지막에 반전 질문을 통해 환기시키는 내공을 발휘했다.

스토리텔링 직언에서 명심할 사실은 미괄식이어야 한다는 것이다. 보고는 두괄식이지만 직언은 메시지를 맨 뒤에 전략적으로 배치하라. 가령 '호연지기를 조급하게 기르려 해선 안 된다'는 메시지를 전달한다고 해보자. 당신은 어떻게 하겠는가. 대부분의 사람은 주장을 먼저 말한 후 근거를 제시한다. 그러나 썰전의 고수인 맹자는 이야기로 말했다. "송나라에 벼의 싹이 자라지 않는 것을 근심하는 사람이 있었습니다. 그가 어느 날 집에 돌아와 '오늘 피곤하구나. 내가 싹이 자라도록 도와주었다'고 했습니다. 그 말을 듣고 아들이 논으로 달려가 보니 싹을 위로 뽑아놓아 죄다 말라죽어 있었습니다. 무익하다고 버려두는 사람은 김을 매지 않는 사람이고, 자라는 것을 억지로 도와주는 사람은 싹을 뽑는 사람입니다. 무익할 뿐 아니라 해롭게 하는 것입니다."

메시지는 한 줄로 충분하다. 더 이상 하면 잔소리다. 아인슈타인은 "타인에게 영향력을 행사하는 방법 중 예를 들어 설명하는 것은 특별하지 않지만 유일하게 효과 있는 방법"이라고 말한 바 있다. 영국 크랜필드 대학의 모리 페이펄(Maury Peiperl) 교수는 직언 연구에서 CEO들이 지식을 공유하는 방법으로 스토리텔링을 가장 선호한다고 밝힌다. 이야기는 감정과 공감을 불러일으키기 때문에 공격적으로 주장을 펼치지 않고 일어난 사건, 결정, 결과를 정리하는 것만으로도 교훈을 전달할 수 있다. 심문이나 강의가 아닌 제삼자적 입장에서 생산적인 대화를 나눌 수 있다.

셋째, 손실회피심리를 건드려라.

어느 날 제경공의 애마가 죽자 노발대발한 경공이 마구간지기를 사형에 처하려 했다. 안영은 임금을 만류하는 대신 군주의 안전에서 마구간지기의 죄목을 세차게 야단쳤다.

"들어라, 너는 죽을죄를 3가지나 범했다. 첫째는 말을 잘 돌볼 책임을 다하지 못했고, 둘째로 임금님이 사랑하는 말을 죽게 했고, 셋째로 하찮은 말 한 마리 때문에 임금으로 하여금 사람 하나를 죽이게 했다. 사람들이 이 일을 알게 되면 임금님을 비난할 것이고, 또 제후들이 알게 되면 우리나라를 멸시할 것이다. 이 같은 죄 때문에 너는 하옥되는 것이다."

이 말을 듣고 등골 서늘할 사람은 누구였겠는가.

논리성이나 윤리성보다 수익성, 특히 손실회피성향에 기반한 호소가 더 강력한 경우가 많다. '손실회피(loss aversion)'란 얻은 것의 가치보다 잃어버린 것의 가치를 크게 평가하는 심리를 말한다. 예컨대 1만 원을 잃어버렸을 때 느끼는 상실감은 1만 원을 얻었을 때 느끼는 행복감보다 크다는 것이다. 포스트 잇 개발 당시, 성공 가능성을 확신한 연구원 아트 프라이(Art Fry)는 "빨리 상품화하지 않으면 (앞으로 벌어들일) 100만 달러를 고스란히 날리게 될 것"이라며 별 관심을 보이지 않던 경영진을 압박해 자신의 주장을 관철시켰다. 지금 당신의 상사가 지키고 싶은 것은 무엇인가. 잃을까 봐 두려운 것은 무엇인가. 그것을 건드려보라. 그 상실감과 공포를 시뮬레이션해 예측케 해보는 것만으로도 직언의 힘이 달라질 것이다.

> **[성찰과 통찰]**
>
> 직언의 저작권을 상사에게 아낌없이 상납하라. 즉 당신의 조언, 제안을 상사가 언젠가 말했던 것처럼 이야기해보라. '지난번 하셨던…' 등의 말을 사용해보라.

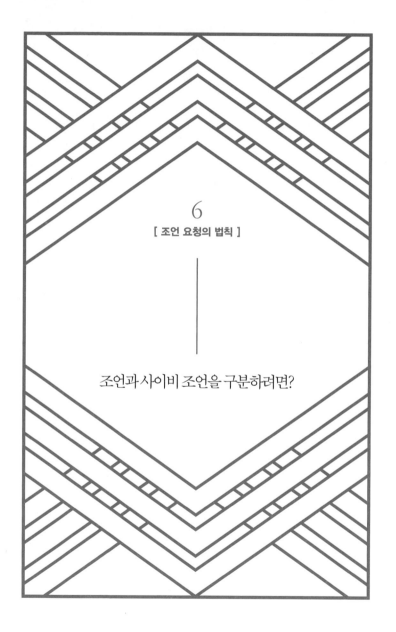

6
[조언 요청의 법칙]

조언과 사이비 조언을 구분하려면?

팔로워는 온몸으로 꼬리를 흔들어야 하는 자신의 신세를 서러워한다. 반면 리더는 '꼬리가 커져 몸통을 흔드는' 판세 역전을 두려워한다. 한비자는 일찍이 "장딴지가 넓적다리보다 굵으면 빨리 뛰기 어렵다. 군주가 산 같은 권위를 잃으면 호랑이 같은 신하가 그 뒤를 노리게 된다"고 그 두려움을 표현했다. 리더인 당신 또한 직원들의 직언을 듣는 당사자다. 그런데 그들의 직언이 정말 유용한 것인지 아닌지 어떻게 구분할 수 있을까? 직언을 빙자한 협박성 유사직언을 어떻게 분별할 것인가?

한비자는 "명령을 거슬러 임금을 이롭게 하는 것은 충(忠)이지만, 걸핏하면 엇박자로 명령을 거슬러 군주를 해롭게 하는 것은 란(亂)"이라고 보아 경계했다. 이는 직언을 받는 리더 입장에서도 경계해야 할 사항이다. 칭찬을 가장한 아부와 마찬가지로 충정으로 포장한 직언도 해롭다.

실제로 신하가 입바른 소리를 하며 군주의 고유권한을 좌지우지하다 결국은 권력을 찬탈한 사례가 역사에 있었다. 제나라 진항은 군주에게 "왕은 무서워야 한다"며 포상권을 채갔다. 반대로 송나라 자한은 "왕은 인자해야 한다"며 송환후에게서 처벌권을 가져갔다. 평소 제나라 진항은 자비로, 송나라 자한은 청렴으로 명성을 쌓았던 관록 있는 인물이었다. 처벌권을 위임받은 자한은 "포상받는 것은 백성들이 좋아하는 일이므로 왕께서 직접 하시고 벌 받는 일은 백성들이 싫어하므로 신이 담당하겠습니다"고 말했다. 그러고는 형벌권을 행사해 두려움과 복종을 이끌어냈다. 새 잡는 게 매고, 개장수가 나타나면 동네가 조용해진다던가… 백성들은 형벌권을 행사하는 자한을 두려워하며 더 따르게 되었다.

제나라 진항은 반대다. 제간공에게 "무서운 군주로 군기를 잡으라"며 자신에게 나머지 권력을 허락해달라고 포상권을 요청한다. 그는 백성들에게 양식을 빌려줄 때는 큰 됫박으로 듬뿍 퍼줬다. 반면에 거둬들일 때는 작은 됫박만큼만 받았다. 진항은 나라 창고를 비워가며 백성들에게 인심을 베풀어 자신의 명성만 쌓았다. 백성들은 진항을 칭송한 반면 임금인 제간공에 대한 원성은 높아졌다. 결국 재상 진항은 민심의 기반 위에 자연스럽게 제간공을 제거했다. 후세는 진항이 됫박으로 인심을 얻었다 해서 '됫박인심'이라 칭했다.

세상 이치가 그렇다. 사이비가 진품보다 더 그럴듯하다. 직언도 그렇다. "아니 되옵니다"라고 해서 다 충정어린 직언은 아니다. 대간사충(大奸似忠), 정말로 간사한 사람은 언사가 교묘하여 누구라도 충신이라고 믿게 만든다. 대놓고 하는 직언은 격 낮은 아부 못지않게 리더를 우습게 만든다. 자신의 잇속을 위한 직언에 속게 만든다. 직언으로 포장했지만 그 포장을 벗겨보면 자신의 이권이 개입된 직언, 논리와 팩트가 실종돼 알맹이 없는 직언, 권력다툼의 밑밥이 깔린 직언인 경우도 꽤 있다.

이러한 사이비 직언은 리더의 에너지와 자신감을 떨어뜨리고, 오도한다. 때론 충신이랍시고 공개석상에서 대놓고 반대하는 것이 건설적 직언인지, 저항인지 헷갈려 고민에 빠지기도 한다. 배에 품은 것이 꿀인지, 독인지, 칼인지는 알기 어렵다. 그것을 구분하는 것이야말로 사람 아는 것의 극치다. 직언을 해야 할 때 안 하는 사람도 문제지만, 나서지 말아야 할 때에 나대는 사람 역시 경계 대상이다. 뒷담화보다 무서운 게 뒤통수를 치는 말이다. 유사직언(類似直言)이 그렇다.

먼저 '조언'으로 포장한 유사직언이다. 리더의 힘에 따라 밀고 당기기를 하며 권위를 넘보는 것이다. 조언으로 포장했지만 껍질을 벗겨보면 위협이다. 흔히 신임 리더는 훈계성 직언으로 길들이고, 말년 리더는 적폐 의혹으로 물 먹이려 한다. 신임 리더에게는 "당신은 잘 모르시겠지만, 우리 조직에서는 그동안…" 하며 훈계하려 든다. 이른바 팔스플레인(follower+explain)이다. 말년 리더에겐 "지난번에 말씀하신 대로 해보니 문제가 드러났습니다" 식으로 적폐 지적이 급증한다. 사람들은 누가 조직 실세(實勢)에서 실세(失勢)로 바람 빠지고 있는지 동물적 감각으로 읽어낸다. 바람보다 먼저 눕고,

먼저 일어난다. 지는(落) 해는 늘 지는(敗) 해일 수밖에 없는 게 조직의 생리다. 리더의 등줄기엔 식은땀이 흐른다.

둘째, '여론'을 과장한 유사직언이다. "직원들이 말하길", "뒤에서 사람들이", "다른 부서에서 들리는 바는"과 같이 주체 불명의 '카더라' 식 뒷담화 직언은 리더를 외롭게 한다. 알고 보면 의도가 깔려 있는 경우도 많다. 리더의 등골은 서늘해진다.

셋째, '정의'를 가장한 유사직언이다. 조직의 어려운 사정을 뻔히 알면서 이상론에 근거해 리더를 공공의 적으로 닦아세운다. 맞는 말만 하니 반박하기도 힘들다. '누구는 몰라서 못하나, 나도 정의의 사도 하고 싶다고'라는 말이 목까지 올라온다. 리더의 등엔 삭풍이 분다.

무서운 리더는 진짜 직언을 막아서, 우스운 리더는 가짜 직언을 못 막아서 무너진다. 리더에게 조언은 필요하지만 모든 조언이 유익한 것은 아니다. 모든 조언을 수용하는 것도 불가능하지만, 그렇다고 모두 거부하는 것도 어리석은 일이다. 적합한 사람들로부터 적합한 조언을 듣는 것은 효과적 리더십 발휘와 현명한 의사결정의 핵심사항이다. 마키아벨리나 한비자가 "적절한 상황에 적절한 사람, 적절한 때에만 군주의 주도하에 직언을 받으라"고 한 것도 이런 맥락에서다. 적절한 사람이란 신뢰와 역량, 양쪽을 다 갖춘 사람을 뜻한다. 요컨대 인력(引力)과 척력(斥力)의 적절한 균형이 있을 때만 가짜 직언이 아닌 진짜 직언이 작동한다.

모리 페이펄(Maury Peiperl), 수잰 드 자나즈(Suzanne de Janasz), 데이비드 가빈(David Garvin), 조슈아 마르골리스(Joshua Margolis) 등 전문가들은 전문가 고르는 법, 조언 구하는 법에 대해 이렇게 말한다.

첫째, 자신의 아바타 유형을 조언자로 선호하지 말라. 새로운 시각을 찾기보다 자신의 주장을 뒷받침할 거수기를 구하겠다는 의도일 경우, 조언자 제도는 의미가 없다. 조언의 유용성은 다양성, 객관성에 있다. 연구에 따르면 실적이 부진한 회사의 CEO는 동종산업의 유사직군 종사자로부터 조언을 구하는 경향이 강했다. 친밀함, 용이한 접근성, 위협적이지 않은 성격 같은 요소들은 모두 편안함과 신뢰감을 주긴 하지만 조언의 질(質)이나 깊이와는 아무런 상관이 없다.

다양한 분야, 창의적 방식, 유사한 문제에 대한 전문가 등을 폭넓게 생각해보라. 판단력과 기밀을 지키는 능력뿐 아니라 다양한 강점, 경험, 관점 면에서 높이 평가할 만한 이들을 포함시켜라. 이들은 모두 당신의 이익을 가장 염두에 두고, 당신이 듣고 싶지 않은 말이라도 진심으로 해줄 의향이 분명한 사람들이어야 한다.

둘째, 문제해결보다 정의가 더 중요하다. 문제의 전제, 배경 등을 정확히 설명할수록 조언의 질이 높아진다. 자신이 무엇을 원하는지 빨리 알수록 설명도, 조언도 더 효과적이 될 수 있다. 당신이 무엇을 모르고 있는지, 무엇에 관해 조언받고 싶은지, 이것이 조언자들의 지식과 경험에 어떤 식으로 관련돼 있는지 곰곰이 생각해보라. 지나치게 장황하게 설명하면 길을 잃기 쉽다. 기본 체크리스트와 사안과 관련된 중요 데이터 등을 갖고 정리해서 공유하는 것이 좋다.

셋째, 조언을 반영하라. 반영이 어려우면 반응이라도 하라. 일껏 조언을 요청하고서는 나 몰라라 하지는 않는가. '악플'보다 '무플'이 나쁘다는 말이 괜히 나온 게 아니다. 힘 있는 자리에 있는 사람일수록 묵살현상이 쉽게 나타난다. 한 연구에 따르면 이들은 전문가로부터 조언을 받을 때 경쟁심을 느끼는데, 이때 자만심까지 부풀려져 전문가의 말을 묵살하는 결과로 이어진다. 고위직 참가자들은 자신이 받은 조언 가운데 3분의 2가량 무시한 반면, 지위가 높지 않은 사람들은 조언의 절반 정도 무시했다. 조언이 채택되지 않으면 조언자들은 의욕 저하는 물론 불신과 악감정까지 갖게 된다.

리더에게도 자신의 솔직한 이야기를 털어놓을 누군가가 필요하다. 아무에게나 말할 수는 없지만 누군가에겐 마음을 열고, 약점과 결점을 털어놓으며 조언을 구해야 한다. 이때 조언자는 풍부한 경륜이 있는 것에 더해 깊은 비밀까지 보장할 만큼 믿을 수 있는 사람이어야 한다.

또 하나 중요한 것은 허세를 버리고 진심으로 조언을 구하는 자세다. 자신의 강점과 약점을 진솔하게 내보이려고 노력할수록 조언의 효과가 높아진다.

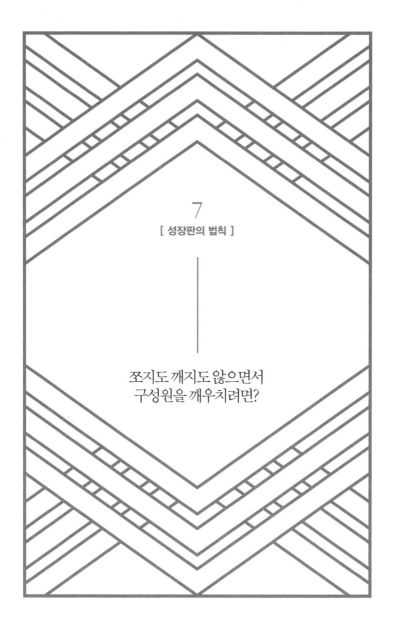

7

[성장판의 법칙]

쪼지도 깨지도 않으면서
구성원을 깨우치려면?

인간의 학습 성장판은 열려 있는가, 닫혀 있는가. 될성부른 떡잎과 될 리 없는 떡잎은 일찍이 판별되는가, 아닌가. 왜 어떤 이는 소설《양철북》의 주인공 오스카처럼 일찍이 성장이 멈추고, 어떤 이는 〈잭과 콩나무〉의 콩나무처럼 무럭무럭 자라 하늘까지 뻗치는가. 그것은 재능의 차이인가, 환경의 차이인가.

리더가 어떤 생각을 가지고 어떻게 말하느냐에 따라 구성원의 성장이 달라진다. 당연히 성과도 달라진다. 이름하야 '성장판의 법칙'이다.

《맹자》의 〈이루편〉을 보면 이런 대목이 나온다.

"도에 맞는 자가 맞지 않는 자를 길러주며, 재주 있는 자가 재주 없는 자를 길러준다. 그러므로 사람들이 어진 부형이 있음을 좋아하는 것이다. 만일 도에 맞는 자가 맞지 않는 자를 버리며, 재주 있는 자가 없는 자를 버린다면 잘난 사람과 못난 사람 사이의 거리는 그 간격이 한 치도 못 될 것이다."

맹자는 "인간의 성정은 근본적으로 비슷하다. 씨앗은 같으나 토양의 차이일 뿐이다"라고 부연설명한다. 이 대목에서 우리가 요즘도 흔히 쓰는 '자포자기'라는 말이 등장한다. "인(仁)과 의(義)를 비방하면서 방자하게 구는 자는 스스로 포기하는 자(自暴)"이고 "인정하긴 하지만 실행할 수 없다고 미리 포기하는 사람을 자기를 버린 자(自棄)라고 일컫는다."

말을 함부로 하며 포기하는 '자포'는 어질고 바른 것을 적대시하는 적극적인(?) 태도로 볼 수 있고, 옳은 줄은 알지만 나는 못한다며 되는 대로 행동하는 '자기'는 희망을 잃은 소극적인 태도로 볼 수 있다. 하지 않는 것이나 할 수 없는 것이나 문제이긴 매한가지다.

윗글을 보면 짐작이 되겠지만 맹자는 학습과 노력을 통해 인간이 무한 성장할 수 있다고 믿는 사람이다. 다만 "하지 않고 핑계를 댈 뿐"이라고 비판한다. 팔로워의 성장판을 열어주기 위해 리더는 어떻게 해야 하는가. 맹자는 5가지 계발방법을 소개한다. 때맞춰 내리는 단비와 같이 사람을 교화시키는 방식이 있고, 덕을 이루어주는 방식, 재능을 실현시켜주는 방식, 문답방식, 간접적으로 감화받게 하는 방식이 그것이다.

첫째, 시우지화(時雨之化)는 때맞춰 내리는 비에 풀과 나무가 잘 자라는 것처럼 제때 적절한 교육을 실시하는 것이다. 둘째 유성덕자(有成德者)는 덕행을 이루는 방법이고, 셋째 유달재자(有達財者)는 숨어 있는 재능이 밖으로 드러날 수 있도록 가르치는 법, 넷째 유답문자(有答問者)는 질문에 대답하여 가르치는 것이다. 다섯째, 유사숙애자(有私淑艾者)는 사숙(私淑)하여 가르치는 것으로, 다른 사람의 작품이나 저서, 학행을 통해 깨닫도록 하는 간접 교육방법이다.

혹은 누르고, 혹은 드날리며 혹은 인정해주고 혹은 대상의 특성에 따라 돈독히 해주는 것, 그것이 가르침의 방법이라고 맹자는 설파한다. 팔로워가 성장하지 못하는 것은 이처럼 다양한 방식으로 성장판을 열어주지 않은 리더의 책임이다.

로버트 캐플런(Robert Kaplan) 하버드 비즈니스스쿨 교수는 "피드백을 못 받으면 직원은 무능해지고 리더는 독재자가 된다"고 말한 바 있다. 미국 스탠퍼드 대의 심리학자 캐롤 드웩(Carol Dweck) 교수는 "능력의 가능성에 대한 믿음이 궁극적인 성공의 가장 큰 요인"이라고 말한다. 즉 인간의 능력을 정해진 특성이라고 생각하는 사람(고착형 마인드세트, fixed mindset)은 흥미를 억누르고 실수를 피하려는 경향이 큰 반면, 현재 능력이 발달 중이라고 생각하는 사람(성장형 마인드세트, growth mindset)은 흥미를 추구하고 더 많이 노력해 결국은 더 큰 성취를 이룬다는 것이다. 똑똑하다는 것을 자각하는 순간 자극받기를 멈추고, 실패하지 않으려 하느라 성장판이 닫힌다는 이야기다. 대조적으로 '성장형 마인드세트'를 지닌 이들은 도전을 즐기고, 배움에 힘쓰며, 끊임없이 새로운 기술을 연마할 기회를 엿보는 부류라고 설명했다.

이는 개인뿐 아니라 리더십, 조직에도 적용돼 활기를 불어넣기도, 빼앗기도 한다. 캐롤 드웩은 "고착형 마인드세트를 가진 회사의 직원은 소수의 스타 직원들만 높이 평가된다는 문장에 동의하는 경우가 많았다. 이들은 성장형 마인드세트를 가진 회사의 직원보다 조직에 덜 헌신했고, 실패할 경우 회사가 자신을 도와주지 않을 것이라 예상했다. 이들은 실패를 두려워했기 때문에 혁신적인 프로젝트를 추진하는 경우가 상대적으로 적었다. 또 일상적으로 비밀을 만들고, 쉬운 길을 가려고 절차를 무시하며, 남들보다 앞서가기 위해 부정을 저지른다"고 말한다.

반면에 성장형 마인드세트를 가진 회사의 관리자들은 직원에 대해 훨씬 긍정적인 견해를 보였다. 직원들의 배움과 성장에 대한 적극성, 혁신성, 협업 마인드에 더 높은 점수를 주는 식으로 말이다. 이런 성향의 리더들은 직원들에게 리더가 될 잠재력을 지녔다는 평가를 내릴 가능성도 더 컸다. 드웩 교수는 "성장형 마인드세트를 지닌 기업에서 직원들의 행복도가 더 높으며, 더 혁신적이고 도전정신이 강한 기업문화가 형성된다는 사실은 지금까지 나온 연구결과로도 알 수 있다"고 밝혔다.

리더가 뒷심 있게 초심을 밀고나가야 구성원들의 성장판이 열린다. 초심을 달리 표현하면 초보자의 마음이다. 늘 맨땅에서 새로 배우려고 하고, 과거의 능력보다 미래 잠재력을 보고자 하는 열린 마음이다. 리더가 이것을 가졌는가에 따라 구성원의 성장판이 열리느냐, 리더의 머리뚜껑만 열리느냐가 갈린다. 전자는 '누군가의 재능을 발견하면 그 사람을 일하게 만들

수 있다', '사람들은 똑똑해서 어떻게든 방법을 찾아낸다'는 생각의 결과다. 반면에 후자는 '그들은 내게 보고해야 한다. 그래야 일하게 만들 수 있다. 토론해봐야 귀 기울여 들을 사람 몇 안 된다. 그들은 내가 없으면 결코 답을 알아내지 못한다'고 한계 짓는 유형이다. 재능에 추진력의 발동을 거느냐 여부는 리더의 마음가짐, 사소한 말투 하나가 좌우한다.

직원의 성장판을 활짝 열어놓으려면 어떻게 해야 하는가. 오늘날 리더와 팔로워는 지시-복종 관계가 아닌, 동반자이자 협력자의 관계로 변화하고 있다. 동반자 관계에서 서로를 성장시키는 데 최우선적으로 필요한 것이 바로 효과적인 피드백 스킬이다.

피드백은 업무가 제대로 된 방향으로 가고 있는지, 부족하다면 개선해야 할 사항은 무엇인지 등 해당 시점별로 적절한 코멘트를 주는 것이다. 일류는 솔직함을 기반으로 적확한 피드백을 한다. 이류는 할리우드 액션의 분위기 타는 피드백을, 삼류는 악의적 피드백으로 실수에 대한 야유와 비난을 쏟아낸다. 이것으로도 끔찍하지만 이보다도 못한 피드백이 있다. 바로 묵묵부답 침묵이다. 일류 피드백으로 직원의 성장판을 열어주자. 피드백에서 염두에 두어야 할 것은 다음과 같다.

첫째, 학력보다 학습력을 중시한다. 일례로 면접 때 일류 리더는 조직이 필요로 하는 지식과 자격증을 얼마나 알고 있는지보다 제대로 배울 수 있는지를 중시한다. 단순히 지식을 '보유'하는 것보다 새로운 지식을 과감하게 '수용'할 수 있는 능력을 더욱 중시한다.

둘째, 정시보다 수시 피드백을 한다. 피드백은 수시소통이다. 연말 인사고과 평가가 아니다. 수시로 대화하고 다시 역제안하는 순환의 과정이다. 어느 직원은 피드백을 주지 않는 상사를 문제집만 안기고 채점하지 않는 선생님에 비유했다. 채점하고 오답 스타일을 분석해주라. 문제집만 잔뜩 안기지 말라.

셋째, 쪼지도, 깨지도 말고 깨우치라. 직원들은 야단으로 허점을 맹공하기보다 피드백으로 맹점과 사각지대를 짚어줄 때 리더를 존경한다. 사후에 잘못한 점을 지적하기보다 조심해야 할 함정 등을 사전에 짚어주라.

넷째, 긍정적 피드백과 부정적 피드백을 적절하게 배합하라. 긍정적 결과에는 침묵하다 부정적 결과에만 득달같이 지적하면 피드백이 아니라 모욕이다. 적어도 긍정 7대 개선 3 정도의 비율을 유지하라. 칭찬을 메일로 보내며 CC 관계자 참조를 거는 것도 효과적이다. 윗사람과의 식사자리 주선 등 변방을 세게 치는 스리쿠션 칭찬은 약발 최고다.

다섯째, 답보다 질문을 주라. 어떤 점이 만족스러운지, 불만사항은 무엇인지, 권한이 주어진다면 무엇을 고치고 싶은지 물어라. 동료평가를 통해 강점을 피드백해 주어도 효과적이다. '○○○의 강점은?'을 팀원들이 공유해 상호 피드백하는 것이다.

  그리고 무엇보다 중요한 것은 관찰이다. 맹자가 말한 5가지 교육이론을 적용하기 위해서는 지금 직원의 성장에 무엇이 필요한지 살펴야 한다. 심리적 측면에서 개인적 공감과 동기부여인지, 역량적 측면에서 교육인지, 조직문제점에 대한 해결인지… 개별적 고려를 해야 직원의 성장판을 활짝 열 수 있다. 그래야 당신의 머리뚜껑이 열리지 않은 채 상대의 성장판만 열 수 있다. 피드백은 평가가 아니라 협업 작업임을 명심하자.

[성찰과 통찰]

직원의 성장판을 열어주는 스마트한 피드백을 해보자. 단순한 칭찬-질책과 피드백의 차이는 무엇이라고 생각하는가?

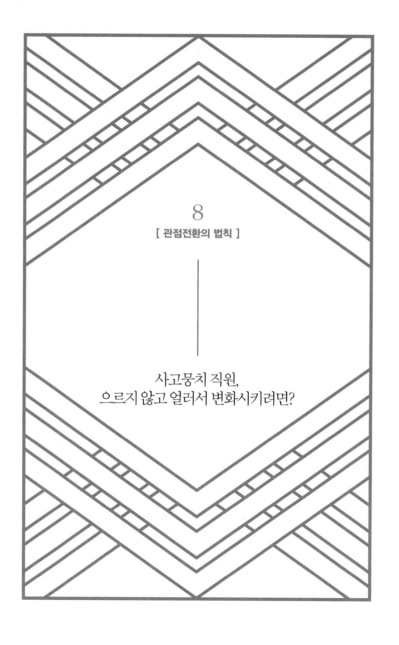

8
[관점전환의 법칙]

사고뭉치 직원,
으르지 않고 얼러서 변화시키려면?

문제를 일으키는 고문관 직원, 어떻게 대처할 것인가. 시키면 '알겠습니다' 자신 있게 대답하고는 한숨 나오게 해오는 허언증 직원, 늘 개선하겠다고 하면서 놀라운 회복탄력성(?)으로 '원점회귀'하는 근태불성실형, 늘 '잘되고 있다. 걱정 말라'며 중간보고를 생략하다가 막판에 문제를 터뜨리는 폭탄형, 회의자리에서는 조용하다가 뒤에서 소문의 진앙지가 되는 빅마우스 직원 등 골칫거리 구성원은 어떤 형태로든 조직에 있게 마련이다. 이들의 공통점은 말 그대로 고질이란 점. 이들을 겪어본 리더들은 "고문관 직원이 있으면 성질이 나빠지든지, 도를 닦게 되든지 둘 중 하나"라고 한숨을 쉬곤 한다.

이들 고문관에 대처하는 백전노장 리더들의 현장노하우를 들어보면 기기묘묘하다. 모 기업의 L팀장은 능력문제면 교육을 시도하지만, 지각 등 근태 문제일 경우엔 단체로 불이익을 주는 것으로 이원화한다고 말한다. 요즘 직원들이 두려워하는 것은 '상사보다 동료의 원망'이란 정서적 면을 파악한 고육지책이다. '너 때문에 우리가 피해 봤다'는 원망의 눈길을 받는 게 10번의 불호령보다 실효가 있더라고 그는 자신 있게 말한다. 집에서도 아버지보다 무서운 게 형의 부라린 눈길이다. 그런가 하면 O팀장은 이른바 '군기'가 빠져 기본적 실수가 반복될 때는 담당업무를 인정사정없이 몰수해 다른 동료나 팀원에게 배당한다고 말한다. 말 한마디 안 하고 표정 한 번 바꾸지 않아도 쌩 찬바람이 불면서 리더의 의도를 알아차리더란 이야기다. 조직생활을 해본 사람은 알지 않는가, 일을 많이 시키는 것보다 더 무서운 협박은 일을 빼앗는 것임을.

여러 리더들을 만나면서 리더를 두 부류로 나눌 수 있다는 생각을 하곤 한다. 상대를 믿는 리더와 믿지 못하는 리더다. 상대의 능력, 인품을 믿지 못하는 리더들이 공통적으로 하는 말은 "나라고 이러고 싶어서 이러는가" 하는 항변이다. "나도 예전엔 사람을 믿고 정도 주고, 지식도 줬다. 그런데 뒤통수 치고 떠나더라." 그러면서 '머리 검은 짐승'에 대한 배신과 분노를 표하곤 한다. 재미있는 것은 상처 입은 상황은 같은데 이에 대한 해석이 다르다는 점이다. 상대를 믿는 리더들은 "내가 덜 줘서" 그렇다고 한다. 노력과 애정을 더 쏟아붓는 것으로 대책을 마련한다. 반면에 믿지 못하는 리더들은 "인간은 다 그래"라고 말하며 쌩하게 사람을 경계한다. 사람은 결코 안 바뀐다고 지레 포기하거나, 시킬수록 뒷감당만 커지니 투명인간 취급하며 무시하는 것이다.

살면서 가장 어려운 게 인간관계다. 상처를 주기도, 받기도 한다. 문제 상사 때문에 마음 상하기도 하고, 고문관 직원 때문에 마음을 다치기도 한다. 이에 대해 내가 깨달은 나름의 인생 진리는 상대의 스토리를 알면 이해가 쉽다는 것이다. 나쁜 상사는 바쁜 게 가장 큰 이유고, 고문관 직원은 아픈 게 가장 큰 원인이다. 답은 계도가 아니라 이해에서 나오는 경우가 많았다. 바쁜 상황, 아픈 상황을 읽어주면 의외로 해결이 쉬웠다.

이럴 때 내가 떠올리는 구절이 있다.《위대한 개츠비》의 한 구절이다. 소설 속 화자인 닉이 개츠비를 회상하며 말한다.

"지금보다 더 어리고 상처 받기 쉬운 시절, 아버지는 내게 몇 마디 충고를 해주셨는데, 난 그 말씀을 평생 가슴속에 새겨두었다. '누군가를 비판하고 싶어질 때마다, 세상 사람들이 전부 네가 가진 장점을 가진 건 아니라는 사실을 기억하렴.' 결국 나는 모든 판단을 유보하는 성향을 갖게 되었다."

사람은 이해받을 때 변한다. 이해를 받아야 변한다. 상대를 해결대상이 아니라 이해대상으로 바꿔 생각해보라. 닉의 말을 응용해보자면, 직원이 상사가 말한 장점을 모두 가지긴 힘든 법이다. 개조하기보다 이해하려고 해보라.

초등학교 동창 한 명은 슬하에 형제를 두었는데, 장남은 모범생으로 공부도 잘하고 흠잡을 게 없었다. 반면 차남은 성적도 나쁘고 사고뭉치였다. 집안에서 부르는 별명도 '짱돌'이었다. 그럴수록 짱돌은 '모난 돌'이 되어 더 사고를 치더란다. 고심 끝에 부부는 작전을 바꿔보기로 했다. '짱돌'을 '희망'이라 부르며 프레임 전환을 시도한 것이었다. 집 안팎에서 그렇게 부르고, 휴대폰 전화번호부에도 그렇게 입력했다. 아직은 기대에 미치지 못하지만 앞으로 기대에 이를 것이란 희망. 짱돌은 과거를, 희망은 미래를 본 '시제의 변환'이다. 이 작은 시각의 차이가 큰 변화를 초래해 아이의 행동과 태도가 180도 변하더란 고백이었다.

문제자녀 뒤에 문제부모 있듯, 문제직원 뒤에는 문제 리더가 있게 마련이다. 당신은 혹시 어떠한가. 문제 상사처럼 행동하고 있지는 않은가. 장 프랑수아 만조니(Jean Francois Manzoni) 프랑스 인시아드 경영대학원 교수는 "유능한 직원이라도 보스가 '일 못하는 직원'이라고 낙인찍고 삐뚤게 보기 시작하면 실제로 무능해진다"고 말한다. 이를 일러 필패(必敗) 신드롬이라 한다. 필패 신드롬의 주된 원인은 인간이 자신의 주관에 부합하는 정보만을 인식하려 하는 확증편향 때문이다. 쉽게 말해, 보고 싶은 것만 보고 믿고 싶은 것만 믿는 인지적 편견에서 비롯된다는 것이다. 조선을 세운 태조 이성계의 멘토 무학대사는 "돼지의 눈으로 보면 모두 돼지로 보이고 부처의 눈으로 보면 모두 부처로 보입니다"라고 했다.

같은 행동과 발언도 해석하는 사람에 따라 달라진다. 상대의 실수에 '네가 그러면 그렇지, 그럴 줄 알았어'라며 부정적 낙인을 찍지는 않는가. 못 미더워 일을 못 시키는 건지, 안 시켜서 못 미더워지는 것인지 인과관계를 파악해보라. 필패(必敗)의 시각을 가진 리더 밑에는 필패의 구성원이 모일 수밖에 없다. 세상이 온통 역주행하는 것으로 보인다면 세상이 문제가 아니라, 당신이 역주행하는 중인지도 모른다.

'우리 직원이 변했어요'의 기적을 체험하고 싶다면 리더의 시각전환, 각성이 먼저다. 부정적 감정 가득한 수사관이 돼 문제를 색출하기보다 심리상담의가 돼 변화동기를 이끌어내자. 나는 고문관 직원 때문에 고민하는 리더들을 만나면 수사관보다 심리학자가 될 것을 조언한다. 왜 그런 일을 했는지 날카롭게 밝히기보다, 어떤 상황이었는지 따뜻하게 읽어주어야 한다. 관점을 바꿔보라. 나쁜 직원보다 아픈 직원이라고, 당신이 수사관이 되어 문제점을 발견하기보다, 심리학자가 되어 문제점을 치유하려고 한다고 생각해보라.

첫째, 우선 문제직원의 상황을 정확히 파악하라. 그 직원을 움직이게 하는 동기는 무엇인가, 방해하는 것은 무엇인가, 그 장애물을 제거한다면 그 직원은 어떻게 달라질 것인가. 상황파악을 위해 정보를 최대한 수집하라. 문제직원의 동료, 부하, 예전 상사로부터 다각도로 정보를 얻자. 가장 중요한 것은 당사자와의 사적 만남을 통해 문제의 이유에 대해 허심탄회하게 들어보는 것이다. 그에 맞춰 메시지를 프레이밍해 소통해보자.

조엘 에반스(Joel Evans) 성균관대 SKK GSB 교수의 연구결과에 의하면 직원들의 마음 상태(조절상태)와 메시지의 전달방식(메시지 프레이밍)이 서로 일치하면 직원과의 커뮤니케이션은 더 호소력을 갖게 된다. 해당 직원이 긍정 마인드를 가지고 있다면 '문제점을 개선하면 어떤 이득이 있는지'에, 회피 마인드를 가지고 있다면 '문제점을 개선하지 않는다면 어떤 불이익이 기다리고 있는지'에 초점을 맞춰 전달하는 것도 방법이다. 이처럼 직원과의 대화를 통해 개별적 차이를 알 수 있다면 더 유용하게 메시지 프레이밍 방법을 이용할 수 있다.

둘째, 합의 가능한 목표 리스트를 작성해보라. 이는 문제 상황에 대한 전반적 그림을 그려본다는 의미다. 직원의 불성실한 행동이 문제의 원인인지 결과인지 자세히 살펴보라. 그의 장점을 활용해 업무개선에 활용할 방법은 없는가. 적합하고 현실적인 목표에서 어디까지 양보하고 기다릴 수 있는지 합의점을 고려해보라. 의외로 직원이 성과기준에 대해 달리 생각하고 있었을 수도 있다. 성과의 내용과 기준을 분명히 설명해주고, 당장 시급한 역량과 천천히 기다려줄 수 있는 것을 구분해 가능한 결과들의 목록을 작성해보라.

셋째, 직원과 대면하라. 다람쥐 쳇바퀴 돌 듯 결론 없이 맴도는 실속 없는 대화는 필요 없다. 초보 영업사원처럼 자기 말만 되풀이하며 강요하거나 판사처럼 판정만 하려 드는 것도, 직원의 개성을 파악하지 않고 흑백논리 프레임으로 보는 것도 금물이다. '바람직함'은 나만의 혹은 너만의 옳은 주장이 아니다. 너도 좋고, 나도 좋을 수 있는 공동의 관점을 반영한 제안이다. 가치는 같이해야 빛난다는 사실을 잊지 말자. 원대한 가치의 외바퀴보다 원만한 가치의 두 바퀴가 잘 굴러간다. 너와 내가 같이할 수 있는 공통의 접점을 찾으라. 직원의 강점을 바탕으로 기여할 수 있는 바를 살펴보라.

이처럼 시각을 바꾸고, 소통의 문호를 열며 용을 썼는데도 변화가 보이지 않는다면? 리더로선 밑져야 본전이다. 문제직원을 대하는 지극정성의 태도를 보고 부서의 나머지 직원들이 감동했을 것이기 때문이다. 그리고 당신 마음도 편하다. 적어도 최선을 다하려고 노력하지 않았는가.

[성찰과 통찰]

- 수사관의 말과 심리학자의 말은 어떻게 다른가?
- 수사관과 심리학자적 입장에서 저성과직원을 볼 때 어떻게 다르게 말할 것인가?

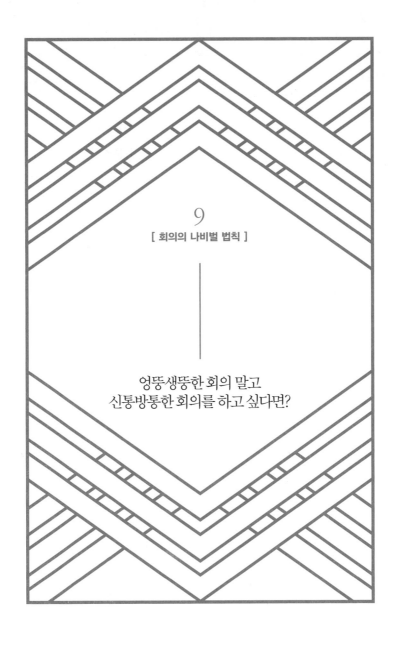

9
[회의의 나비벌 법칙]

엉뚱생뚱한 회의 말고
신통방통한 회의를 하고 싶다면?

"단지 의견에 반대했을 뿐인데 왜 이렇게 감정적으로 반응하세요?" "지금 사회 보세요? 본인의 생각은 뭔데요. 주장을 말해보세요." "도대체 무슨 말을 하시는 건지 모르겠네요."

회의에서 몰리는 사람, 물리는 사람, 밀리는 사람들이 듣는 말이다. 회의자리에서 이런 말을 듣고 집에서 혼자 통재의 이 불킥을 날려본 적은 없는가, 아니면 이런 말을 상대에게 하며 쾌재의 하이킥을 날리는가? 주장을 제대로 전달하는 사이다 발언으로 속이 시원한가, 아니면 있는 것을 반도 전하지 못하는 고구마 발언으로 속이 더부룩한가. 당신 말은 옥음(玉音)인가, 묵음인가, 이도저도 아닌 잡음인가. 회의에서 내 마음과는 상관없이 '나 없다' 식 투명인간, '남 따라' 식 인조인간이 되어 속상한 적은 없는가.

회의에서 남의 말에 묻히지도, 마음에 묻지도 않고 당당히 주장하려면 어떻게 해야 할까. 정황에 따라 마음을 적절히 드러내거나 감추는 회의의 패합술(捭闔術)을 익혀 회의력을 키워보자.

첫째, 예열을 충분히 하라. 예열한 만큼 발열한다.

당신은 회의시간을 맞추는 것은 고사하고, 심지어 모두 좌정한 다음 허겁지겁 회의에 가지는 않는가. 그러나 회의의 결론과 논의의 방향은 회의 전에 이미 정해졌을 수 있다. 회의가 형식상의 추인일 수도 있다는 이야기다. 노회한, 노련한 회의의 고수들은 이해관계에서 부딪치는 사람들을 미리 만나 사전 설명하고 조정한다. 그것은 사내정치가 아니라 존중의 매너다. 그러니 회의 장소에 미리 와서 좋은 자리를 잡고, 동료와 이야기를 나누라. 가능하면 회의가 끝난 후에도 남아서 미진한 부분을 마저 논의하고 그밖에 신경 쓰이는 문제에 대해 대화하라. 오고가는 잡담 속에 우호적인 분위기가 싹튼다. 진짜 회의준비는 분위기 파악이다.

둘째, 논점을 다듬으라. 엉뚱 생뚱을 피하라.
회의 고수들은 회의 잡담, 유머까지도 미리 설계한다. 즉흥적으로 보이는 것일수록 사실은 고단수일 가능성이 높다. 한마디로 될 말을 세 마디 네 마디 중언부언하거나, 논점에서 벗어난 발언을 하는 순간 당신의 말은 잡음이 된다. 적어도 회의 발언의 키워드라도 미리 정리해보라. 당신 주장을 뒷받침할 근거, 증거, 예거는 무엇인지 살피고 자연스럽게 말할 수 있도록 연습하라. 자연스러움은 연습량에 비례한다. 다듬을수록 강해진다.

셋째, 감정을 조절하라. 목소리와 감정의 포커페이스를

유지하라.

회의 발언도 과유불급이다. 쭈뼛거리며 묻히면 투명인간이 되지만, 혼자 열변을 토하면 인조인간 취급받기 십상이다. '무엇을' 말하느냐보다 '어떻게' 말하느냐가 중요하다. 코너에 몰린 기분이 들더라도 목소리가 높아지거나 말속도가 빨라지지 않도록 평상시 페이스를 유지하라. 짜증내거나 비꼬는 것, 급하게 되받아치는 말투는 금물이다. 내 의견을 향해 돌격했다기보다, 약점을 보완해줬다고 생각해보라. "○○님의 말씀을 들으니, 제 주장을 이러저러하게 보완해야겠다는 생각이 들었습니다. 통찰력을 주셔서 감사합니다"하며 은근슬쩍 내 편으로 빨아들이라. 한 명이라도 내 편이 늘어나는 게 어디인가. 열정보다 중요한 것은 평정임을 잊지 말자.

넷째, 외유내강의 어법을 구사하라. 물렁하게도, 뻣뻣하게도 하지 말고 말랑하게 하라.

주장인지, 권유인지 헷갈릴 정도의 물렁팥죽 말투는 상대로 하여금 무시하게 한다. 남들에게 휘둘리지 않고 발언하려면 적극적으로 당당하게 주장을 펼치라. 가령 "~하는 것은 어때요?", "내 생각에는 혹시…", "제 생각도 비슷해요", "어쩌면" 등의 비공식적이고 사적인, 해도 그만 안 해도 그만의 선택의 여지를 남기는 말투는 회의 발언력을 약화시킨다. "…하기를 적극 추천합니다", "…를 강력히 제안합니다", "전적으로 동의

합니다. 왜냐하면…", "제 주장은(생각은) 이렇습니다", "…하기를 건의합니다" 등의 적극적인 주장을 드러내라.

단, 어설픈 외강내유 화법은 금물이다. 말투부터 딱딱하게 하면 주장하기도 전에 반감만 불러일으킨다. 주장과 권유를 구분하라. 물렁하게도, 딱딱하게도 하지 말라.

다섯째, 단독 작전보다 합종연횡 작전을 펴라. 독립투사가 되기보다 독립군을 구성하라.

앞에서 회의 발언력을 강화하기 위한 사전준비력, 화법, 감정조절력 등을 살폈다. 그러나 뭐니 뭐니 해도 회의 발언력의 핵심은 발언기회의 적절한 확보, 즉 타이밍이다. 잘난 사람들끼리 치고받는 회의의 전장에서는 발언기회 확보도 만만치 않다. 적절한 때 치고 들어가야 하는데, 논제가 지나가고 나서 '놓친 차' 보며 손 흔들어봐야 소용이 없다. 아무도 틈을 안 내주면 칼집 안의 칼일 뿐이다.

회의 분위기를 타고 적절한 때에 기회를 확보해 주장을 펼치려면 회의 판세를 미리 만들어놓아야 한다. 당신의 주장을 밀어줄 지원군을 확보해두어야 한다. 혹시 회의의 주류파를 마음속으로 경멸하지는 않는가. '끼리끼리 골목대장 놀이 하고 있네' 하며 냉소하는 이들이 리더들 중에서도 의외로 많다. 전혀 동이 닿지 않는 이야기인데도 강한 사람의 이야기와 어떻게든 연결시켜 "제가 … 덧붙여서 한 말씀 드리자면" 하며 업혀 가기, 덮어쓰기하는 모습이 가관이라며 코웃음을 치진 않는가. 문제는 그러는 사이 탈락되는 쪽은 그들이 아니라 당신 같은 독야청청파라는 점이다. 발언기회는커녕 회의 참석기회에서도 밀릴 수 있다.

그들의 합종연횡 기술이 먹히는 룰이라면 당신도 단독작전만을 고집하지 말라. 혼자 독립투사 하지 말고 독립군을 만들라. 당신의 아이디어를 밀어줄 지원군을 확보하라. 평소에도 그들의 의견을 재포장하고 살 붙여가며 응원해주라. 치사하다고? 당신이 주류라면 상관없지만, 비주류라면 표면의 전세만 고려해선 곤란하다. 판세를 조성하라.

예전부터 전쟁에서 이기는 장수는 이기는 싸움을 하지, 싸움에서 이기려고 하지 않았다. 판세를 이기게끔 미리 조성해놓았기에 가능한 일이다. 회의 전에 응원군, 지원군, 응원해야 할 주장, 근거 등 판세를 조성해놓으라. 변수를 줄이고 상수를 늘리라. 싸움에 이기려 하지 말고, 이길 싸움만 하라.

[성찰과 통찰]

이번 회의 안건을 살펴보라.

– 당신이 확보해야 할 응원군, 반대파를 설득할 논거의 말은 무엇인가?
– "앞의 주장에 덧붙여서 한 말씀 드리자면", "○○○님의 주장이 좋다고 생각합니다. 거기에 덧붙여서…" 하며 업혀 가기, 덮어쓰기 연습을 해보자.

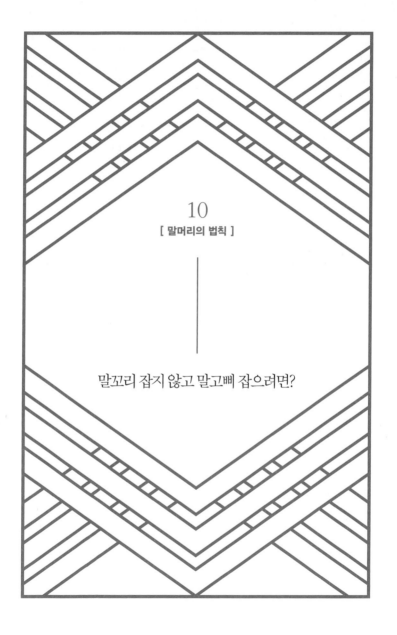

10
[말머리의 법칙]

말꼬리 잡지 않고 말고삐 잡으려면?

회의에서 발언권은 중요하다. 잘못하면 잡음이 되고, 아주 못하면 소음이 되고, 잘하면 신호가 된다. 회의를 잘하는 리더의 비결은 이것이다. 말꼬리는 잡지 말라, 하지만 말머리는 결코 놓치지 말라. 회의에서 말꼬삐를 잡고 주도권을 행사하라.

이와 관련해 공자의 다음 발언을 보자. 《논어》에서 공자가 자로에게 상사와의 대화예절을 가르치는 대목이다. 자로가 어떻게 하면 군자를(리더를) 잘 보필할 수 있느냐고 물었을 때 공자의 답이다.

"군자를 모실 때 3가지 허물이 있으니 상대의 말이 다 끝나지 않았는데도 말하는 것을 조급하다고 한다. 상대의 말이 다 끝났는데 말하지 않는 것을 (실정을 숨기므로) 의뭉스럽다고 한다. 상대의 얼굴빛을 보지도 않고 말하는 것을 맹목적이라고 한다."

즉 상대의 말을 중간에 자르고 들어가는 것, 자신의 주장을 의뭉스럽게 감추는 것, 상대의 반응을 보지 않은 채 자기 말만 하는 것이다. 과거 군주제시대에 군주와 공적 이슈에 대해 토론한 것은 오늘날로 치면 업무회의와 같다. 따라서 공자가 말한 3가지 경계할 점은 오늘날 회의의 규칙이라 봐도 무방하다.

실제로 회의의 문제점은 양극으로 갈린다. 적막강산 혹은 난장. 적막한 회의에서 침묵이 문제라면 난장에서는 '주제 피해 막가'로 시간낭비하는 게 문제다. 회의비용을 증가시킨다는 점에서는 둘 다 문제다.

한동안 유행한 유머가 있었다. 바로 '말(馬)이 싫어하는 것' 시리즈였다. 말허리 자르기, 말머리 돌리기, 말 뒤집기, 말꼬리 잡기, 말문 막기 등이 그것이다. 어느 조직이든 이런 회의 방해꾼이 존재한다. 추월하고, 꼬리물고, 끼어들고, 깜박이 켜지 않고 마구 차선 바꾸고… 회의에서 말고삐를 꽉 잡고 놓치지 않으려면 어떻게 해야 할까. 남의 말은 듣지도 않으면서 자기만 떠드는 사람, 남의 말까지 가로채서 혼자 떠드는 사람, 이런 사람들의 대부분은 회의 준비는 제대로 해오지 않으면서 주장만 강한 경우가 많다. 회의 방해꾼에겐 이렇게 대처하라.

첫째, 말머리 돌리기에 대한 대처다. 이리저리 말머리 돌리는 중구난방 회의를 피하려면 명확한 의제설정이 필요하다. 회의 중에 갑자기 새로운 사안을 꺼내거나, 형편없는 아이디어를 늘어놓으며 좋은 아이디어를 묻어버리거나, 주제와 전혀 상관없는 이야기를 하고 궤도에서 이탈해 돌출발언을 쏟아놓는 말 돌리기 직원이 있지는 않은가? 그런 경우 말을 직접적으로 끊기보다 "지금 그 발언이 이 회의 주제와 어떤 연관이 있는지 설명해주세요. 만약 관련 없는 내용이라면 다른 자리에서 의논할 수 있도록 일정을 잡아봅시다"라는 식으로 해당 직원을 존중하는 화법을 구사하는 편이 좋다. "그 사안에 대해 이런 식으로 생각해보셨나요?"라든가 "아무개는 이 문제를 어떻게 생각할까요?"라고 질문하며 대화를 다른 방향으로 돌리라.

모 보험회사 팀장이 쓰는 고삐전략은 회의테이블 위에 사탕이나 초콜릿 바구니를 두는 것이다. 참가자가 자꾸 말머리를 돌리며 주제와 상관없는 이야기를 계속하면 경고의 의미로 초콜릿(사탕)을 준다. 이 전략을 몇 차례 반복하자 저절로 말머리 돌리는 직원이 줄었다고 한다. 말로 경고하면 당사자 자존심도 상하고 진행의 맥이 끊기지만, 무언의 초콜릿 경고는 그럴 위험이 없어 일석이조란 설명이다. 이런 토론 방해꾼 옆에는 고위 직급을 앉히는 것도 방법이다.

둘째, 남의 말허리를 자르고 발언권을 독점해 끝없이 이야기하는 경우다. 사실 이런 만행(?)은 리더들이 많이 범한다. 한두 사람이 회의를 주도하면 과묵하거나 소심한 사람은 소외감을 느끼게 된다. 이런 폐단을 막기 위해 직급과 상관 없이 1인당 발언시간을 미리 정해놓는 것도 방법이다. 어느 전무는 회의 책상에 모래시계를 두었다. 모래가 다 떨어질 때까지만 발언하도록 시간 제한을 두는 것이다.

셋째는 말꼬리 잡고 늘어지기다. 회의에서 말꼬리 잡고 대치하는 직원들을 보면 평소에도 사이가 좋지 않은 경우가 대부분이다. 이때 직급이나 나이 등의 임의적 기준을 들이대며 '누가 더 참으라'는 등의 임시방편 식 조정은 하지 않는 게 좋다. 오히려 끼어들지 말고 그들끼리 머리를 맞대고 해결하도록 하라. 물론 싸움을 부추기라는 말은 아니다. 지나치게 감정적으로 치달을 때는 차라리 브레이크 타임을 선언하라.

넷째는 말문 닫기다. 유령들의 회의를 만드는 냉소파, 무관심파다. 부정적인 반응을 보이는 냉소파 직원은 나중에 화장실, 복도에서 '뒷담화'를 하게 마련이다.

유령회의에서 리더가 가장 물리치기 힘든 유혹은 이런저런 이야기를 끊고 곧장 결론으로 직행해 지시사항을 하달하는 것이다. 그러나 회의과정에 자기 의견이 반영되어야 결론에 대해서도 확신을 가질 수 있다. 그러니 섣불리 지시하고 끝내지 말고, 여러 화두를 던져 사람들이 스스로 생각해 의견을 내도록 유도하자.

아울러 이들 조용한 반대자들에게는 미리 반대의사를 밝힐 시간을 허용하는 것도 좋은 방법이다. 모 유통업체의 팀장은 매사에 부정적인 직원과 회의 전에 점심식사를 함께하면서 불만을 토로할 시간을 준다고 한다. 미리 김을 빼서 합의할 준비를 시키는 것이다. 일단 회의가 시작되면 아이디어에 반대하는 사람은 대안을 제시하라는 규칙을 적용하는 것도 방법이다. 또 의무적으로 자신의 의견 내지 질문을 써서 내게 하는 것도 좋다. 이 방법은 짧은 시간에 모두의 참여를 유도한다는 점에서 쉽고도 효과적이다.

다섯째는 말 뒤집기다. 이는 주로 회의진행자인 리더의 책임인 경우가 많다. 어떤 결정을 내렸든 그에 따라 행동해야 한다. 지시로 충분한 사항, 혹은 리더가 혼자 결정해야 하는 사항은 회의를 열지 말라. 일단 회의를 열었으면 결정에 따르는 것이 원칙이다. 통과의례용 꼼수 회의임을 알아차리지 못하는 직원은 없다. 회의에서 리더가 말고삐를 꽉 잡고 놓치지 않으려면 리더부터 회의의 기본 원칙을 잊지 말아야 한다.

[성찰과 통찰]

- 회의 때 유독 많이 발언하거나 논점에서 벗어나는 사람을 제지할 수 있는 말은 어떤 것이 있는가?
- 말이 적은 사람에겐 어떻게 발언을 유도하는가?
- 리더인 당신이 말을 많이 하는 것에 대한 예방조치는 무엇인가?

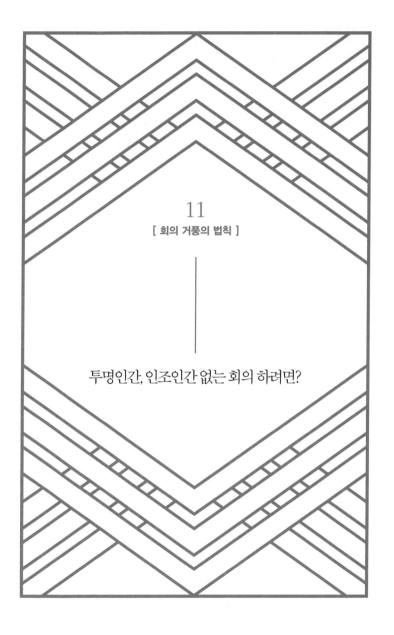

11
[회의 거품의 법칙]

투명인간, 인조인간 없는 회의 하려면?

중국 역사상 최고의 태평성세를 이룬 당태종은 여러 신료의 의견을 적극적으로 듣고 수용한 대표적 인물이다. 사실 그는 성군이라 하기에는 다혈질인 데다 권모술수에 능했다. "그 촌놈이 대들었다. 죽이지 않으면 화가 풀리지 않겠다"고 분노를 터뜨린 적도 있었다. 이런 성격인데도 신하들의 의견을 간절하게 구한 까닭은 대의명분이나 인기전술이 아니라, 실리를 위해서였다. 요즘 말로 지속가능경영, 정권안정 및 연장을 꾀한 것이다.

리더십 등급을 구분하는 기준을 한마디로 표현한다면 중의를 모을 수 있느냐, 없느냐다. 한비자는 "군주가 다른 사람의 지혜를 잘 빌리고 잘 배우기 위해서는 자기 지혜를 비워야 한다"고 강조한다. "그렇지 않으면 세상에서 가장 뛰어난 마부가 모는 마차를 타고 달리는 것보다 자기 발로 뛰는 게 더 빠르다는 착각을 벗어나기 어렵다"는 것이다. 그러면서 1등급, 2등급, 3등급 리더를 절묘하게 구분했다. 삼류 리더는 자기 능력을 이용하고, 이류 리더는 남의 힘을 이용하며, 일류 리더는 남의 지혜를 이용한다는 것이다. 가끔 리더들을 만나면 "성과를 낸 아이디어의 70%는 내가 한 것"이라고 자랑하는 경우가 있는데, 한비자의 구분대로 하자면 그 리더는 삼류라는 것을 스스로 고백하는 셈이다.

'협치(協治)'라는 말을 자주 한다. 협치는 부분의 합을 전체보다 크게 해 시너지를 내는 리더십이다. 반대로 협박은 10명을 모아놓고도 한 명의 힘밖에 내지 못하게 하는 리더십이다. 이 차이는 동음이의어 '협'의 차이에서도 드러난다. 화합할 협(協)의 협(劦)은 3개의 쟁기로 땅파는 모양을 본뜬 것이다. 결론적으로 여러 사람이 힘을 모으는 모습이다. 반면 위협할 협(脅)의 '月'은 몸통, 그중에서도 급소인 늑골이다. 여기에 쟁기(劦)를 끼고 으쓱대며 겁을 주는 모습이다. 결국 생명을 위협할 공격을 가까이에서 하는 모습을 가리킨다.

리더인 당신은 쟁기를 움켜쥔 채 "나처럼 해봐. 왜 그것밖에 못해"라며 위협(脅)하고 있는가. 아니면 "으샤 으샤 함께 해보자"며 협력(協)을 북돋고 있는가? 나 덕분에 너희가 월급 받는다고 말하는 리더는 못난이 리더다. "나 따라 해봐" 하며 직원들을 자신의 아바타로 만들려는 리더는 직원이 아무리 많아도 리더 본인의 능력밖에 발휘하지 못한다. 모두 집단사고(group think)에 빠져 한 가지 생각, 한 가지 시각으로 1인분 성과에 머무른다. 그러면서 구성원들이 수동적이고 소극적이라며 답답해한다. "직원들이 생각이 없다. 그저 시키는 것만 한다. 그나마 말귀도 못 알아듣는다"고 한탄하는 리더들은 가만 보면 자업자득인 경우가 많다. 구성원이 말귀가 어두운 게 아니라 리더의 맘귀가 어두운 것이다.

　이런 문제가 단적으로 드러나는 자리가 회의다. 어느 회사나 가보면 회의가 문제라고 한다. 허심탄회하게 이야기하자고 부추겨도 묵묵부답인 직원들을 보며 답답해하는 리더들이 많다. 하다못해 'No'라도 했으면 좋겠는데 요즘 직원들은 도대체 말을 하지 않는다는 것. 자기주장, 요구사항이 똑부러지는 세대가 왜 입을 다물까.

　원인은 3무 때문이다. 무력, 무익, 무시다. '무력'은 짐작하듯 상사와의 권력거리에 대한 공포 때문에 빚어지는 현상이다. 의견을 말했다가 일을 뒤집어쓰거나 야단맞는 등 피해를 입지 않을까 하는 두려움 때문이다. 다음으로 '무익'은 말해봐야 소용없다는 나름의 체득된 경험 때문이다. 큰 비용을 들여 컨설팅을 받고, 빅데이터를 분석하고, 공청회를 열어봐도 막상 변화하는 것은 없더라는 나름의 경험 때문이다. '이 또한 지나가리라' 하며 어디 한번 잘해보라고 팔짱 끼고 방관하는 것이다. 마지막으로 '무시'는 상사를 우습게 봐서다. 말해도 현장을 모를 것이고, 혁신하고 변화시킬 지식도 용기도 없을 거라고 비웃는 것이다.

　직원들이 추측하는 회의의 진짜 목적은 리더의 방풍(防風), 병풍 혹은 장풍(掌風) 역할이다. 방풍 역할이란 한마디로 책임 분산으로, 리더의 독단이 아니라 함께 정한 것이라며 증빙을 만드는 것이다. 병풍 역할은 리더가 독재자가 아님을 과시하기 위해 직원들을 병풍 세운다는 것이다. 장풍 역할은? 바람 따라 풀이 눕듯, 리더가 일장훈시하면 구성원들이 일제히 받아쓰기하는 모습이 흐뭇해서 회의를 한다는 것이다.

협박 리더십이 집단사고를 일으키는 반면, 협치 리더십은 집단지성을 부른다. 협치 리더는 다양한 시각과 관점으로 연결망을 맺으며 아이디어를 교차하고 교체해 새로운 아이디어를 창출한다. 과연 회의를 회의(懷疑)하지 않게 하는 운영방식은 어때야 할까. 집단사고를 일으키지 않고 집단지성을 불러 일으키려면 어떻게 해야 할까.

무엇보다 리더가 아무리 뛰어나도 여러 직원의 의견을 합한 것만큼 뛰어나지 않다는 것을 말이 아니라 마음과 행동으로 보여야 한다. 그리스의 철학자 아리스토텔레스는 일찍이 집단 의사결정, 협치 리더십의 장점을 이렇게 설명했다. "의사결정 과정에 참여하는 사람이 많으면 각자가 지닌 선량함과 도덕적 신중함을 반영할 수 있다. 사람마다 관심분야가 다르므로 어떤 사람은 이 분야에, 다른 사람은 저 분야에 관심을 가질 것이다. 그러므로 모두 모여 고민하면 문제의 모든 부분을 고려할 수 있다."

이 논리의 핵심은 집단의 정보취합 기능에 있다. 구성원별로 서로 다른 관심분야를 적절히 취합할 수 있다면 집단은 개인보다 양적으로나 질적으로 더 뛰어난 정보를 바탕으로 더 올바른 판단을 내릴 수 있다.

조직혁신과 창의성의 전문가인 찰스 리드비터(Charles Leadbeater), 캐스 선스타인(Cass Sunstein), 애덤 그랜트 등은 이에 대해 탁월한 팁을 제시하고 있다. 이들의 조언을 들어보자.

첫째, 조종하려 하기보다 조정하라.

직원들이 가장 많이 하소연하는 사항은 리더들의 '답정너(답은 정해져 있고 너는 대답만 해)' 속성이다. 조정과 조종의 차이는 한 끗, 사전결론이 나 있느냐 여부다. 조종은 리더 쪽으로만 당기지만, 조정은 밀당(밀고 당기기)의 여지를 둔다. 결론이 정해진 의제라면 직원들을 동원해 의견을 묻는 척하며 병풍으로 삼지 말라. 당신은 '민주'라 읽지만 그들은 '책임회피'라 여긴다. 그들만 변하라 하지 말고 당신도 수용할 태세를 갖추라. 용이(容易)란 말은 수용하면(容) 쉬워진다(易)는 뜻이다.

광고인 박웅현 대표의 아파트 광고 혁신 이야기는 흥미롭다. 비현실적인 궁전이나 성채 같은 위용을 자랑하던 아파트 광고를 '삶의 냄새'가 묻어나는 현실적인 광고로 확 바꾼 아이디어의 진원은 대학생 인턴이었다고 한다. "기존의 아파트 광고는 공주드레스에 와인파티, 궁전 정원… 모두 현실적이지 않아요"란 불만이 스파크를 일으킨 것이었다. 이 에피소드에서 배울 수 있는 것은 두 가지다. 들을 만한 게 있어야 듣는 게 아니라, 들으려는 자세를 갖춰야 들을 게 있다. 또 현재에 대한 불만토로와 문제제기만으로도 혁신 아이디어를 끌어낼 수 있다는 점이다. '너희가 뭘 알아' 식의 무시하는 마음을 비우고 무색무취의 중립적 입장으로 들으라.

둘째, 섞어라. 이질성의 원칙이다.

분담만으론 부족하다. 기여가 분명해야 한다. 각각의 역할이 분명하면 무임승차자나 대세추종자가 줄어든다. 복잡계 연구자인 미시간 대학 스콧 페이지(Scott Page) 교수는 "다양성이 능력을 이긴다"고까지 단언한다. 이질적인 사고를 하는 사람들로 이루어진 그룹이, 매우 똑똑하지만 엇비슷한 사고를 하는 사람들로 이루어진 그룹보다 나을 수 있다는 것이다. 한 사람이 잇따라 소프트웨어 테스트를 1000번 하는 것보다 1000명이 한꺼번에 다른 테스트를 하는 것이 훨씬 낫다. 집단 구성원에게 공개적으로 특정 역할을 부여할 경우 비슷한 정보를 선호하는 쏠림현상이 줄어든다는 사실은 다양한 실험으로 입증되었다.

구성원이 가진 정보를 끌어내고 싶다면 토론 전에 각 구성원에게 적절한 역할을 배분하거나, 적어도 구성원마다 가지고 있는 정보가 다르다는 사실을 알릴 필요가 있다. 독특한 아이디어와 통찰력으로 논의에 기여할 수 있는 사람들로 적절히 모아야 한다. 집단지성이 작동하려면 '누가, 왜, 어떤 방식, 어떤 내용으로 기여하는지'에 대해 답할 수 있어야 한다.

셋째, 독립성을 확보해주라.

사람들이 전문적이고 개별적 지식에 바탕해 판단할 수 있어야 한다. 회의나 토론 전에 '다른 사람과 어울리는' 과제를 수행했을 때와 '비판적 사고를 하는' 과제를 수행했을 때 참가자의 토론이 매우 달라졌다는 실험결과도 있다. 전자는 실제 토론에서 입을 열지 않았다. 반면 후자는 자신이 알고 있는 사실을 훨씬 많이 말했다. 리더가 회의를 시작할 때 대세를 거스르는 주장도 주저없이 말하도록 장려한다면 투명인간 구성원이 줄어들 것이다. 프라이밍 효과(priming effect), 즉 미리 접한 정보가 사고와 발언에 영향을 주지 않도록 독립성을 확보해주어야 한다.

중요한 것은 통합, 종합의 과정이다. 각각의 개인적 판단을 집단적 결정으로 전환시키는 메커니즘이 존재해야 한다. 이 조건이 충족되어야 중구난방이 아닌 자유분방의 집단지성으로 올바른 판단을 내릴 가능성이 높아진다.

[성찰과 통찰]

내가 겪은 집단지성과 집단사고의 예가 있는가? 백짓장도 맞들면 나아진 경우, 사공이 많아 산으로 간 경우, 각각 의견수렴에 어떤 차이가 있었는가?

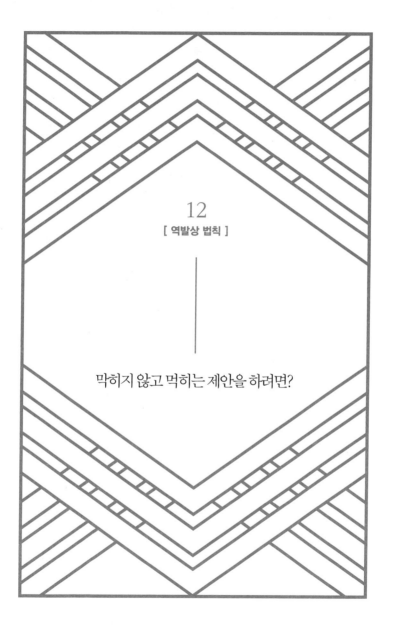

12
[역발상 법칙]

막히지 않고 먹히는 제안을 하려면?

"이 아이디어, 정말 좋은데, 정말 좋은데…." 아이디어를 뒷받침해줄 재력도 권력도 없어서 속만 끓이며 좌절하고 힘 빠져 있는가? 결재를 받아야 실행할 수 있을 텐데, 윗선에서 내 아이디어의 진가를 몰라봐서 속상한가?

이럴 때는 역발상의 법칙을 활용하라. 어느 뷔페식당이든 줄이 끊이지 않는 코너가 있다. 생선회와 갈비 코너다. 짧은 시간에 효율적으로 뷔페를 즐기는 비결은 남들과 반대 순서로 이용하는 것이다. 아이디어 제안도 마찬가지다. 같은 제안도 누구에게 언제 어떻게 강약을 조절해 전하느냐 '운용의 묘'에 따라 채택률이 달라진다.

첫째, 원만한 상사보다는 까칠한 상사에게 말하라.

자기 의견을 전달할 때 가장 먼저 고려해야 할 변수는 '누구에게 말할까'다. 당신의 아이디어를 최고위층에 관철시켜줄 메신저를 고르는 것이다. 첫 단추 꿰기에서 성패가 절반 이상 결정될 수 있다. 중간전달자가 아이디어의 첫인상을 좌우하기 때문이다. 고려기준은 두 가지다. 첫째, 위계를 넘어 직거래할 것인가, 조직도의 위계를 따를 것인가. 둘째, 친소관계나 성격, 즉 원만한 상사와 까칠한 상사 중 누가 적극적으로 내 편이 되어줄 것인가. 이 기준을 보며 머릿속에 떠오르는 사람이 있는가? 무엇이 내키고 무엇이 망설여지는가? 그 이유는 무엇인가?

첫째, 상식적인 방식은 당연히 직속상사에게 먼저 상의하는 것이다. 문제는 그 선에서 어긋나기 십상이라는 데 있다. 상사가 심드렁하게 방치하면 어쩔 것인가. 또는 윗선에 안건을 잘 전달하지 못할 것 같아 걱정되기도 한다. 최악의 경우는 상사가 좋은 의견임을 알면서도, 아니 알기 때문에 견제해 차단해버리는 것이다. 그렇다고 직속상사를 건너뛰고 직거래하려니 괘씸죄에 걸릴까 걱정된다. 상사가 가장 고까워하는 게 자신에게 말하지 않는 것 아닌가. 이러면 이래서 걱정, 저러면 저래서 걱정. 어떻게 하면 좋을까.

그럼에도 원칙은 원칙이다. 되도록 공식 소통경로를 취하라. 직속상사가 못 미더운 나머지 비선(秘線)을 타는 시도는 위험하다. 잘못하다간 일은 일대로 어그러지고 소문만 나쁘게 나는 부작용을 낳을 수 있다. 비공식선에서는 사전 장애물과 상사의 취향을 고려해 제안의 틀을 조정하는 것 정도로 족하다. 규범에 맞추고 공식통로를 따르라.

둘째, 고려 기준에 관해서는 중국 역사에 나오는 다음의 인물에서 시사점을 얻어보자. 제나라의 포숙아, 진(晉)나라의 기해, 북송의 구준… 이들은 인재추천에 힘쓴 신하들이었다. 사실 아이디어 추천보다 리스크가 더 큰 것이 인재추천이다. 그럼에도 이들은 심지어 군주가 기피하거나, 세간의 평판이 좋지 않은 사람, 개인적인 감정이 좋지 않은 사람도 과감히 추천했다.

이들 사이에는 중요한 공통점이 하나 있다. 바로 성격이 까칠해 조정에 적이 많았다는 점이다. 알다시피 포숙아는 친구 관중을 제환공에게 재상으로 추천한다. 관중은 "나를 낳아준 이는 부모지만, 알아준 이는 포숙아다"라고 할 정도로 평생 고마워했다. 하지만 정작 자신의 후임으로는 포숙아를 거론하지 않았다. 은혜를 몰라서가 아니라 포숙아의 성격이 까칠했기 때문이었다.

까칠한 성격과 인재추천에 앞장섰다는 것은 언뜻 어울리지 않아 보이지만 실상은 동전의 앞뒷면이다. 인재추천은 위험을 감수하는 행위다. 특히나 순종형이 아닌, 검증되지 않거나 여론이 좋지 않은 인물을 등용하는 일은 위험소지가 크다. 성품이 순한 사람들은 이런 이들을 인재로 추천하기 쉽지 않다. 타인과 마찰 빚는 것을 체질적으로 두려워하고 불편해하기 때문에 무리수를 두려 하지 않는다. 반면에 까칠한 사람은 주위의 비판이나 마찰에 큰 불편함을 느끼지 않는다. 대립을 불사한다.

애덤 그랜트 교수는 책《오리지널스》에서 "기존 체제에 도전장을 내밀어본 상사들이 새로운 아이디어에 훨씬 열려 있었고, 다른 사람들이 성과를 거두는 데 대해 덜 위협적이라는 연구결과가 있다. 그들은 현상유지를 옹호하기보다 조직을 발전시키는 데 애쓴다. (중략) 조직에 잘 적응하지 못하는 직원들이나 괴짜들에게도 무척 너그러웠다"고 말한다.

까칠하다는 이유만으로, 제안 메신저 후보에서 제외한 사람은 없는가. 그러나 이런 상사가 오히려 발 벗고 나서서 든든한 지원군이 되어줄 수 있다. 그러니 지레 포기하지 말고 두드려보라. 열정을 갖고 설명해보라. 의외로 어려운 문이 쉽게 열릴 수 있다.

애덤 그랜트는 성격 외에 직급도 고려하라고 조언한다. 중간관리자보다는 고위층과 말단직원들에게 아이디어를 제안하는 것이 상대적으로 효과적이라는 것. 고위경영자들은 기본적으로 변화와 혁신에 관심이 있다. 직원들은 제안의 옳고 그름만으로 평가한다. 반면에 중간관리자들은 아이디어 자체보다 자신들이 잃을 권력에 더 신경 쓴다. 자신의 지위를 유지하거나 승진하기 위해 리더에게 순응하고, 보수적으로 움직인다.

요컨대 참신한 아이디어를 전하고 싶다면 원만한 성격보다 까칠한 성격, 중간관리자보다 힘을 가진 고위관리자나 말단직원의 여론을 활용하는 게 보다 효과적이다.

둘째, 제안에 내포된 문제를 사전에 드러내라.

24K 금은 함량 100%를 증명해 비싸게 가치를 인정받는다. 그러나 아이디어 제안은 다르다. 자신의 아이디어에 어떤 문

제가 있는지 살짝 보여주는 편이 오히려 부가가치를 높인다. 다소의 불순물이 섞였다는 것을 미리 부각해야 신뢰도가 높아진다. 전문가는 문제점을 찾아야 확보되는 자리다. 자신의 주장에서 약간의 흠을 이실직고하는 것은 '문제점 발견'의 수고를 덜어준다.

장점만 가진, 순도 100%의 제안과 아이디어는 세상에 없음을 조직생활 해본 이라면 다 알지 않는가. 이런 이유로 노련한 전문가일수록 순금은 더 의심하고, 적당한 순도의 합금을 신뢰한다. 아이디어를 제안할 때에는 순금임을 강변하지 말고, 도금으로 위장하지도 말라. 18K 합금임을 미리 밝혀 상대의 불신을 해소해주라.

약점 및 문제점 부각전략은 3가지 장점이 있다. 첫째는 전문성 강조다. 문제점을 먼저 드러내면 오히려 전문가처럼 보인다. 문제점 없는 제안은 무모하거나 무지해 보이기 십상이다. 둘째는 객관성이다. 자기 생각을 무조건 옹호하기보다 한걸음 떨어져서 입체적으로 조망하는 분별력이 돋보이게 된다. 셋째는 겸손함이다. 문제점을 드러낸다는 것에는 상대방의 참여와 고견을 구한다는 암묵적 전제가 깔려 있다. 자연스럽게 정직함과 겸손함을 드러내 상대방을 무장해제시킬 수 있다. 당신을 낮출수록 아이디어에 대한 신뢰는 높아진다.

냉장고에 코끼리를 넣으려면 먼저 냉장고의 음식물을 빼야 한다. 즉 비움이 채움보다 먼저다. 상대가 염려하는 잠재적 불안을 건드려 문제점을 먼저 드러내 비워내야 코끼리, 즉 아이디어 설득이 먹힐 수 있다. 세게 말할수록 상대방은 점점 뒤로 물러서고 고개를 흔들게 마련이다.

셋째, 차별성보다 유사성, 연관성을 강조하라.

당신의 제안이 사소하거나 지나치게 새로워 부담스럽다면 단독 드리블을 하지 말라. 기존의 다른 사안들과 묶어 팔기, 엮어 팔기를 통해 제안하면 성공 가능성이 높아진다. 언론에서도 유용하게 이용하는 방식이다. 가령 하나의 지엽적인 사안을 소개하려면 단신 처리하기도 힘들다. 하지만 두 개 이상의 유사한 사안과 묶으면 사회 트렌드가 되어 박스기사 내지는 톱기사로 끌어올릴 수 있다. 아이디어 제안도 마찬가지다. 새로운 사안을 기존 사안에 편입시키거나 연결할 방안을 생각해보라. 말하자면 큰 것에 나의 제안을 포함시켜 제안하는 트로이의 목마 작전이다. 아이디어의 양과 질을 불리고 모양도 좋아질뿐더러 설득의 품도 덜 수 있다.

예를 들어 수요일 조기퇴근 제도를 제안하려고 한다면 이와 관련한 기존의 커다란 정책, 예컨대 '일과 삶의 균형'에 포함시켜 강조하는 것이 더 효과적이다. 작은 아이디어일지라도 중대한 사안과 연결하면 주목받기 쉽다. 단순히 조기퇴근 이슈가 아니라 일과 삶의 균형을 맞추는 차원의 문제로 승격되는 셈이다. 별도추진, 신규추진의 부담이 줄어들수록 실행 가능성은 높아진다. 아이디어, 정책 역시 혼자서는 빨리도 멀리도 갈 수 없다. 이어붙이기, 덮어쓰기를 통해 덩치를 키우라. 큰 정책의 힘에 기대라.

알리바바의 마윈 회장은 남다르게 세상을 보기 위해 매일 물구나무서기를 한다고 한다. 당신도 남 따라가지 말고 거꾸로를 시도해보라. 제안의 역발상, 물구나무서기 법칙을 활용하면 아웃사이더에서 아웃라이어로 변신할 수 있을 것이다.

[성찰과 통찰]

지금 당신이 요청하고 싶은 제안을 단점 드러내기, 이어붙이기, 덮어쓰기를 활용해서 구성해보라.

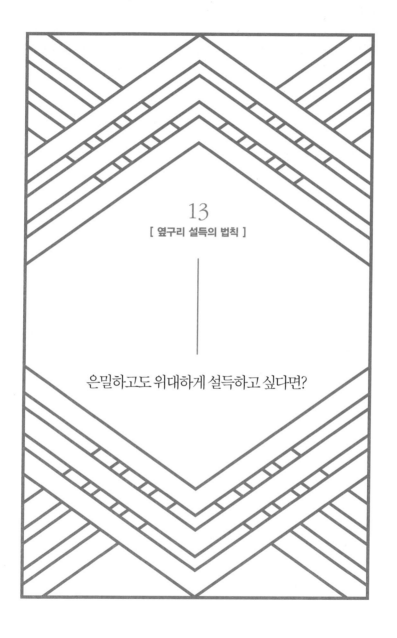

13

[옆구리 설득의 법칙]

은밀하고도 위대하게 설득하고 싶다면?

민요 '정선아리랑'에 "내가 먼저 살자고 옆구리 쿡쿡 찔렀나, 네가 먼저 살자고 옆구리 쿡쿡 찔렀지…" 하는 가사가 나온다. 언제 들어도 해학과 풍자, 여유가 넘친다. 옆구리를 쿡쿡 찌르는 것, 그 간접화법은 강요보다 은근하다. 감칠맛이 있다. 2017년 노벨경제학상을 받은 리처드 탈러(Richard Thaler)가 공저한 《넛지》를 다시 펼쳐보면서 나도 모르게 아리랑 가사를 흥얼거리게 됐다.

　넛지(nudge)는 팔꿈치로 찌른다는 뜻이다. 여기에 바탕해 타인의 선택을 유도하는 부드러운 개입을 가리키는 용어로 사용되고 있다. 강압적 명령이나 직설적 지시가 아니라 자연스럽게 선택을 유도하는 기법이다. 핵심은 선택하게 하기보다 선택하도록 설계하라는 이야기다. 위의 민요에 대입하자면 같이 살자고 대놓고 말하기보다 '옆구리 슬쩍 찔러 프러포즈해보라'는 뜻이리라. 옆구리든, 팔꿈치든 변방을 에두르는 스리쿠션 설득법으로 유용하다. 동서양 할 것 없이 공통적 비유로 쓰인 것이 신기하다. 《공자가어》에도 '철주(掣肘)'란 표현이 나온다. 팔꿈치를 잡아당긴다는 뜻으로, 남의 일에 개입해 마음대로 못하게 막는다는 의미다. 팔꿈치를 당겨 자신의 의도를 이뤘으니 이 또한 넛지라 하겠다.

'답정너', 답은 이미 정해졌으니 너는 따라 하라는 것은 저급한 강요다. 넛지는 원하는 답은 정해져 있으되 강요하지 않는다. 내가 정한 답을 선택하지 않으면 안 되도록 '환경'을 설계한다. 강요하기보다 유도한다. 순서 배정, 강약 조정, 경로 설정 등의 간단한 장치로도 선택이 바뀐다. 그러니 옆구리를 찔러 부추기라. 은밀하고 위대하게….

첫째, 최소저항 경로(default)를 설정해 원하는 목적지에 이르도록 하라.

독일의 심리학자 쿠르트 레빈(Kurt Lewin)이 제시한 경로요인(channel factor)은 특정 행동을 촉진하거나 방해할 수 있는 작은 영향력을 의미한다. 암묵적으로든 노골적으로든 제한범위와 기준을 제시하면, 사람들은 자연스럽게 그 안에서 선택하게 된다. 당신이 소리 높여 주장할 필요도 없으니 주위에 적을 만들지도 않는다.

중국의 경세가들은 요즘의 경제학 이론을 배우지 않고서도 본능적으로 이 같은 최소저항 경로를 알았던 것 같다. 목청껏 답을 외치는 대신 간단한 체크리스트를 표준으로 제공해 군주 스스로 최종 결론과 판단을 내리도록 했다. 신하의 의도대로 결정됐으되 명목상 의사결정자는 군주였으니 누이 좋고 매부 좋고, 둘 사이도 좋을 수밖에 없었다.

구체적인 예를 들어보자. 위나라 문후 때 정치고문을 한 이극이란 인물이 있었다. 임금이 재상 후보자로 계성자(季成子)와 적황(翟璜) 중 누가 좋겠냐고 자문하자 이렇게 대답했다.

"이는 전하께오서 친히 결정할 일이기 때문에 저 같은 신하가 입을 열 사안이 아닙니다. 굳이 말하라면 기준을 아뢰겠습니다." 그러고서 재상 후보자의 기준을 5가지로 일러준다. 첫째 재야에 머물 때 편안하게 여겼던 것이 무엇인지 살피고, 둘째 벼슬길에 올라 존귀할 때 누굴 추천하는지 보고, 셋째 부유할 때 어떻게 베푸는지 보고… 이 순서도를 따르면 어떤 인물이 결정될지는 안 봐도 예상할 수 있었다. 인사소식을 궁금해하는 사람들에게 이극은 "위 기준을 만족하는 사람은 계성자이므로 그가 될 것"이라 말해준다. 아니나 다를까, 그 말이 끝나기도 전에 계성자의 임명 소식이 도달했다.

새로운 아이디어나 피드백을 습관적으로 거부하는 리더들이 있다. 직원의 의견을 따르면 권위가 실추된다거나 자존심 상하는 걸로 여겨 과민증상을 보이는 이들이다. 그런가 하면 변화를 이야기하면 무조건 불편해하고 불만스러워하는 직원들도 있다. 위로 아래로 생각을 밀어붙이기 어려운 상황에 필요한 것이 넛지다. 상기할 점을 짚어주는 기준점, 이를테면 체크리스트를 만들어주자. 상대방에게 권유하고 싶은 경로를 설정해주고, 최종 판단은 아낌없이 넘기고 맡기라. 필요한 기준의 경로를 따라 '예/아니오'만 표시하다 보면 당신이 설정해놓은 목적지에 자연스레 도달할 것이다.

둘째, 식역하 광고작전을 쓰라. 젖은 안개처럼 스며들고, 가랑비처럼 적시라.

식역하(識閾下) 광고란 소비자의 잠재의식에 호소하는 광고다. 예를 들어 한여름에 야구경기를 보러 갔는데 야구장 전광판에 이러한 메시지가 나타난다. "열기 속에 땀을 흘리면 수분이 빠져나간답니다." 이런 자막에 반복적으로 노출된 사람들은 저절로 물을 마시게 된다. 물을 마시라고 강요받은 사람은 없지만 자발적으로 말이다. 교묘하지만 탁월하다.

한나라 무제 밑에서 승상을 지낸 공손홍은 입지전적 인물이다. 초년운은 나빴으나 인생의 하프타임 이후 대운이 뻗쳤다. 마흔 즈음 벼슬하여 여든 살까지 승상을 지냈다. 허나 이는 운만이 아니라 처세술 덕이 크다. 곡학아세(曲學阿世)도 그를 두고 나온 말이니 그 캐릭터가 짐작될 것이다. 그에게는 자신의 의견을 부드럽게 관철시키는 필살기가 하나 있었다. 바로 '내주(內奏)'다. 황제의 뜻에 어긋날 법한 안건이 있으면 회의 전에 미리 비공식 설명을 하며 동의를 구했다. 마음에 들지 않거나 낯선 것도 익숙하게, 편하게 받아들이도록 사전정지 작업을 한 것이다. 직언을 서슴지 않던 원고생의 눈에는 '곡학아세'로 보였을지 모른다. 그러나 오늘날의 넛지 기법으로 본다면 공손홍의 '곡학아세'에서 곡학은 '학문을 구부려'라기보다는 '학문을 부드럽게' 마사지하는 것으로 볼 수 있을 것 같다.

공적으로든 사적으로든, 사람들은 낯선 것을 불편해하거나 두려워한다. 관성의 법칙이 괜히 있겠는가. "이대로 살다 죽을래"라는 말처럼 현재의 습성에 머무르고자 한다. 이 때문에 변화경영의 선구자인 존 코터(John Kotter) 교수는 "사람들에게 아이디어를 알릴 때에는 적정 수준의 10%씩 나눠 하라"고 말한다. 대체로 사람들은 특정 아이디어에 10~20회 정도 노출될 때 호감도가 증가한다고 한다. 복잡한 아이디어라면 횟수가 더 늘어나야 한다. 요컨대 상사에게 제안할 경우, 화요일 엘리베이터 안에서 30초 동안 짧게 설명한 뒤, 그다음 월요일에 다시 짤막하게 상기시켜주고, 그 주 말미에 상사의 의견을 구하는 식으로 조금씩 나누어 익숙하게 할 필요가 있다.

다른 보고를 할 때 간단한 주장을 엮어 넣고 시차를 두고 반복해 친숙해지게 하는 끼워팔기 기법도 권할 만하다. 모 기업의 임원은 10분간 현안을 보고하면, 그 뒤 5분은 늘 추진 중인 미래 아이디어에 대한 설명을 곁들인다고 한다. 이 같은 배경 설명이 한 자락 깔려 있기에 본안이 올라왔을 때 수용도가 높아진다는 것이다.

단, 명심할 것이 있다. 이 방법은 효과가 강력한 만큼 나쁜 목적으로 쓰이면 위험하다. 마치 미량중금속 중독과 같다. 《논어》에 나오는 침윤지참(浸潤之譖), '물에 젖어들듯 조금씩 오래 두고 하는 참소' 같은 말이 그것이다. 주변을 둘러보라. 조금씩 안개처럼 스며들어 문득 옷을 적시는 식역하 광고, 불온한 설득의 유혹은 없는지 경계할 필요가 있다. 넛지 기법, 선용하되 악용에 당하지는 말라.

셋째, 긍정 프레이밍으로 실마리를 풀어라.

프레이밍 효과(framing effect)란 질문이나 문제제시 방법(틀)에 따라 사람들의 선택이나 판단이 달라지는 현상을 말한다.

맹자가 호변가란 평을 들은 건 괜한 말이 아니다. 군주들은 맹자와 대화를 나눈 후, 맹자의 현란한 말솜씨에 감탄한 게 아니라 "내 마음을 어쩌면 그렇게 잘 아느냐"고 감동했다. 감탄은 상대의 실력을 칭송하는 것이다. 반면 감동은 나의 마음을 읽어줌에 감사하는 것이다. 그 비결은 예스 프레이밍을 통한 설득법이었다. 맹자는 '무엇을 막고, 고쳐야 하는가'보다 '그 것을 어떻게 키워야 할 것인가'의 성장 프레이밍을 활용했다. 맹자가 왕들과 대화할 때 자주 등장하는 패턴이다.

"왕께서 전투를 좋아하시니 전투에 비유하겠습니다."

"왕께서 재물을 좋아하시더라도 백성과 더불어 나누어 즐기신다면 통치에 무슨 어려움이 있겠습니까?"

"여색을 좋아하시더라도 백성과 더불어 하신다면…"

전쟁, 재물, 여색… 모두 군주에게 일반적으로 금기시된 사항이다. 대부분의 충신들이 "역대 선왕들은 …하지 않았습니다" 하고 지적하며 바로잡으려 하는 시정항목이다. 그러나 맹자는 참으라고, 싹을 자르라고 말하지 않는다. 오히려 부추기는 듯하다. 색, 재물을 좋아하는 마음이 군주의 도(道)와 다른 것이 아니라고 말한다. 욕망을 맘껏 펼치라고 한다. 다만 혼자 쓰지 말고 공유하란 이야기를 살짝 끼워 넣는다. 그래도 왕은 감동할 수밖에 없다. 내가 싹수 노란 왕이 아니라, 여전히 성군의 가능성이 있다는데 동기부여가 안 되고 배기겠는가. 내친김에 왕들은 질문을 던진다. "(색, 재물 등을 좋아하는) 이 마음이 왕도에 부합하는 까닭은 무엇이오?"

그제야 맹자는 주장의 본색을 슬며시 드러낸다.

"왕께서 재물을 좋아하시더라도 백성들과 함께 나눈다면 왕 노릇하심에 무슨 문제가 있겠습니까…. 색을 좋아하더라도 백성과 함께하신다면 아무런 문제가 없습니다."

즉 욕심을 억누르기보다 확장하란 이야기다. 재물을 좋아하면 자신만의 궁전을 크게 지을 것이 아니라 더 크게 지어 국민 공원화하면 된다는 이야기다. 색을 좋아하면 혼자만 후궁을 둘 것이 아니라, 온 국민이 외롭지 않게 홀아비 홀어미가 없게 하면 된다는 이야기다. 결론은 피를 토하는 직언과 다르지 않다. 단 처음부터 자신의 생각을 주입하는 것이 아니라 상대의 마음에서 끌어낸다. '그런데', '그러나'의 'but'으로 마음의 물꼬를 바꾸는 것은 힘들지만, 'yes'로 이어 키우는 것은 쉽고 부드럽다. 긍정 프레임의 좋은 점이다.

긍정으로 물꼬를 터야 그쪽으로 물이 흐른다. 한 연구에 의하면 어느 소프트웨어 회사가 평가판 사용자를 대상으로 설문조사를 실시하면서 첫 질문으로 특히 좋아하는 기능을 물었더니, 이 질문을 받은 사용자들이 다른 사용자에 비해 이듬해 해당 제품에 32%나 더 많은 시간을 보냈다고 한다. 미국 헌츠먼 경영대학원의 스털링 본(Sterling Bone) 교수 연구진은 "자유롭게 의견을 개진할 수 있는 긍정적 권유는 평범한 고객의 경험을 재구성하는 데 도움이 될 수 있다"고 말한다. 자유로운 긍정적 질문의 프레이밍 효과다. 조직소통에도 이를 적용해보라. 고칠 것보다 잘하는 것을 말하고, 이를 조직의 목표와 연결시켜라.

"지난 3월 회의 때 제출했던 발표문을 보니 이런 사항을 잘 만들었더군요. 당신과 같은 사람과 같이 일하는 게 참 행운이란 생각이 듭니다." 긍정 프레임의 핵심은 교감형성이다. 상대를 칭찬하고 감사하면 마음이 풀리고 편안함과 친밀감을 가진다. 상대의 고민이나 생각을 충분히 들어주고 공감대를 표현하자. 상대방의 답답한 속을 후련하게 해준 뒤 한발씩 나아가는 제안이 설득력이 있다. 오늘 살짝 옆구리 찔러 선택하는 넛지로 뜻을 모아보면 어떻겠는가. 은밀하게 위대하게.

[성찰과 통찰]

- 상사에게 하는 제안에서 반드시 갖춰야 할 것과 피해야 할 것은 무엇인가?
- 직원의 제안을 받을 때 수용하는 경우와 그렇지 않은 경우, 이유는 무엇이 었는가?

2부

남편도 내 편으로 만드는 정서적 언품

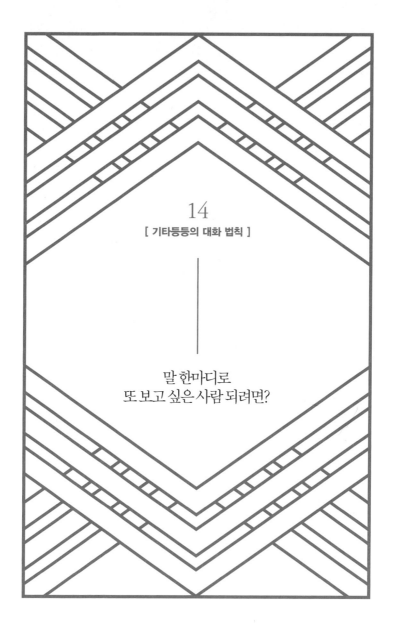

14
[기타등등의 대화 법칙]

말 한마디로
또 보고 싶은 사람 되려면?

얼마 전 예순 넘도록 국내외 공기업, 민간기업을 막론해 전방위로 현역에서 활동하는 모 위원회 위원장을 만났다. 그에게 리더로서 장수 비결을 여쭤보자 망설임 없는 대답이 돌아왔다. '기타등등력'이라는 것이다.

"기타등등력이란 기본 외의 기타연구력을 말합니다. 그래야 또 보고 싶은 사람이 될 수 있습니다."

"또 보고 싶은 사람이 되려면 어떻게 해야 합니까?"

"상대의 시간과 노력을 절약시켜주는 것은 기본입니다. 2% 덤은 필수로 주고자 노력했습니다. 상대가 원하는 것 이상으로요. 조직에는 늘 3가지 부류, 즉 시키는 것도 못해내는 사람, 시키는 것만큼만 하는 사람, 시키는 것 이상을 하는 사람이 있습니다. 많은 사람들이 시키는 것만큼만 하고서 제 할 일을 다 했다고 생각하지요. 저는 늘 시키는 것, 해야 하는 것 외에 정보든 배려든 뭐든 2%를 더 주고자 했습니다. 상사든, 부하든 모두 넓은 의미의 고객 아니겠습니까."

IT업계의 K회장은 고객이 아들과 사이가 나빠서 고민이라는 이야기를 흘려듣지 않고 그 고객의 아들이 복무하는 부대로 면회를 간 적도 있다고 했다. 아버지의 애타는 심정을 전달하며 갈등해결의 사신이 되었다는 것. 그 고객이 격정만리의 감동을 표했음은 물론이다. 모 보험사의 J본부장은 고객이 하는 식당, 노래방을 리스트로 만들어 회식은 무조건 고객 또는 고객의 고객사에서 하는 것을 원칙으로 했다. 고객의 고객이 잘되면 고객이 잘되고, 결국 보험설계사들도 잘된다는 진동 파동 변동 논리였다. 기본은 물론이고 '그 밖의' 일을 해줘야 성공파동을 일으킨다.

인생 기회는 '그밖에'를 해내는 데에서 만들어진다. '그밖에'를 해낼수록 나의 역할과 기회는 늘어난다.

교육업계의 C대표가 2% 덤 마인드 실천을 위해 직원교육에서 일상습관으로 강조하는 것이 '그밖에'의 상용화다. "말씀하신 사항 잘 알겠습니다. 그밖에 제가 해야 할 일은 없을까요?" "자네가 보고한 것 외에 내가 또 알아야(도와야) 할 일은 없겠나?" "고객님 계약조항 외에 저희가 지원해드릴 일은 없습니까? 편히 말씀해주십시오." 자신의 직장생활을 돌아보니 단지 '그밖에' 세 음절을 더 말했을 뿐인데 심중의 많은 이야기를 들을 수 있는 특효약이었다는 것. 별로 어렵지도 않으면서, 성실하고 소통 잘한다는 인상을 단박에 심어줄 수 있어서 직원교육에서도 강조한다고 했다.

단, 여기에는 얼마간 전략적 사고가 필요하다. 일단 생색내지 않아야 한다. "마침 저도 내년 사업계획서 때문에 자료를 모아놓은 게 있으니 참고하세요. 이대로 쓰셔도 무방할 겁니다" 하고 스치듯 편하게 해주는 멘트면 충분하다.

그리고 상대가 어려운 상황에 처해 있을 경우엔 자꾸 무엇을 도와줄지 묻기보다 알아서 챙겨주는 센스가 필요하다. 평범한 일상을 보내다 갑작스런 사고로 남편을 잃은 셰릴 샌드버그(Sheryl Sandberg) 페이스북 COO는 "제가 도울 방법이 없나요?"라고 묻는 건 고통을 겪는 사람을 오히려 힘들게 한다고 했다. 어려움에 처한 사람에겐 도움을 요청할 겨를도, 여유도 없기 때문이다. 차라리 "햄버거 주문할 건데 재료 중에 뭘 빼달라고 할까?"처럼 아주 구체적으로 물어보는 편이 낫다는 조언이다.

직업인으로 천재성을 드러내는 사람들에게는 인간관계에 대한 통찰이 있다. 이들은 사내정치의 이전투구에서 밀리지도, 주변 사람들의 신뢰를 잃지도 않는다. 그들은 아무 생각 없이 반복되는 업무를 그대로 답습하기보다 그 밖의 새로운 방법론을 찾아내 자신의 무기로 장착한다. '그밖에'로 자신의 브랜드를 만든다.

> **[성찰과 통찰]**
>
> 상사에게 보고할 때나 직원에게 보고받을 때 "그밖에 제가 할 것은 뭐가 있나요", "그밖에 내가 무엇을 도우면 좋겠는가" 한마디를, 메일에도 "편하게 요청사항을 말해달라"는 한 줄을 덧붙여보자.

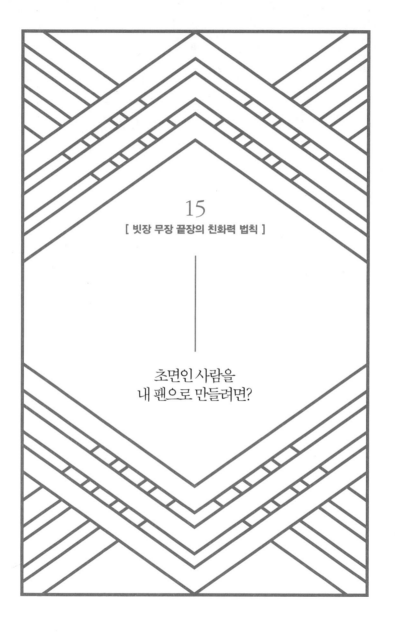

15
[빗장 무장 끝장의 친화력 법칙]

초면인 사람을
내 팬으로 만들려면?

초면인 사람과의 대화는 늘 어드벤처다. 정답은 없고 적답이 있을 뿐이다. 소통은 마음의 빗장을 열어 무장해제시키는 게 핵심이다. 막히는 말과 먹히는 말은 점 하나로 효과가 갈린다. 흔히 잘 알아듣지 못하는 외국어 대화를 '쏼라쏼라'라고 한다. 나도 혹시 상대에게 그렇게 말하지는 않는지 돌아볼 일이다. 혹은 '블라블라'로 엉거주춤 구렁이 담 넘어가듯 생략하지는 않는가.

한비자는 책《한비자》에 〈난언편〉을 별도 편성해 말하는 것의 어려움(難言)을 토로했다. 그중 한 대목이다. "명분을 중시하는 자에게 이익을 이야기하면 비루해 보일 것이고, 이익을 중시하는 자에게 명분을 이야기하면 현실을 모르는 사람으로 보일 것이다."

한비자의 말처럼 소통의 성패를 좌우하는 1순위는 '무엇을, 어떻게'보다 '누구에게' 말하느냐다. 어떤 사람에게는 통했던 것이, 다른 사람에겐 통하지 않는다. 꽂히는 말은 대상연구에서부터 시작한다. 인구학적 통계는 기본이고, 현장 분위기 파악 역시 중요하다. 상대가 누구인지 제대로 파악하는 데서 소통 성패의 80% 이상이 결정된다.《귀곡자》에 나오는 말이다.

"말하는 상대를 주의해야 한다. 상대에 따라 무슨 말을 할지가 달라야 한다. 지혜로운 자와 이야기할 때는 박식함을 드러내고, 우둔한 사람과 이야기할 때는 상세하고 쉽게 말해야 하며, 말 잘하는 사람과 이야기할 때는 간단히 핵심을 찔러야 하며, 존귀한 사람과 이야기할 때는 기세에 의지해야 하며, 부유한 사람과 이야기할 때는 고아함을 드러내야 하며, 빈궁한 사람과 이야기할 때는 겸손에 근거해야 하며, 지위가 낮은 사람과 이야기할 때는 공경에 의지해야 하며, 용감한 사람과 이야기할 때는 과감한 결단을 드러내야 하며, 과실이 있는 사람과 이야기할 때는 격려에 기대야 한다."

귀곡자는 전국시대에 합종책을 주장한 소진과 연횡책을 주장한 장의의 스승이다. 각국 제후들에게 세 치 혀로 유세하며 정치책략을 설파한 종횡가의 이론적 토대를 닦은 인물인 그가 첫손에 꼽은 말하기 유의사항 또한 '누구에게 말하는가'였다.

얼마 전 일이다. CEO 최고위과정 팀과 문학기행 겸 MT를 갔다. CEO들의 나이는 50대 중반~60대 중반이었다. 이 자리에 사랑과 관련한 연작시로 유명한 시인을 초청해 시 감상회를 열었다. 수강자들은 달달한 사랑시와 함께하며 추억에 잠길 기대에 부풀었다. 그런데 웬걸, 그 시인은 노년의 이별, 죽음을 맞는 자세 등과 관련한 시를 잔뜩 골라왔다. 그는 나름대로 열심히 준비해왔고 시간을 넘기면서까지 목청 높여 강연했다. 그러나 그의 진정성에 아랑곳없이 객석은 썰렁, 실망한 분위기가 역력했다. 문제는 미스매칭이었다. 그 시인은 강연기

획사로부터 청중의 연령대를 듣고 노년 이후의 삶에 초점을 맞췄지만, 수강자들은 시인의 주옥같은 사랑시, 그에 얽힌 사연 등을 듣고 싶었던 것이다. 오랜만에 소풍 오듯 들떠서 온 수강자들을 인구통계학적으로만 분석하고 눈높이, 마음높이를 맞추지 못한 데서 온 미스매칭이었다.

반대로 고객층을 제대로 파악해 성공한 경우도 있다. 강연계에도 이른바 명강사로 유명한 분들이 있다. 그들의 공통점이 무엇인 줄 아는가? 초보강사 시절, 나는 차별성 있는 콘텐츠와 뛰어난 전달력이 명강사들의 비결인 줄 알았다. 그런데 관찰해보니 그것만이 아니었다. 그들은 최소한 강연 30분 전에는 강연장에 도착해 앞 시간 강의를 들으며, 수강자들의 분위기나 강연장을 파악했다. 그런 다음 강연 오프닝에 수강자와 자신의 접점을 찾아내 연결시켰다. 웃기거나, 위기감을 주거나…. 못하는 강사일수록 시간 맞춰 허겁지겁 도착한다. 혹은 일찍 도착하더라도 강연자료 수정하느라 바빠 수강자와는 눈 맞출 겨를이 없다.

결국은 사람이다. 청중과 식사 또는 간식을 함께하고 시작하는 강의와 그렇지 않은 강의는 효과가 다르다. 밥을 먹어서가 아니라, 식사를 하며 나눈 몇 마디 대화로나마 공감대를 형성해서다. 물론 사전에 수강생 정보를 강의 담당자에게 듣긴 하지만, 그것만으로는 충분치 않다. 기업 임원교육을 임원이 기획하는 경우는 드물다. 그렇다고 HR 담당직원이 임원들의 깊은 속내까지 알아차리긴 힘들다. 그래서 강사 자신의 눈으로 미리 보고, 초반에 어떻게 접점을 마련해 다리를 놓을지, 유머는 먹힐지, 어떤 사례를 사용할지 결정해 준비해온 내용에 변화를 주어야 한다. 고객파악과 그에 맞춘 변형, 그것이 명강사의 비결이었다.

소통의 목표는 결국 상대방의 변화다. 당신에 대한 호감이 커지고, 당신이 말한 대로 해보고 싶다는 동기부여가 되었는지, 즉 상대의 마음과 태도의 변화가 성과지표다. 변화는 달변이나 압도적인 지식에 대한 경탄으로는 가능하지 않다. 상대의 마음을 흔들어놓아야 한다. 마음을 움직여야 겉으로만 '좋은 말'이라고 고개 끄덕이는 것이 아니라 변화에 진정으로 동참케 된다. 이는 상대에 대한 공감에서 시작된다. 그리고 공감하려면 상대에 대한 이해와 파악, 연구가 필수다. 무엇을 어떻게 말할 것인가 고민 중이라면, 그보다 앞서 청중부터 파악하라. 당신의 청중은 누구인가. 누구로 정할 것인가. 그것이 당신의 말이 막힐지, 먹힐지를 결정한다. 무슨 말을 어떻게 할지는 그다음에 정해도 늦지 않다.

혁신을 주도하다 중도 좌절한 리더들이 보이는 공통된 반응이 있다. 특히나 외부에서 영입된 리더들이 으레 하는 말이 이른바 '원주민 미개론'이다. 자신의 생각이나 정책은 최고, 최신인데 미개한(?) 현지인들이 선진정책을 받아들이기 귀찮아서, 몰라서 저항하고 거부한다는 것이다. 그러면서 스스로는 정의의 투사요, 광야에서 나 홀로 외치는 선각자라 자처한다. 갈 길이 먼데 구성원들의 의식은 저 밑바닥이라며 후진성과 나태를 질타한다.

나쁜인 리더는 나쁜 리더로 좌초할 수밖에 없다. 아무리 좋은 개혁의 묘목도 현지풍토에 적응해야 생존할 수 있다. 혁신과 개혁에는 항상 성공 가능성에 대한 불안이 있고, 불리한 쪽이 발생하며, 불편한 부분이 생기게 마련이다. 하다못해 화초를 옮겨 심어도, 피를 수혈해도 거부반응이 있다. 기존 조직을 이해하고 적응해야 신종, 이종 접목이 가능하다.

바다가 육지가 되려면 다리를 놓거나, 그 간격을 메워야 한다. 공자는 "가까운 데서 출발해 구체적 비유를 갖고 말하는 것은 인의 방도다"라고 말했다. 가까운 데서 출발해 구체적 비유를 갖고 말하는 능근취비(能近取譬)의 지혜를 나는 '상대가 이해할 수 있는 언어'로 링크를 걸 줄 아는 소통능력으로 풀이한다.

방송인 김제동 씨의 소통방식은 능근취비의 전형을 보여준다. 그는 사회 잘 보는 것으로 유명하다. 그의 '대중 앞에서 사회 보는 법' 강의를 유튜브에서 본 적이 있다. 학과별로 MT 사회 보는 법을 이야기하는 내용이었다. 그는 상대의 특성을 파악하고 준비하는 게 요체라고 말한다. 상대가 쓰는 말을 사용해 빗장을 열고, 그들의 생활에서 사례를 끌어와 끝장감동을 선사하는 것이다.

첫째, 빗장 열기. 청중과 나를 매개하는 관련인물 등 공통분모 이야기로 말문을 연다. 그들 사이에 통하는 전문용어, 갈급사항을 파악해 표현해준다. 가령 의대 강의에서는 "무대 위로 올라오세요. 지목받은 분 얼굴이 홍조가 되었네요"라는 일반적 표현보다는 "BP(Blood Pressure)가 올라갔네요" 등의 의학용어를 써준다. '선무당이 우리 말 쓰니 기분 나쁘다'고 생각할 청중은 없다. 오히려 우리 문화와 세계를 이해하고자 미리 준비해온 성의에 고마워한다. 노인대학에 가서 사회 본 이야기도 시사적이다. 이래도 저래도 무반응인 그들을 탓하지 말라는 것이다. 이들에게 가장 갈급사항은 무엇이겠는가. 건강이다. "열심히 반응해주세요"하며 무조건 박수를 유도하기보다 "어르신, 손을 드는 게(박수를 치는 게) 건강에 좋습니다"라고 말하는 것이다. 즉 그들의 니즈(needs)와 원츠(wants)를 읽어주는 것이다.

둘째, 무장해제하기. 상대의 라이프스타일에서 벌어지는 에피소드나 사례로 무장해제시킨다. 내 페이스대로 억지로 끌어당기는 게 아니라 상대에게 맞추는 것이다. 예를 들어 국문과에 가서는 학창시절 국어선생님과 얽힌 에피소드를, 유아교육과에서는 어린 조카들과 얽힌 이야기를 풀어낸다. 정감 있고 재미있는 이야기라면 더욱 좋다.

셋째, 상대방에 대한 기대와 존중으로 끝장감동을 준다. 법대에 가서는 "앞으로 훌륭한 법관 되실 걸로 믿습니다"라고 하며 훈훈하게 마무리하는 것이다.

초면인 사람과의 소통에서 중요한 것은 나를 알리려는 말주변이 아니라 상대에 대한 관심이고 애정이다. 사람 사이의 믿음과 존중을 보여주는 것이다. 나를 알리려 하기보다, 상대를 알려고 노력할수록 술술 풀린다. 혼자서 목청껏 외쳐봐야 광야의 고고한 음성이 아니라 시끄러운 '쏼라쏼라'로 들릴 뿐이다. 당신은 능근취비하고 있는가? 상대의 말로 통하고자 하는가? 상대의 나라 말로 하는가? 내 나라 말만 고집하며 상대가 알아듣지 못한다고 탓하고 있지는 않은가?

[성찰과 통찰]

초면인 사람과 업무대화를 나눠야 할 때, 대상을 연구하는 방법은 무엇인가? 타깃으로 삼는 사람, 상사, 고객, 직원 등을 연구할 때 무엇을 알아봐야 하는가? 처음 보는 사람과 미팅을 앞두고 있다면 무엇을 어떻게 알아보는가?

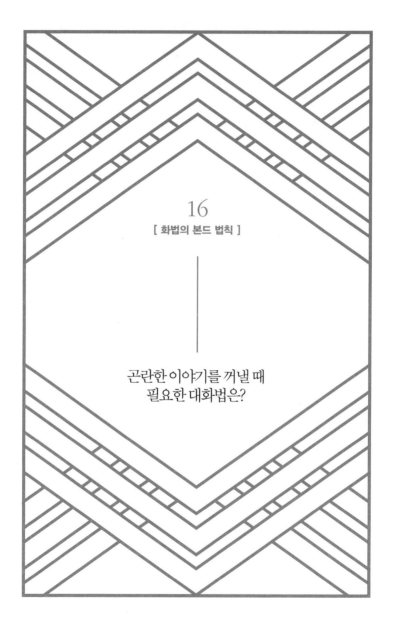

16
[화법의 본드 법칙]

곤란한 이야기를 꺼낼 때
필요한 대화법은?

위나라의 부부 한 쌍이 기도를 드리고 있었다. 부인이 축원하며 이렇게 말했다. "베 100필을 얻게 해주십시오."

남편이 의아해 물었다.

"어찌하여 그리 소원이 작은 것이오?"

부인이 이렇게 대답했다. "이보다 더 많으면 당신이 첩을 얻을 것이기 때문입니다."

《한비자》에 나오는 이야기다. 이 이야기를 읽으며 '대화가 필요해'라는 개그코너가 연상됐다. 한 이불을 덮고 사는 부부조차 서로 다른 꿈을 꾸고 산다는 말이다. 하긴 어디 저 부부뿐인가. 어느 집단을 보든 대화가 부족한 동상이몽의 한 지붕 두 가족이 넘쳐난다. 리더는 자기 말을 들어주는 것을, 팔로워는 자기 말을 받아들이는 것을 소통이라 생각한다. 이러니 벽에 부딪힌 것 같아 서로를 답답해하고 실망하다, 나중엔 말 섞는 것조차 꺼리게 된다.

지시적이고 상명하달하는 방식의 리더십 커뮤니케이션이 통하던 시대는 끝났다. 이제는 더 역동적이고 세련된 프로세스로 대체돼야 한다. 그렇다면 어떻게? 중요한 점은 이 프로세스가 일방통행이 아닌 쌍방통행의 대화여야 한다는 것이다. 특히 분발이 필요하거나 희생정신을 북돋울 때에는 우격다짐의 지시나 추상적인 대의명분만 강조해서는 효과가 없다. 많은 뇌과학자와 심리학자들은 정서적 문화가 조직 성공의 중요한 요소라고 입을 모은다.

지금 당신의 조직은 어떤가. 지시를 넘어 설명을 통해 합의를 이끄는가? 서로 본드로 연결한 것 같은 끈끈한 연대의식을 북돋는 대화법은 어떤 것일까? 이를 위해서는 서로의 눈높이와 관심을 맞추는 코드력, 서로의 약점을 투명하게 보여주는 누드력, 분위기 등이 받쳐주게 하는 무드력이 필요하다.

첫째, 코드를 맞춰라.

"요즘 아시다시피 전체적으로 시장이 어렵습니다. 경쟁사가 언제 우리를 앞설지 모릅니다. 우리 모두 변화에 앞장서야 과거의 위상을 회복하고 시장을 선도할 수 있습니다."

어느 회사에서나 익히 들을 수 있는, 리더들의 고정 레퍼토리다. 나가자, 싸우자, 이기자! 직원은 앞의 《한비자》 이야기 속 딴청피우는 부인처럼 심드렁하다. '성과 올려서 업계 넘버원 되면 너만 좋을 뿐이고….' 이런 생각으로 뒷짐 지고 있는 직원들을 보며 리더들은 기운이 빠진다. 그러는 사이 문제해결은커녕 조금씩 앞이 보이지 않는 수렁에 빠지고 만다.

신발 푹푹 빠지는 진흙탕 상황에서는 먼 무지개나라의 최상 이론을 읊기보다 지금 우리 상황에 발 붙인 현실의 차선책을 의논해야 한다. "내 말 좀 들어봐"보다 "너를 믿는다. 내가 뭘

도와주면 좋을까?"를 물어보는 게 현실적이다. 추운 겨울, 손 시리게 빨래하는 사람을 보면 무관심해서도 안 되고, 말로만 "춥겠다"고 해서도 충분치 않다. '하라'고 지시형 어미로 명령하기보다 '하자'의 참여형 어미로 코드를 맞추라.

코드 맞추기는 개별화이기도 하다. 신문기사를 볼 때를 생각해보자. 똑같은 내용이라도 국내에서 벌어진 일과 일본, 그리고 아프리카에서 벌어진 일에 대한 체감도가 달라진다. 근거리, 내 주변일수록 반응도가 높아진다. 조직 내 대화도 마찬가지다. 내 일처럼 말할수록 반응도가 세진다. 뜬구름 잡는 이야기는 금물이다. 영국 옥스퍼드 브룩스 대학교의 다나 조하르(Danah Zohar) 교수는 직원들을 동기부여하려면 회사, 사회, 고객, 일, 직원 등 5가지 요소에서 접근해야 한다고 했다. 누군가를 동기부여하려면 다양한 시각에서 360도 조망할 수 있게 해야 한다는 것이다. 팀에선 어떤 점이 좋고, 고객에겐 어떤 혜택이 미치며, 업계에서 회사의 위치격상은 어떻게 예상되는지 눈에 보이게, 귀에 솔깃하게, 손에 잡히게 말해주라. 개별화해서 말해줘야 변화욕구가 일어난다.

회사가 성장하면 개인의 커리어 성장에 어떤 이점이 있을 것인지 설명해주어야 하는 것은 물론이다. 어느 임원은 과장이던 시절, 임원이 큰 산, 작은 산을 그려가며 설명해준 것이 큰 자극이 되었다고 했다. 또는 회사가 성장하는 과정에서 개인의 전문역량이 어떻게 쌓여갈 수 있는지 알려주는 것도 현실적인 설명이다.

둘째, 누드를 보여라.

  사람은 감성의 동물이다. 옳은 것만으론 부족하다. 좋은 사람, 나와 맞는 사람이란 인식이 형성되어야 이야기할 마음이 동한다. L전무는 회식 때면 늘 시낭송으로 분위기를 선도한다. 그의 애송시는 김승희 시인의 〈장미와 가시〉다. 일단 시를 낭송해 분위기를 촉촉하게 적신 다음 '내 인생의 장미(행복했던 때)와 가시(역경)'를 먼저 털어놓는다. 남 보기엔 승승장구 인생이지만 굽이굽이 어려웠던 점을 이야기한다. 직원들에겐 신입사원 때 했던 어이없는 실수, 중간관리자일 때 치이고 차이던 샌드위치 입장 등 청중에 따라 변주를 한다. 그리고 나서 각자 이야기를 나누면 어느새 말랑말랑, 분위기가 녹는다.

  사람은 아무에게나 약점을 보여주지 않는다. 약점을 보이는 것은 자기 편이라는 것의 다른 표현이다. 사우나, 골프, 여행을 하면 가까워진다는 속설은 바로 서로의 민낯, 맨몸을 보기 때문 아닌가.

  그래서 누드력 화법은 1인칭이다. 3인칭 남들의 사례로 말하지 않고 1인칭 자신의 이야기로 말한다. 단, 1인칭에도 온도차가 있다. 나는 이를 설교와 간증으로 비교하곤 한다. 설교는 '나는 너희와 다르며, 뛰어나다'는 식의 성공 증명이며, 완료형 시제다. 간증은 '나 못났다'의 실패 고백, 진행형 시제다. 상대방의 마음속 편을 뽑는 것은 설교의 메시지가 아니다. 약점과 부끄러움을 고백하는 간증의 스토리다. 잘난 것만 이야기하는 것은 사람을 뒤로 민다. 장미꽃만 이야기하면 조화(造花)처럼 느껴진다. 인간적으로 가까이 느껴지지 않아서다.

물론 그렇다고 실수담만 이야기해도 피곤하다. 배움과 분발이 없는 술자리용 넋두리나 하소연이기 때문이다. 실수의 누드 화법은 배치가 중요하다. '선실후각', 즉 처음엔 실수 이야기를 하더라도 뒷부분은 내가 거기서 깨달은 점, 배운 점 등으로 마무리해야 깔끔하다.

한 지방대학교 출신 CEO는 일류기업에서 일하며 느낀 경험을 이렇게 이야기했다. "한강 이남에서 온 사람은 나밖에 없었습니다. 다 나보다 잘난 사람뿐이었습니다. 그들은 내게 물어보는 게 없었지만 나는 매사 물어봐야 했습니다. 그러다 보니 어느덧 동기 중에서 선두그룹이 되었더군요. 여러분도 학력으로 콤플렉스를 느끼지 않았으면 좋겠습니다." 이처럼 자신의 약점을 털어놓는 꾸밈없는 이야기는 직원들에게 깊은 인상과 감동을 준다.

셋째, 무드를 조성하라.
이야기에는 온기가 담겨야 한다. 온기로 정서전염을 일으켜야 한다. 특히 어려운 이야기, 몰입이 필요한 이야기라면 비공식적 분위기, 개별적 분위기에서 계급장 떼고 이야기하는 것이 효과적일 때가 많다. 상대방이 좋아하는 장소에 가서 무드를 조성하는 센스도 필요하다. 시공간부터 대화를 위해 적절히 세팅을 하라는 뜻이다.

　S사장은 부인에게 어렵고 거북한 이야기, 예컨대 본가에 돈을 보내야 하거나, 사회에 기부금을 내는 이야기를 할 때에는 일단 분위기 좋은 식당에 함께 간다고 한다. 집이 아닌 제3의 편안한 장소에 가서 멋진 이야기로 말문을 연다. '삶이란 무엇인가, 인간으로서 잘 사는 것은 무엇인가'에 대해 이야기하다 본론을 살며시 끼워 넣듯 슬쩍 꺼낸다는 것이다. 그는 "옳은 것만으론 부족하다. 옳은 이야기를 하더라도 상대방이 수용할 준비를 하게끔 분위기를 조성한 후에 좋은 이야기로 만들어 전달해야 한다"고 말한다. 그것은 사기가 아니라 상대방에 대한 사려 깊은 존중이고 배려.

　모 호텔의 커피숍은 커플매니저들에게 성공률 높은 장소로 유명하다. 괜히 나온 말이 아니다. 의자를 L자형으로 배치해서 가깝게 앉아 대화할 수 있게 설계했기 때문이었다. 첫선을 보는 자리면 옆에 앉기는 이르고, 마주 앉아서 바라보기도 부담스럽다. 조직의 대화도 마찬가지다. 공원에서 산책하며 대화하는 등 한 방향 바라보기 방법을 활용하거나, 하다못해 회의실 의자 앉는 순서라도 바꿔보라. 시공간이 바뀌면 생각도 바뀔 수 있다. 흔들다리에서는 서로 호감을 느낄 확률이 높아진다는 심리이론도 있다. 가슴이 뛰기 때문이다. 책《설득의 심리학》에서는 '똑같은 이야기도 따뜻한 커피를 마실 때와 냉커피를 마실 때의 공감 비율이 현격하게 차이 난다'고 한다. 물리적 온기가 심리적 온기도 가져오는 법이다.

말랑말랑, 따끈따끈, 두근두근해져야 대화가 통한다. 말이 스며든다. 대의명분, 당위성만으로는 부족하다. 우격다짐, 내리꽂이를 하지 말라. 허울 좋은 질소포장 식 마케팅으로 입막음하려 하지도 말라. 개별화해서 설명하는 코드력, 투명하게 보여주는 누드력, 편안하게 만드는 무드력의 '본드 화법'을 구사하자.

[성찰과 통찰]

성공담보다 더 재미있는 것은 우여곡절 실패역전담이다. 나의 눈물 젖은 빵 이야기는 무엇인가. 그것을 감동적으로 전달하려면 어떻게 하는 게 좋을까. 코드, 누드, 무드 요소에 맞춰 본드화법으로 스토리텔링해보자.

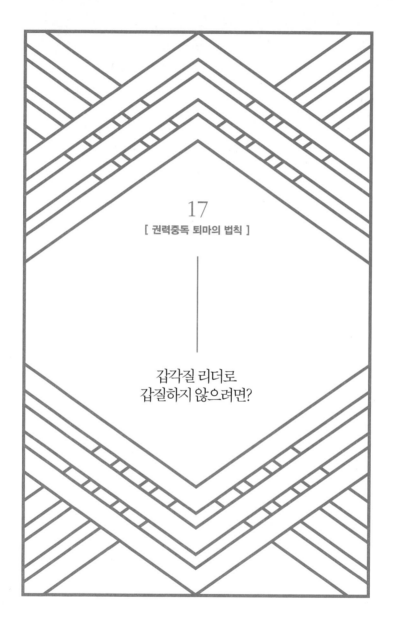

17
[권력중독 퇴마의 법칙]

갑각질 리더로
갑질하지 않으려면?

《맹자》〈양혜왕편〉에는 곡속장이 있다. 곡속(觳觫)은 소가 도살장에 끌려가며 무서워 벌벌 떠는 모습을 가리킨다.

어느 날 제선왕이 흔종(釁鍾, 종을 새로 만들었을 때 짐승의 피를 틈에 칠하고 제사 지내는 풍습)에 쓰일 소가 겁에 질려 도살장으로 끌려가는 모습을 목격하게 된다. 그 불쌍한 모습에 왕은 소를 양으로 바꾸라고 명한다. 그러자 일각에서 "소를 양으로 바꾼 것은 인색하기 때문"이라고 수군거렸다. 이런 비난에 마음 상한 왕에게 맹자는 "동물의 불쌍한 처지를 무심히 보아 넘기지 않는 마음이야말로 왕이 되기에 필요한 리더십"이라고 하면서 한마디 덧붙인다. "(똑같은 처지인데) 왜 소는 불쌍하고, 양은 불쌍하게 여겨지지 않았습니까?"

소나 양이나 죽이는 것은 마찬가지다. 그런데 차마 하지 못하는 마음, 불인지심(不忍之心)의 감정이입이 작용한 것은 직접 보고 안 보고의 차이다. 자주 접해야, 가까이서 대해야 감정이입된다. 리더의 공감력도 다르지 않다. 리더의 그릇 크기는 연결 감도와 비례한다. 어떤 사람은 보려고 하지도 않을 수 있고, 보고도 못 느낄 수도 있다. 그것을 보고 느끼고 내 문제로 받아들일 때 연민이 생기고 공감대를 형성하고 소통하게 된다. 고도(高度)가 올라갈수록 감도(感度)는 떨어진다. 너무 높이 있으면 사람이 사람으로 보이지 않고 개미로 보인다.

대학 시절 어느 교수는 늘 강조했다. "이리떼가 되지 말고 엘리트가 돼라." 이리떼란 'elite'를 발음대로 읽은 것이다. 가슴 없이 머리만 발달한 리더는 이리떼처럼 유해하다는 경고였다. 우리 사회 권력층의 갑질 논란을 보며 '엘리트 vs 이리떼'를 되새겨보게 된다. 기득권층의 오만한 특권의식 논란은 어제오늘의 일이 아니다. 혹자는 그들의 공감력 부재, 긍휼감 결핍 등을 이유로 꼽는다. 2세 경영자의 자질논란으로 비약시키기도 한다. 금수저라 서민의 아픔을 모른다고도 말한다. 과연 그럴까. 엘리트와 이리떼, 갑질 리더는 처음부터 유전 형질이 다를까.

공감불감증은 아무 때나 일어나지 않는다. 같은 이리떼끼리는 나름의 공감과 연민이 작동된다. 네 편, 내 편을 갈라 존중할지 말지 다르게 대우할 뿐이다. 뇌과학자들은 "인간 뇌의 작용에서 흥미로운 점은 뉴런이 자신과 유사한 존재의 행동을 볼 때에만 공감 반응을 일으킨다는 것"이라고 말한다. 즉 자신의 동류가 아니면 사람이 사람으로 보이지 않게 된다. 그저 대상으로 인식될 뿐이다. 권력이 공감력을 가두리 양식하는 것이다.

이른바 파워하라(power harassment, 권력에 기댄 상사들의 힘희롱)는 술시중, 운전시중, 폭력행위뿐 아니라 여러 가지로 자행된다. 문제의 이리떼 상사들은 대부분 자신이 만병의 근원임을 자각하지 못한다. 자신이 일선 졸병이었을 때의 고통을 '망각'

하고, 직원들을 사람이 아닌 도구로 보는 '환각'을 일으키며, 자신은 소중하기 때문에 열외대우를 받아야 한다고 '착각'한다. 언론에 보도된 갑질 리더에 대해서는 분노하지만 정작 자신의 유사갑질 행위는 돌아보지 않는다. 팔로워들은 그런 그를 보며 "옆구리 찔러 당신 이야기라고 일러줄 수도 없고… 어이가 없네" 하며 그저 냉소할 뿐이다.

갑과 을은 육십갑자에서 유래된 것으로 우열이나 강약의 개념이 없지만, 개별 글자의 어원은 오늘날의 의미와 기묘하게 통한다. 갑(甲)은 갑옷을 뜻한다. 을(乙)은 생선 내장 모습이다. 약자인 을은 내장을 내놓고 살아야 하는 연약한 처지다. 강자의 갑옷을 두르면 멘털이 강해지는 반면 연민을 잃게 된다. 갑각류 갑은 어류인 을의 연약함을 헤아리기 어렵다. 갑질 논란이 문제가 됐을 때 해당인사들이 "상처가 될 줄 몰랐다"고 공통적으로 말하는 것은 그 때문이다. 권력은 공감의 여린 속살을 딱딱한 굳은살로 만든다.

사람들은 대개 공감이나 협력, 관대함, 공정성 그리고 나눔 등 타인의 이익을 돕는 성향과 행동을 통해 권력을 얻는다. 그러다 권력을 쥐었다고 느끼거나 특권을 행사하는 순간 이러한 덕목들이 사라지기 시작한다. 대처 켈트너(Dacher Keltner) 캘리포니아 버클리 대학 심리학과 교수는 '권력 패러독스'란 용어로 설명한다. 한마디로 우리 속담 '개구리 올챙이 적 생각 못한다'로 압축된다. 권력자는 다른 사람들에 비해 무례하고 이기적이며 부도덕한 행동을 하기 쉽다. 켈트너 교수는 대학들과 미국 의회, 프로스포츠 팀 등 다양한 직업군을 대상으로 연구한 결과, 사람들은 선한 언행을 기반으로 지위가 높아지지만, 사다리 위로 올라갈수록 점차 나쁜 행동을 한다는 것이 관찰됐다. 독성 리더십 연구의 권위자 로버트 서튼(Robert Sutton) 교수는 다음과 같은 모의실험결과를 소개한다.

"학생 3명 중 두 명에게는 보고서를 쓰게 하고 한 명에겐 평가를 하게 한다. 이들 앞에 쿠키가 담긴 쟁반을 놓는다. 그러자 평가를 맡은 학생이 갑자기 '돼지'로 변한다. 나머지 두 명보다 쿠키를 훨씬 많이 먹는다. 입을 쩍 벌린 채 부스러기를 마구 흘린다." 이렇듯 사람은 작은 권력만 잡아도 자기중심으로 생각하고 행동한다. 다른 사람, 특히 아랫사람은 안중에도 없다. '권력중독(power poisoning)'으로 불리는 현상이다.

공감은 성공 후에 폐기처분해도 되는 장애물인가? 리더십에 없어도 되는 액세서리인가? 여러 연구를 보면 그렇지 않다. 1990년 오하이오 주립대의 제럴드 그린버그(Jerald Greenberg) 교수는 자동차 부품 납품공장의 직원 절도율을 실험해보았다. 관리자들이 일시적인 임금삭감 소식을 전하는 방식에 따라 직원 절도율이 크게 차이 났다. A공장 부사장은 15분간 회의를 주재하며 봉급삭감의 이유를 설명하고는 사과 한마디 없이 다음 안건으로 넘어갔다. 반면 B공장 부사장은 똑같은 내용을 설명하면서 곡진하게 사과하고 질의응답 시간을 갖는 등 배려를 표했다. 그 후 직원절도 증가율을 보니 B공장은 A공장 절도 증가치의 반도 되지 않았다.

미국의 또 다른 연구에서 C레벨 임원들을 분석한 결과 자기관리, 의욕, 지적 능력 등이 훌륭하다는 이유로 고용된 사람들 가운데 상당수는 기본적인 사회적 기술이 부족해 해고된 것으로 나타났다. 업무역량은 뛰어났으나 사람들과 잘 어울리지 못하는 바람에 결국 직업적으로도 성공할 수 없었다. 리더의 공감능력, 소프트 파워가 기업의 이익은 물론 본인의 성공에 큰 영향을 미친다는 결론이다.

정서적 감수성, 소프트 파워를 가진 리더가 되기 위해선 어떻게 해야 하는가. 이는 '척-착-축' 프로세스로 설명할 수 있다. 상대방의 마음을 척 읽고, 착 붙어 느끼고, 축이 되어 통하는 것이다.

1단계는 예감이다. 감정을 척 읽으라. 삼류 리더는 상대의 요구조차 모르고, 이류 리더는 요구에 대응하는 데 급급한 반면, 일류 리더는 숨겨진 욕구까지 읽는다. 심지어 본인조차 몰랐던 마음의 갈피갈피까지 짚어준다. 독일 사민당의 슈뢰더 전 총리는 이를 '감(感)'이라 표현하며 "소통은 사람들이 원하는 걸 감지하는 능력"이라고 말한 바 있다.

동물적 감, 쉽지 않지만 계발방법은 있다. 바로 모방이다. 소설가 에드거 앨런 포는 "누군가가 무슨 생각을 하고 있는지 알고 싶으면 가능한 한 정확하게 그의 표정을 따라 내 얼굴표정을 만들어낸 다음, 내 안에서 어떤 생각이나 감성이 일어나는지 기다린다"고 쓰기도 했다. 개인뿐 아니라 기업에서도 공감을 위한 모방 시뮬레이션은 필요하다. 포드자동차에서 임산부용 자동차를 개발한 적이 있다. 이때 경영진은 그냥 상상하는 것만으로는 부족하다고 판단해 남성 엔지니어들에게 실험용 복대를 착용하고 체험하게 했다. 더 나아가 '노인 체험용 복장'을 입고 고령 운전자의 흐릿한 시야와 뻣뻣한 관절을 체험하는 실험을 했다. 상상보다는 구체적으로 경험해보라. 모방해보라. 현장과 가까이 있으라.

2단계는 교감이다. 착 하고 한 편이 돼 관점을 같이하라. 탁월성보다 유사성에서 교감이 탄생한다. 관점을 같이할 때 사람들은 안전감을 느낀다. 갈등조정 전문가로 유명한 대니얼 샤피로(Daniel Shapiro) 하버드대 협상학 교수는 1998년 페루와 에콰도르 사이의 국경분쟁 해결을 성공적인 갈등조정 사례로 종종 인용한다. 마후아드 대통령은 "후지모리 대통령, 당신은 대통령을 10년 가까이 했으니 국회를 상대하는 노하우를 알고 있을 것입니다. 국회에서 추궁하면 제가 뭐라고 대답하면 좋겠습니까?"라고 페루 대통령에게 관계를 열었다. 또 언론배포용 사진도 정면으로 마주 보고 악수하면 대립하는 사람들 같으니 나란히 앉아서 함께 서류를 들여다보는 각도로 찍었다. 각 나라 일간지 1면에 실린 사진은 양국이 공동과제를 향해 서로 협력하는 관계임을 잘 보여줬다. 이처럼 같은 편임을 확인시키라. 옆으로 앉거나 걷는 등 나란히 보기만으로도 교감대화가 훨씬 쉬워진다.

3단계는 공감이다. 마음의 축을 같이해 동고동락하라. 예감과 교감이 관점이라면 공감은 행동이다. 대화할 때 한두 개의 질문을 하는 것도 좋다. "그런데요, ○○는 어떠셨나요?" 하고 상대방이 말한 중요한 내용을 다른 말로 바꿔 되풀이해 말해주라. 이런 브리징 코멘트(bridging comment)로 대화를 연결해주면 별다른 말주변 없이도 공감의 다리를 놓을 수 있다.

아울러 문제상담 시에는 섣불리 결론이나 지적, 교훈으로 치닫지 말라. 거울로 비춰주기만 해도 충분히 자각하고 느낀다. 요즘은 답이 없어서가 아니라 넘쳐서 고민이다. 공감 역시 적당량이 필요하다. 과도한 감정이입으로 오버하는 것은 '감정의 주인공' 역할을 빼앗는 것이다. 공감하되 적절한 거리는 유지하라.

[성찰과 통찰]

공감하되 적절한 거리를 유지하는 브리징 코멘트를 써서 대화해보자.
– "그래서요." (접속)
– "그런 것을 알고 계셨나요?" (자각)
– "~하란 말씀이지요?" (요약)

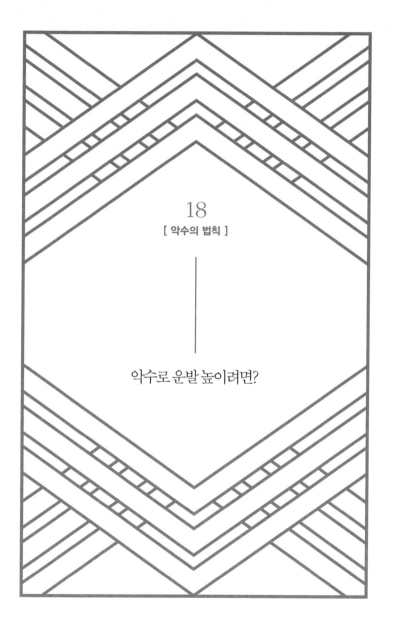

18
[악수의 법칙]

악수로 운발 높이려면?

L사장은 리더들의 직위수명을 잘 알아맞히는 것으로 유명하다. 그 비결을 물어보니 간단했다. 악수하는 태도를 관찰하면 된다는 것이다. 특히 자신보다 사회적 지위가 낮은 사람과 악수할 때의 태도를 유심히 본단다. 그때 눈을 맞추고, 성의 있게 악수하는 이는 대체로 장수하더란다. 반면에 '다음, 다음' 하고 다음 차례만 쳐다보면서 손끝만 걸치는 듯, 고개만 까닥하며 무성의하게 악수하는 사람은 단명하더란 지적이었다. 악수는 단지 의례를 넘어 직위수명 운까지 예측하게 하는 바로미터인 셈이다.

고대에는 낯선 사람을 만날 경우 상대의 손에 돌 등의 무기가 없거나 싸울 의사가 없으면 다가가 손을 내밀었다. 이때의 악수는 평화의 메시지다. 악수의 중세기원설도 있다. 당시 칼을 차고 다니던 기사들이 싸울 의사가 없을 땐 무기가 없는 오른손을 내밀어 잡은 데에서 유래했다는 설이다. 근대에 들어 악수에 계약을 굳건히 이행하겠다는 약속의 의미가 추가됐다.

사람들은 첫인상에 근거해 상대방의 동기를 추론한다. 그래서 첫만남의 악수가 중요하다. 단 1분 30초 안에 나의 인상이 결정되기 때문이다. 또 다른 연구에 의하면 악수의 정석을 지키는 사람들, 즉 적당한 악력과 적절한 눈맞춤을 하는 사람들은 취업면접에서 높은 점수를 받는다. 상대는 물론이고 중립적 관찰자들에게도 긍정적 평가와 호감을 이끌어낸다. 이스라엘의 바이즈만 연구소는 악수가 상대방의 체취를 확인할 수 있는 거리에서 이뤄진다며 화학적 친밀도를 높이는 행위라고 분석했다.

프란체스카 지노(Francesca Gino) 하버드 비즈니스스쿨 교수는 악수의 실제 효과를 알아보는 협상실험을 진행했다. MBA 수강자들을 부동산 구매자-판매자로 짝 지은 다음 한 팀은 악수한 후 협상에 임하도록 하고, 다른 한 팀은 악수 없이 곧바로 협상을 진행하게 했다. 그 결과 악수팀이 다른 그룹에 비해 수익분배나 정보공유에서 더 공정한 협상자세를 보였다. 의도적 정보 독점이나 사기 비율도 현저히 낮았다. 지노 교수팀은 이번엔 취업지망자-고용주로 짝을 지어 연봉, 근무시작일, 근무장소 선택 등의 복잡한 이슈를 가지고 다시 실험을 해보았다. 이번에도 악수팀은 상호개방성과 양보를 통해 합의점을 찾으려는 노력이 한결 높았다. 지노 교수는 "부모들은 자녀들을 화해시킬 때 서로 손을 잡게 한다. 이는 과학적으로도 근거가 있다. 악수는 단순한 행위지만 실제로 상호존중을 강화시키는 효과가 있다"라고 말한다.

악수는 이처럼 간단하지만 강력한 소통이다. 한 경영자는 자신이 직장 초년생 시절, 악수 코칭을 해준 상사가 있었다고 한다. 손을 너무 부드럽게 잡아 소극적으로 보일까 봐 걱정된다면서 악수방법을 손수 가르쳐주었다는 것. 악수 하나 바꿨을 뿐인데 그 후 대인관계가 훨씬 향상되었다는 술회다. 이처럼 악수는 서로 간에 선의, 호의, 합의를 이끌어낸다. 관계가 좋아야 악수를 하는 것이 아니다. 악수를 하면 관계가 좋아진다.

　악수에도 나름의 격식과 에티켓이 있지만 방법 자체는 어려울 것이 없다. 땀이나 물에 젖지 않은 청결한 손으로 상대방의 손을 적당한 힘으로 잡고 몇 차례 흔들면 된다. 악수할 때의 시선도 중요한데 상대방의 눈을 친근한 표정으로 응시하는 게 좋다. 단, 윗사람이 아랫사람에게, 또래일 경우에는 여자가 남자에게 청하는 것이 매너다. (무기를 가지고 다니지 않는 여자끼리는 악수를 하지 않았다. 여성에게 남성이 먼저 악수 청하는 것을 실례로 여기는 풍습도 이런 연유에서다.)

　악수의 또 다른 형태인 주먹인사(Fist Bump)를 정치권에 끌어들인 사람은 버락 오바마 전 대통령이다. 주먹인사는 운동선수, 군인들이 동료애를 확인할 때 쓰는 그들만의 언어였는데 오바마는 조 바이든 전 부통령, 백악관 청소부 등과 주먹인사를 하면서 친밀감을 확인했다. 최근에는 악수가 세균을 옮길 수 있다는 점 때문에 주먹인사가 대체재가 되고 있다.

　알고 보면 이렇게 쉬운 악수를 제대로 하는 사람이 의외로 많지 않다. 금해야 할 악수방식은 여러 종류다. 손바닥을 밑으로 향하면서 악수를 청하는 사람들은 남을 지배하려는 성향이 강하다. 이들은 'topper'라고 하는데, 상하수직적 위계질서를 중시하는 사고방식을 가진 사람들이다. 반대로 손바닥을 위로 향한 채 악수하는 사람들은 대개 수동적인 성격의 소유자라고 한다. 이처럼 한 번의 악수만으로 성격이 대체로 드러난다.

정치인들이 유세를 다닐 때 두 손으로 붙잡고 하는 악수는 '장갑형 악수'라고 한다. 매너 교육자들은 아무리 반갑거나 상대가 상급자라 할지라도 이 같은 장갑악수는 예의가 아니라고 말한다. 과유불급이란 말을 되새기며, 허리를 꺾어서 두 손으로 감싸는 악수는 삼가라. 서양에서는 이렇게 악수하는 사람을 아예 피하고 경계한다고 한다.

정치인으로 변신한 모 경영자를 만나 악수를 하고는 격세지감이 든 적이 있다. 경영자 시절에는 한손으로 당당히 악수하던 그가 정치인이 된 후에는 두 손으로 내 손을 감싸쥐는 것이었다. 게다가 눈도 내리깔고 "부탁드립니다, 감사합니다"를 만나는 모든 사람에게 반복했다. 자연스런 변화이겠지만 어쩐지 낯설어 보였다.

또 다른 금지 악수법으로는 '물고기 악수'가 있다. 'fish shake'라고 하며 'dead fish shake'로 표현하기도 한다. 죽은 물고기를 만지듯 힘없이 상대의 손을 슬쩍 잡고 마는 악수인데, 무성의하게 보이고 힘도 없게 느껴지므로 안 하느니만 못하다. 자신감이 부족한 사람들이 이런 물고기 악수를 한다.

윤동주 시인의 〈쉽게 쓰여진 시〉에서 나오는 것 같은 "눈물과 위안으로 잡는" 악수는 소통 악수다. 반면에 이상 시인의 시 〈거울〉에 나오는 "거울속의나는왼손잡이오 / 내악수를받을줄모르는-악수를모르는왼손잡이오"의 악수는 불통 악수다. 제대로 된 악수는 열 마디 말보다 힘이 세다. 영향력이 크다. 자, 오늘 악수에서 당신은 손만 쥘 것인가, 마음까지 잡을 것인가. 죽은 물고기 같은 악수나 딴전 피우는 악수로 당신의 인생에 악수(惡手)를 두지 말라. 멋지고 당당한 악수가 행운을 부르고, 당신을 멋지게 각인시킨다.

[성찰과 통찰]

내가 악수하는 태도에 대해 살펴본 적이 있는가? 눈을 마주치고 하는가? 악력은 적당한가? 적절하게 흔들며 친밀감을 표시하는가? 상하, 남녀의 청하는 순서를 지키는가?

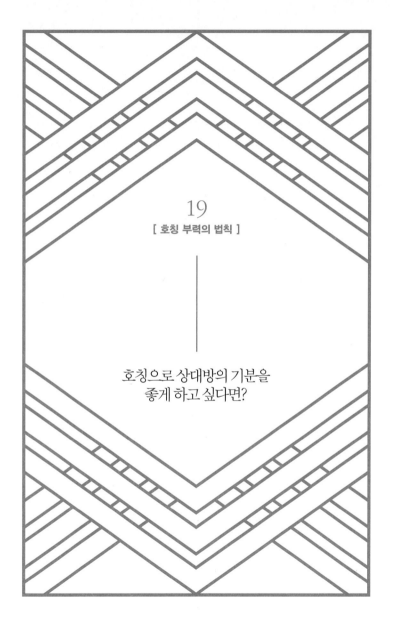

19
[호칭 부력의 법칙]

호칭으로 상대방의 기분을
좋게 하고 싶다면?

"나는 어찌하여 일신이 적막하고 부형이 있으되 호부호형
(呼父呼兄)을 못하니, 심장이 터질 것 같구나. 어찌 통한할 일이
아니리오."

허균의 소설 〈홍길동전〉에서 주인공 홍길동이 달빛 아래 책
을 읽다가 털어놓는 신세타령이다. '아버지를 아버지라 부르
지 못하고, 형을 형이라 부르지 못함', 호칭의 금기가 그를 서
럽게 한 것이다. 어느 시대고 호칭의 억제와 강조는 그 사회의
질서와 위계를 보여주는 바로미터다. 호칭은 단순히 부르는
명칭 이상이다. 그 안에는 시대정신, 시대현상이 응축돼 있다.
사람들의 욕망과 야망이 녹아 있다. 호칭을 보면 당대의 취향
과 지향과 의향이 보인다. 관계의 영고성쇠, 권력거리의 원근
이 숨김없이 드러난다.

그뿐인가. 싫어하고 좋아하는 감정의 격동을 가장 먼저 표
현할 수 있는 것도 호칭이다. 다음의 장면을 보라.

"애녀석하고는 일을 도모하지 못하겠구나(竪子不足與謀)!"

〈항우본기〉의 한 장면으로, 항우의 멘토인 범증의 한탄이다.
항우가 홍문(鴻門)에서 유방을 죽일 수 있었던 절호의 기회를
놓치자 벌컥 화를 내며 한 말이다. '애녀석(竪子)'은 다름 아닌
항우를 일컫는다. 얼마나 화가 났으면 그랬을까. 이처럼 호칭

은 권력과 감정을 숨김없이 드러낸다. 맞짱, 막장의 허용과 수용은 호칭으로 열리고, 호칭으로 닫힌다.

호칭은 사회적 관계 속에서 예의나 예절의 중요한 부분을 차지한다. 모든 호칭에는 정도의 차이가 있을망정 4R이 잠재해 있다. 상대존중(respect), 문화 반영(reflecting culture), 상호성(reciprocity), 서열(rank)이 그것이다. 그리고 부르는 자와 불리는 자의 치열한 관계역학이 작용한다.

지배계층, 지식인 계층은 다양한 호칭으로 자신을 구별해 특별한 존재임을 드러내고자 했다. 반면에 피지배계층은 말 그대로 '이름 없는 민초'로 고유명사를 잃은 채 간난이로 살며, 그 잘난 이름 석 자를 얻기 위해 목숨 건 투쟁을 하거나 돈을 쏟아부어 족보세탁을 하기도 했다.

호칭은 변동성이 큰 언어종목이다. 시대 흐름에 따라 등락 파고를 탄다. 호칭의 '시장가격'은 대접받고자 하는 자기인식과 접대하고자 하는 상대의식의 접점에서 영리하게, 때로는 교활하게 형성된다. 한때 상종가를 탔던 호칭이 하한가로 떨어지기도 한다. 그런가 하면 하한가였던 종목이 급부상, 상한가를 치며 화려하게 부활하기도 한다. 호칭을 보면 당대의 쫓고 쫓기는 욕망과 갈망이 읽힌다. 당대인의 문화심리 코드가 보인다.

영감, 양반, 선생, 사장… 우리 사회에서 연장자를 가리키는 일반적 호칭이다. 현재 시점에서 영감과 양반은 하한가, 사장은 상한가, 선생은 꾸준히 보합세를 유지하는 종목이다. 어느 대통령 후보가 유세 중 자신의 장인을 가리켜 '영감탱이'라고 해 비난받기도 했다. '탱이'란 접미사도 문제였지만 '영감'이란 어감도 좋게 받아들여지지 않았기 때문이다. 단어만 놓고 보면 영감(令監)은 결코 낮춤말이 아니다. 정3품과 종2품의 고위직 벼슬아치를 일컫던 말이었다. 일제시대 때만 해도 젊은 고위공직자들은 서로 '군수 영감, 판사 영감'하며 자랑스럽게 불렀다. 나잇값 못하는 뒷방노인의 의미로 추락한 것은 근래의 일이다. '양반'과 더불어 신분제사회가 몰락하면서 위엄을 잃은 호칭의 대표적 예다. 요즘 세상에 면전에서 '이 양반아, 이 영감'했을 때 기분 좋을 사람이 얼마나 있겠는가. 당장 '나를 어떻게 보고!' 하며 시비 붙기 십상이다.

요즘 꾸준히 인기를 끄는 호칭 종목은 '사장'과 '교수'다. 일상에서의 사용빈도만 가지고 평가한다면 상한가다. 오죽하면 길을 가다 "사장님" 하면 반 이상이 돌아본다는 말이 있겠는가. 어쩌면 '뭐니 뭐니 해도 머니(money)'란 현대인의 가치관의 반영 같기도 하다. 신분제사회에서 우선순위가 권력이었다면 자본주의사회는 금력이란 암묵지가 호칭에 반영된 결과다. 교수는 일부 제한적으로 쓰이긴 하지만, 허울 좋고 실속 없는 호칭 중 하나다. 교수에도 여러 가지 수식어가 붙어서 넘친다. 객원교수, 초빙교수, 석좌교수… 그 차별성을 구별하기 힘들 정도다.

'선생'은 시대변화와 상관없이 보합세를 유지하는 조촐한 호칭 종목이다. '가르치는 사람'이란 직업명을 넘어 일반적 범칭으로 꾸준히 사용된다. 선생은 말 그대로 학식이 높은 이를 가리키는 말이다. 사장, 양반, 영감은 모두 신분이나 재산의 고하를 반영하는 반면 선생은 지식과 도덕성을 반영한다. 그것이 면면한 생명력을 유지하는 원동력이 아닌가 생각해본다.

권력과 호칭의 연관에서 여성 호칭도 흥미롭다. 여성 모임에 가면 좌장이 누구인지 분간하기 힘들다. 발언시간이나 주도권이 1/n로 공평한 경우가 많아서다. 반면에 남성 모임에 가면 넘버원을 단번에 알아볼 수 있다. 발언권과 시간이 서열 순으로 배정된다. 아니, 알아서 마이크를 독점한다. 임원회의에서 한마디 못하던 '꿔다놓은 보릿자루' 부장이 부서회의에 와서는 장광설을 늘어놓는 경우가 많다. 남자는 권력을 드러내야 존중받는다고 생각한다. 반면에 여성은 권력을 숨겨야 미움 받지 않는다고 느낀다.

호칭에서도 남녀차이는 분명하다. 남성 호칭에 연공서열의 법칙 하나만 적용된다면 여성 호칭에는 두 가지 법칙이 더 작용한다. '호칭 중력의 법칙'과 '삼종지도의 법칙'이 그것이다. 호칭 중력의 법칙은 실제 호칭보다 한 단계 이상 끌어내리는 것을 의미한다. 반면 남성 호칭에는 실제보다 넘치게 하는 '부력의 법칙'이 작용한다. 그런가 하면 '삼종지도의 법칙'은 아버지, 남편, 자식과 관련된 호칭으로 여전히 인생의 3막이 나뉘는 것을 의미한다. 여성 리더들이 유독 자신의 호칭을 특정해서 불러달라고 별도로 '투쟁' 내지 '청탁'해야 하는 것은 이때문이다. 내가 아는 전직 총리부인은 '사모님'이란 호칭에 알레르기 반응을 보였다. 초면에 만나면 명함을 주며 '선생님'으로 불러달라고 미리 청하곤 했다. 남편 후광에 업혀가기 싫다는 나름의 독자선언이었다. 홍라희 전 리움미술관 관장도 현직 시절 '여사' 대신 '관장'으로 불러달라고 공식 요청한 바 있다. 이후 언론보도에서 홍 여사란 호칭이 지속된 것을 보면 그리 유효했던 것 같지는 않다.

여사(女史)의 사전적 정의는 결혼한 여자를 높이거나 사회적으로 이름 있는 여자를 높여 이르는 말이다. 고대 중국의 여자 관직명칭에서 유래했으며, 여류명사에 대한 경칭으로 쓰인 것은 근대에 들어서다. 그러나 오늘날 '여사'는 비아냥거리는 의미로 쓰이는 경우가 많다. 일반인들이 개념 없는 여성운전자를 가리킬 때 '김 여사'라 표현하는 것도 낮춰 쓰는 사례다. 일본에서는 상사가 무능한 여성사원에게 '여사'를 붙여 비아냥거린다. 일본의 교도통신사에서 발행한 기자용 보도용어집이나 에센스 핸드북 등에는 '성차별' 항목에 '여사'가 기재돼 있을 정도다.

상대와의 관계를 진전시키기도 하고 악화시키기도 하는 호칭의 예술, 잘 부르려면 어떻게 해야 할까?

첫째, 아는 길도 물어가라. 헷갈릴 때는 물어보는 게 최선이다. 호칭은 상대와 나의 관계를 규정하는 기초이므로, 애매하게 얼버무리며 호칭을 이어가기보다는 초면에 양해를 구해 규정하고 시작하는 게 좋다. 괜히 자기 편의대로 불렀다가는 한두 번도 아닌데 그때마다 상대의 귀에 거슬릴 수 있다. 혼다 소이치로는 직원들이 사장이라 부르는 것을 싫어했다. 오히려 구멍가게 같은 조그만 업체에서 친근감을 담아 부르던 '오야지(親父)'를 선호했다. 상대가 듣기 편한 호칭이 최상의 호칭임을 기억하자.

둘째, 상대가 듣기 좋은 '덤'을 얹어서 부르라. 정확성보다는 호감이 우선이다. 어느 부장판사의 임상실험(?) 사례다. 소송관계자를 피고나 원고로 부르지 않고 '여사님', '누님' 하고 부르고 나니 화해권고가 훨씬 잘 받아들여졌다는 것이다. 덤을 잘 얹어서 부르니 이야기가 술술 풀리더란다. 여러 직위를 두루 거친 분이라면, 현직을 포함해 가장 황금기 때 호칭을 부르는 것이 좋다. 이때도 최우선 명제는 상대가 그 호칭을 좋아해야 한다는 것이다.

이렇게 덤을 얹어 불러도 시원찮은 판에 혹시 깎아내려 화를 자초하진 않는가. 승진한 상사에게 입에 익었다는 이유로 자꾸 예전의 직함을 부르지는 않는가. 이런 사소한 실수가 낳은 '쪼잔한' 불쾌감은 뜻밖의 파장을 불러올 수도 있다. 그것도 정면공격이 아니라 전혀 예측하지 못한 스리쿠션 방식으로.

셋째, 분위기에 따라 바꾸라. "김철수 과장님, 저 좀 보시지요." K전무는 직원에게 화났을 때 직원의 성과 이름을 또박또박 부른다. 그것만으로도 사무실에 싸한 냉기가 돈다. 호칭의 스펙트럼에 따라 K전무의 감정상태를 짐작하기 때문이다.

그런가 하면 상대를 부르는 호칭 가운데 최고임을 강조하는 방법도 있다. "제가 웬만해선 형님이라 부르지 않는데 아무개님에겐 형님이라 부르고 싶습니다. 그래도 되겠지요?" 독일의 메르켈 총리는 중요하다고 생각되는 사람에게는 친근한 사이에서 부르는 호칭을 쓰자고 먼저 제안한다고 한다. 이처럼 친밀도나 분위기에 따라 호칭을 적절하게 사용하면 인간관계의 거리를 축지법 쓰듯 조정할 수 있고 전략적으로도 활용할 수 있다.

[성찰과 통찰]

– 직원을 호명할 때 당신이 즐겨 쓰는 호칭은 무엇인가?
– 거리를 두거나 좁히고자 할 때 어떻게 말문을 여는가?
– 닉네임 혹은 '프로' 등의 수평적 호칭으로 부르는 것에 대해 어떤 입장인가? 그 근거는 무엇인가?

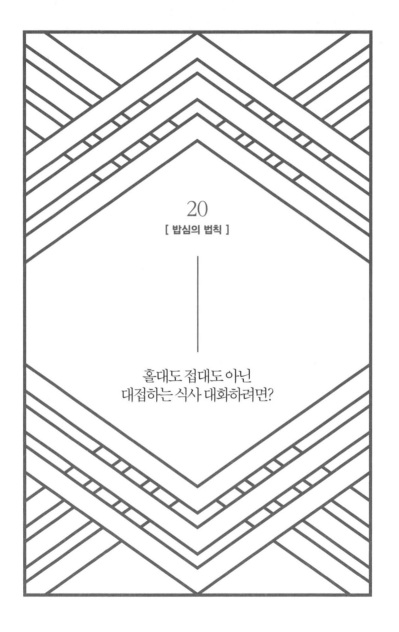

20
[밥심의 법칙]

홀대도 접대도 아닌
대접하는 식사 대화하려면?

시대의 영웅 조조가 '시대의 말발' 순욱에게 찬합을 보낸 일화는 유명하다. 순욱이 열어보니 텅텅 비어 있었다. 글보다 잔인한 메시지였다. 조조의 뜻을 간파한 순욱은 독주를 마시고 자결한다. 빈 찬합이 '너에게는 더 이상 줄 게 없다'는 뜻임을 알아차렸기 때문이다.

공자 또한 군주가 자신을 신임하는지 여부를 국가제례가 끝난 후 제사고기를 보내는지 아닌지로 판단했다. 고기는 상하므로 빨리 보낼 수밖에 없기에 도착날짜를 예상할 수 있었다. 제자들이 노나라를 떠나자고 종용할 때에도 공자는 "조금만 더, 조금만 더" 기다려보자며 망설였다. 그러던 공자가 조국인 노나라를 등질 결단을 하게 된 결정적 계기는 번육(膰肉), 즉 제사에 쓰인 고기를 보내주지 않았기 때문이다.

이에 대해 맹자는 "공자가 제사고기 때문에 떠났다는 말은 거론할 바 없다"고 했다. 그도 그럴 것이, 공자는 이유 없이 떠난 것이 아니었다. 당대 노나라의 실력자인 계환자가 이웃 제나라에서 뇌물삼아 보낸 여악(女樂)을 받는 것을 보고 떠난 것이다. 이것을 직접적으로 지적하면 문제가 되니 제사고기를 핑계 삼아 떠난 것이다. 어쨌든 제사고기가 표면적 이유인 것은 불변의 사실이다.

밥 메시지는 뜨끈하고 화끈하다. 식구가 괜히 식구인가. 밥 같이 먹는 사이가 가장 가까운 사이 아닌가. 밥은 사람을 내치게도 하고, 끌어들이게도 한다. 4차 산업혁명이니 뭐니 첨단을 달려도 사람의 속성은 예나 지금이나 다르지 않다. 옳고 그름의 이성보다는 좋고 싫음의 감성에 이끌린다.

당신은 직원과의 식사, 회식을 어떻게 경영하는가. 함께 밥 먹고 싶은 사람이 되기 위해서는 먼저 밥을 사는 사람이 되어야 한다. 그것도 가장 맛있는 밥을 사는 사람이 되는 것부터 출발해야 한다. '박사 위에 밥사'라는 농담이 허황된 것만은 아니다. 사람들은 밥줄 쥔 사람이 아닌 밥맛 나는 사람과 일하고 싶어 한다.

중국 제나라 정치인 맹상군은 인재욕심이 대단했다. 세상의 인재를 다 식객으로 받아들이고는 그들과 똑같은 밥과 반찬을 먹으며 교류했다. 3000명 식객을 자신과 똑같은 식사로 대접하는 것, 이것이야말로 인재경영의 비결이었다. 직원들에게 식사 홀대를 하면 삼류고, 식사 접대를 하면 이류다. 한발 나아가 식사 대접을 할 줄 알면 일류 리더다. 접대는 당장의 목적을 위한 요식이지만, 대접은 정성스런 마음의 의식이다. 흔히 어려운 처지에 찬밥 더운밥 따지냐고 하지만, 솔직히 따질 형편이 안 되어 못 따질 뿐이다. '찬밥 신세'가 홀대란 표현으로 왜 쓰이겠는가. 당장 어려워서 허겁지겁 찬밥을 먹을지 몰라도, 나중에는 감사보다는 세찬 미움으로 기억되기 쉽다.

실제로 직장생활하며 겪은 서러운 홀대사례를 들어보면 밥 푸대접이 많다. 천하의 변설가 소진이 공부책상을 걷어차고 세상 밖으로 나온 것도, 누구 하나 밥 때를 살펴주지 않아서였다. 마음은 밥에서 오고, 밥에서 가는 법이다. 마음을 담은 공양(供養)이냐, 밥만 먹이는 부양(扶養)이냐, 마음도 밥도 없어 돌보지 않는 파양(罷養)이냐, 그 신호는 밥에서 온다.

리더나 팔로워나 굳건한 관계의 지표는 먹는 자리에 상대를 넣어주나 않나를 가시적으로든, 과시적으로든 보여주는 것이다. 먹는 것에서 소외되면 자존심 상하고, 드러내놓고 말도 못하고 속으로 곪는다. 언론인 시절, 선배들이 들려준 말이 있다. "기사 물 먹는 것은 용서해도 밥자리 빠뜨린 것은 용서할 수 없다."

이 점을 아는 리더는 자신의 밥자리에 팔로워를 넣는 의식(儀式)을 결코 의식(意識) 없이 하지 않는다. 직원을 푸드뱅크의 수혜자로 보는지, 푸드코트의 소비자로 보는지, 아니면 카페 소사이어티의 VIP로 보는지에 따라 리더십의 성과가 달라진다. 가장 나쁜 경우는 식사자리를 푸드뱅크로 보는 것이다. 즉 법인카드로 인심 쓰면서도, 마치 구호물자 나눠주는 듯한 의식을 은연중 내비치는 것이다. 둘째는 푸드코트다. 그냥 풀어먹여 민생고를 해결하려 드는 것이다. 대형 할인매장이나 편의점 등에서 대화도, 대우도 없이 후루룩 한 끼 해결하고 마는…. 반면에 카페 소사이어티는 정성이 깃든 자리다. 문학·미술·음악

등 다방면의 예술가들이 교류했던 사교클럽 같은 자리다.

모 공공기관의 이사 이야기다. 그는 자신이 공부하는 MBA 코스 수업과 식사 자리에 기사를 배석시켰다. 교수의 양해를 미리 구했음은 물론이다. 게다가 저 뒷구석에 앉혀 몰래 듣게 하지 않고 조금 일찍 가서 교수 및 원우들에게 소개하고는 정식으로 청강하게 했다. 그 후 기사의 태도가 어떻게 바뀌었을지 상상할 수 있을 것이다. 상사가 구성원을 귀하게 대접하면, 그 또한 상사를 귀하게 대접한다. 기대 이상으로 보답한다. 그 기사는 온갖 강의 동영상 자료를 다 구해서 외장하드에 구비해 차량 모니터에 깔아놓았다. 공부 좋아하는 리더의 성향을 감안해 이동시간에도 편하게 공부하라는 배려였다.

예로부터 윗사람과의 겸상 이상의 예우는 없다. 물론 겉으로는 불편해 죽을 뻔했다는 둥, 지루해서 힘들었다는 둥 뒷담화가 들릴 수 있다. 그것에 상처 받아, 밥 사주고 시간 쓰고 뒷담화 듣는다며 포기하지 말라. 그것은 불평을 빙자한 자랑이다. 마치 중년여성들의 흉을 빙자한 자식자랑, 남편자랑과 같다. 상사와 함께 밥 먹었다고 곧이곧대로 이야기하면 시기할 것 같고, 조용히 있기엔 입이 근질거려서 하는 말일 뿐이다.

일단 밥자리를 같이했다면 적어도 그 자리 안에서는 평등해야 한다. 이게 정말 중요한데 생각보다 리더들이 잘 못 챙긴다. 밥자리에서 불평등하면 안 부르니만 못하다.

외국어에 능통한 신입직원이 들려준 이야기다. 갑자기 부서장이 외국 바이어와의 식사자리에 부르더란다. 알고 보니 통역요원이 필요해 급히 초대한 것. 엄밀히 말하면 초대가 아닌 당일 차출이다. 여기까지는 좋다. 문제는 직원에 대한 처우였다. 부서장은 최고급 한우 제비추리를 주문했다. 고기 구워주는 식당의 점원은 눈치코치 9단. 그는 한눈에 직급차이를 알아보고, 자신에게 팁 주는 사람에게 고기를 몰아주었다. 젊은 직원에겐 알아서(?) 몇 점 안 놓더란다. 그 직원은 농담 반 진담 반으로 한우식당에서 굶고 나와 라면으로 입가심했다고 했다. 고기는 굽지 않게 했으니 그나마 다행이라 해야 할지….

빅픽처에 빠지지 말아야 할 것은 디테일의 챙김이다. 음식은 물론이요 대화나 눈길도 골고루 나눠줘야 한다. 일껏 초대해놓고선 꿔다놓은 보릿자루 취급하지 말라. 리더들이 늘 하는 말처럼, 장사 한 번 하고 말 것인가. 앞으로도 차출이 필요하다면, 손님으로 챙기라. 만일 일손이 필요했으면 초대가 아니라 차출임을 처음부터 밝혀라. 그리고 일단 초대했으면 밥 줄 이야기만 하며 소화 안 되게 하지 말고, 밥맛 나는 이야기를 하라. 밥맛 나게 하는 상사가 리더십에서 실패하는 법은 없다.

단, 여기서 헷갈리지 말아야 할 것이 있다. 식사 자리에서는 평등해야 하지만, 식사에 초대하는 것까지 무차별로 하라는 것은 아니다. 인재를 극진하게 모셨다는 맹상군조차 식객에 따라 급을 나누어 대접했다. 생각 없는 리더일수록 무차등, 무차별을 옹호한다. 반면 유능한 리더는 결코 등거리외교를 하지 않는다. 다만 기준이 공정하냐가 중요할 뿐이다.

그러니 당신도 레벨 별로 구분해 대접해보라. '이곳에 초대받았으면 최고로 인정받았다는 증거'라고 여길 만한 곳을 근거지로 카페 소사이어티를 운영하라. 꼭 비싼 곳이 아니어도 된다. 단골식당 등 나만의 스토리가 담긴 곳으로 직원을 초대해 대접해보라. 그 식당에 얽힌 당신의 사연을 들려주라. "내가 아주 자주 오는 곳인데 말이야. ○○가 정말 맛있어. 그래서 꼭 한 번 같이 오고 싶었어." 사연이 곁들여지면 사랑이 넘치는 상사가 된다. 반면에 간지럽다고 배경설명을 생략하면 독불장군이 돼 '우리 부장은 매번 자기 좋은 곳만 가자고 해'라는 뒷말을 듣기 십상이다.

식당 사장에게 직원을 자랑스럽게 소개하는 것도 좋다. "내가 이 사람 없으면 일을 못 해. 내가 정말 믿는 직원이라 꼭 한 번 같이 오고 싶어서 벼르다 데리고 왔어요. 이 사람 얼굴 잘 봐둬요." 이 같은 눈도장 보장이야말로 열 번의 칭찬보다 효과가 확실하다. 당신은 당신만의 카페 소사이어티를 갖고 있는가. 그것을 배제의 의미가 아니라 선택과 신뢰의 이너서클로 선용해보라.

세상에서 가장 따뜻한 한마디를 꼽는다면, 나는 '밥은 먹고 다니니?'를 꼽고 싶다. 그 한마디에 '챙겨줌'이란 따뜻함이 담겨 있다. 나의 시름을 알아준다는 챙김이 서려 있다.

풍요의 시대라고 하지만 또 다른 이유로 밥을 챙겨먹지 못하는 게 요즘 세태다. 빈곤이 아니라 다이어트, 시간부족 때문이다. 20~30대 청춘의 40% 이상이 식사를 규칙적으로 챙기지 못한다고 한다. 바빠서 못 먹고, 귀찮아서 안 먹고, 어느덧 습관이 되어 건너뛴다. 그나마 먹는 것이라곤 삼각김밥이나 라면, 편의점 도시락 등 즉석식품이 주류다. 기성세대들이 '밥' 하면 떠올리는 밥그릇 뚜껑에 송글송글 김이 맺힌, 따뜻한 밥은 없다.

이들에게 밥이 주는 뜨거움을 전해보자. 인생 별것 있나, 인생은 밥심이다. 오늘 평소 맘이 가는 직원이 있다면 슬쩍 말해보라. "자네, 요즘 밥은 제대로 먹고 다니는가?" 당신을 바라보는 직원의 눈빛이 달라질 것이다.

[성찰과 통찰]

– 당신만의 단골식당이 있는가? 그 식당과 당신의 이야기를 3분 스토리텔링할 수 있는가?

– 밥과 관련한 당신만의 특별한 이야기가 있는가?

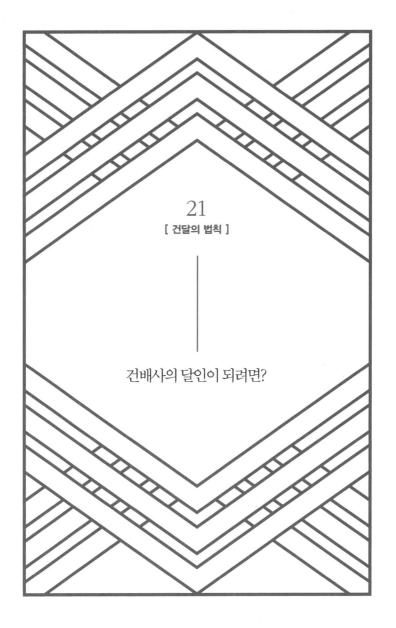

21
[건달의 법칙]

건배사의 달인이 되려면?

한국문화가 일률적이니 수직적이니 해도 사실은 창조적이다. 조직마다 사람마다 겹치지 않는 건배사가 매년 탄생한다. 건배사 차례는 노래방에서 노래 순서 기다리는 것과 같은 초조함이 있다. 내가 준비한 비장의 건배사를 앞사람이 해버렸을 때의 낙망은 내 애창곡을 남이 불렀을 때 김빠지는 것에 댈 것이 아니다. 이 같은 스트레스에도 불구하고 창의적인 건배사는 술자리에서 빼놓을 수 없는 '깨알재미'다.

신세대와 쉰세대의 차이를 건배사를 하느냐 안 하느냐로 가른다고도 한다. 아예 건배사를 '위하여'로 통일하는 회사도 있다. 그러나 건배사는 작은 차이로 큰 인상을 남기는 강력한 언어 권력이다. 미국의 실리콘밸리에서 쓰이는 용어로 '에반젤리즘(evangelism)'이 있다. '좋은 소식을 널리 퍼뜨린다'는 의미의 그리스어에서 차용한 말로, 어떤 제품과 서비스가 사람들의 삶을 얼마나 향상시킬 수 있는지 세상에 설명하는 제반 활동을 일컫는 말이다. 나는 우리 문화의 건배사가 그 역할을 한다고 생각한다. 건배사에 칙칙하고 우울한 내용을 담는 경우는 드물다. 긍정적이고, 기분과 기운을 북돋는 말을 한다. 30초의 짧은 메시지 안에 구성원들의 사기를 들었다 놓았다 할 수 있다. 자리의 의미와 재미가 딱딱 들어맞아 솔깃하고 쫄깃하게 먹히는 건배사는 리더들의 로망이기도 하다.

얼마 전에 참석한 모임에서는 시인이 한시 구절을 인용해 건배사를 했다. "주봉지기천배소 화불투기반구다(酒逢知己千杯少 話不投機半句多)", '좋은 친구를 만나면 천 잔의 술도 모자라고 말이 서로 통하지 않으면 반 마디 말도 많다'는 뜻이다. 서로 초면에 서먹하던 자리가 일순 천 잔의 술이 모자란 자리로 화기애애해졌다. 당사자는 물론 자리의 품격까지 올라갔다.

심기석 세일ENS 사장은 '건달 리더십'으로 유명하다. 여성인 그가 건달이라니? 여기서의 건달은 '건배사의 달인'이란 뜻이다. 그는 술자리에서 겉돌기보다는 늘 새롭고 재미있는 건배사로 주의를 집중시키고, 자신만의 분명한 이미지를 각인시키곤 한다. 이제는 그의 건배사를 기대하는 이들도 생겼다. 매번 새로운 건배사를 발표하기 때문이다.

"어느 자리고 참석하면 홍일점이란 이유만으로 눈에 띄었습니다. 회사 안에서나 밖에서나 직급과 상관없이 건배사를 요청받는 경우가 많았어요. 이때 '준비 안 해 못한다'고 하거나 '시킬 줄 몰랐다'고 수줍은 척 뒤로 빼면 괜히 못나 보이잖아요. 이왕 할 거면 제대로 하자, 기억에 남도록 하자는 생각에 늘 공들여 준비했어요. 저는 여자 후배들 교육시킬 때에도 건배사 제대로 하는 법부터 가르칩니다. 차례를 기다리기보다 자원하라고 말해줍니다. 또 두루 쓸 수 있는 범용 건배사와 자신만의 특성을 살린 필살기 건배사 두 가지를 준비해두라고 강조하지요. 실력은 노력하면 되지만 네트워킹, 사회적응 훈련은 산전수전 공중전을 겪은 선배로부터 배우는 게 효과적이니까요."

입에 척척, 귀에 쏙쏙 감기는 건배사가 즉흥적으로 튀어나온다고 생각하면 오산이다. 심 사장은 책이나 신문을 읽다가도 응용할 것이 있으면 메모하고, 변형하고, 외우고 연습한다. 사자성어로 신조어 건배사를 만들기도 한다. '인사불성(인간을 사랑하라는 말은 불경에도 나와 있고 성경에도 나와 있다)'같은 히트 건배사는 이런 노력 끝에 만들어진다.

당신은 어떤 건배사 필살기를 갖고 있는가? 건배사 꽝이 아닌 짱의 리더들이 가진 비결은 4C로 요약된다. 4C란 캐릭터(character), 컨셉(concept), 공감(compassion), 구성(composition)을 뜻한다.

먼저 캐릭터, 즉 본인과 어울리는 것이어야 한다. 남들이 하는 건배사를 듣고 좋아 보여 따라 했는데 영 썰렁했던 경험이 있을 것이다. 왜일까. 본인의 캐릭터와 맞지 않았기 때문이다. 자신과 어울리지 않는 건배사는 뻥으로 들리기 쉽다. 사람들에게 재미를 주고 주목을 받는 것도 좋다. 하지만 그보다 더 중요한 것은 자신의 캐릭터와 어우러진 건배사다. 모 중소기업 사장은 "○○○ 만세, ○○○ 만만세!"하며 만세삼창하는 건배사를 한다. 만세 하면 그분을 떠올릴 정도로 전매특허가

됐다. 상대를 콕 찍어 기원해준다는 점에서 어떤 자리에서나 무난하고 강한 인상을 주는 데다 본인의 브랜딩 효과까지 있으니 일석삼조다.

다음으로 컨셉이다. 모임의 목적, 구성원의 특성, 조직문화 등 전체적 맥락과 닿아야 한다. 모두 처져 있는데 생각 없는 뜬구름 이야기거나, 모두 밝은 분위기인데 혼자 비장한 엇박자 건배사는 꽝이다. 건배사는 재미있다고 무조건 하는 것보다 모임의 특성과 통하는 것을 하는 것이 좋다. 상황과 주제에 맞는 적재적소의 알맹이 있는 건배사로 컨셉을 잡자. 그것이 앞의 사람과 중복될 위험도 적다.

셋째로 공감이 되어야 한다. 건배사는 단지 구호를 넘어, 술도 푸고 마음의 빗장도 풀고 싶게 만드는 것이어야 한다. '우리가 남이 아니구나, 하나구나' 하는 솔깃쫄깃한 공감과 의욕을 북돋아 마음의 거문고 줄을 울리는 건배사가 최고의 건배사다.

끝으로, 짧더라도 나름의 구성을 갖춰야 한다. 도입부에는 전체적 맥락을 설명하거나 의식을 환기시킨다. "제가 최근에 이런 이야기(책, 기사, 사람)를 접했습니다. 그 책(사람, 기사 속 인물)은 이렇게 이야기하더군요." 이어서 전개부에서는 도입부의 메시지를 모임의 상황에 적용한다. "여러분은 어떻게 생각하시나요? 위기라고 생각하시나요? 우리에게 이러저러한 점에서 와 닿는다고 생각합니다." 발전부에서는 행동과 공감을 유도한다. "제 말에 공감하신다면 옆사람과 손을 잡아주십시오(잔을 들어주십시오). 따뜻한 행복이 느껴지시나요(굳은 각오가 느껴지시나요)?" 그런 다음 구호를 선창하며 마무리한다. "제가 ○○라고 외치면 모두가 ○○라고 외치는 겁니다(제가 ○○를 외치면 여러분은 △△△로 화답해주십시오)."

　요즘은 건배사를 넘어 건배화라고도 한다. 단순히 말로 끝나는 것이 아니라 이야기가 담겨야 한다는 점에서다. 화(話)를 파자해보면 말씀 언(言)과 일천 천(千)과 입 구(口)로 구성돼 있다. 그만큼 연습해야 한다는 뜻이다. '꿈보다 해몽'인 해석이지만, 곱씹을 대목은 있다. 말에 그치는 사(辭)가 아닌 소통의 이야기(話)가 되기 위해서는 구성원의 마음에 링크를 걸어야 한다. 자신의 차례가 돌아오고서야 주섬주섬 스마트폰에서 건배사 앱 찾아 읽듯이 하지 말라. 장광설을 늘어놓아 술잔 든 사람들 팔 떨어지게 하지도 말라. 품을 들여야 폼이 나는 건배사가 나온다. 술자리에서만은 풍류 넘치는 건달(건배사의 달인)이 돼보자.

> **[성찰과 통찰]**
> – 내가 잘하는 건배사는 무엇인가?
> – 건배사를 분위기와 대상에 따라 어떻게 응용할 수 있는가?

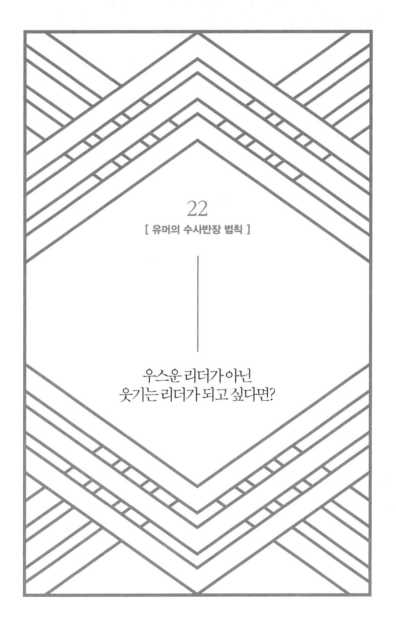

22

[유머의 수사반장 법칙]

우스운 리더가 아닌
웃기는 리더가 되고 싶다면?

"웃어라, 웃겨라, 그러나 우스워지진 말라."

'강남 스타일'의 가수 싸이가 인터뷰에서 한 말이다. 그 말을 들으며 무릎을 쳤다. 리더가 잘 웃고, 웃기면 실력에 매력을 더한다. 단 우스워지면 안 된다.

제나라 재상 안영은 "사람들과의 교제에 뛰어났으니, 아무리 오래 사귀어도 상대를 공경하였다"는 평을 듣는 인물이다. 그의 매력은 예의바른 매너 외에 풍부한 유머도 한몫했다. 다음의 일화를 살펴보자.

제나라 왕이 안영을 초나라에 사신으로 파견했다. 안영은 5척 단신, 140cm가 안 되니 작아도 너무 작았다. 초나라 사람들은 안영의 기를 죽일 겸, 키가 작다고 무시해 문 옆에 작은 개구멍을 만들어 그리로 인도했다. 그러자 안영이 말했다. "개 같은 나라에 사신으로 간 사람만이 개구멍으로 들어갑니다. 오늘 나는 초나라에 사신으로 왔으니, 이 개구멍으로 들어가는 것은 마땅하지 않습니다."

노발대발 화를 내지도, 당황하지도 않고 반격의 한 방을 여유롭게 먹인 것이다. '개구멍을 통과하도록 안내하는 너희가 개나라다' 란 논리다.

영접담당 관리가 대문으로 인도해 초나라 왕을 만났다. 초나라 영왕은 재차 안영에게 물었다. "제나라에는 사람이 없소?" 얼마나 사람이 없으면 당신처럼 왜소하고 모자란 사람을 사신으로 보냈느냐는 비아냥이었다. 안영은 이에 대해서도 멋진 일격을 가한다. "제나라는 현명한 사람은 현명한 군주에게, 어리석은 사람은 어리석은 군주에게 사신으로 보냅니다. 제가 가장 못나서 할 수 없이 초나라 사신으로 오게 됐습니다."

초나라 영왕이 안영을 극진하게 대접하지 않을 수 있겠는가. 유머는 이처럼 공격하려던 마음도 열게 하는 효과가 있다. 강남의 VIP를 상대로 프라이빗 뱅킹을 전문적으로 하는 금융인이 들려준 이야기다. 권력, 금력 다 가진 사람들은 사무실 문을 열 때부터 딱딱한 표정에 눈을 내리깔며 거만한 티를 낸다. 그럴 때 마음의 빗장을 열게 하는 비결은 일단 유머를 통해 실컷 웃게 하는 것이란다. "적어도 두 번 포복절도할 정도로 웃기고 나면 그다음 이야기는 순조롭게 풀린다. 웃음으로 몸이 풀리면 마음도 함께 풀린다"고 나름의 비결을 말했다.

조직에 유머가 넘치면 성과도 향상된다. 인간의 뇌에 존재하는 '거울 뉴런'에는 다른 사람의 미소와 웃음을 감지하고 똑같이 반응하도록 이끄는 하위 뉴런이 있다. 대니얼 골먼은 "상사가 자제심이 강하고 무뚝뚝할 경우 조직원들의 두뇌 속에 있는 이들 뉴런은 거의 자극받지 못하고, 상사가 잘 웃고 편안한 분위기를 조성하는 사람이라면 이들 뉴런이 활성화되면서 조직의 분위기가 좋아지고 결속력도 높아진다"고 말한다. 또 다른 연구에 의하면 "성과가 가장 뛰어난 리더들은 그저 그 런 성과를 내는 리더에 비해 직원들을 평균 3배 더 많이 웃게 하는 것으로 나타났다"고 한다. 직원들은 화기애애한 분위기 속에서 정보를 더 효과적으로 취득하고, 더 신속하고 창의적 으로 대응하는 것으로 나타났다. 이처럼 웃음은 성과에 매우 중요한 영향을 미친다. 조지프 앨런(Joseph Allen) 등이 수행한 연구에 따르면 회의에서 함께 농담하고 웃는 팀이 더 우수한 성과를 내는 경향이 있다. 단, 주의할 점은 일회성 재담의 경우 이 결과가 반드시 적용되지는 않는다는 사실이다.

직원들은 자신이 몸담고 있는 조직이 개방적이고 자유롭다 고 느낄 때 헌신적으로 일하며 그 조직에 오래 머물기를 원한 다. 와튼스쿨, MIT, 런던비즈니스스쿨 등 유명 연구기관들은 직원의 키득거림과 웃음 하나하나가 회사에 여러 가지 도움을 준다고 밝혔다. 웃음은 스트레스와 지루함을 날리고 행복감과 몰입도를 올리며 창의력과 협동심은 물론 분석의 정확도와 생 산성까지 높인다. 웃음전문가 이요셉 소장은 "남을 많이 웃기 고 많이 웃는다는 것은 그만큼 긍정적 태도를 가졌다는 것"이 라고 설명한다. 일부 기업들이 신입사원 면접 시 "날 한번 웃 겨보라"고 요구하는 것도 실은 개그테스트가 아니라 그 사람 의 품성을 알아보기 위한 고도의 종합테스트란 것.

웃음의 효과는 무궁무진하다. 무의식에 자리한 근심 걱정도 물리칠 수 있다. 또 상황을 객관화할 수 있도록 하는 마법의 효과도 발휘한다. 요컨대 웃음을 경영할 줄 알면 삶의 경영이 쉬워진다.

이쯤에서 우리의 직장을 돌아보자. 웃음꽃이 피는 조직인가? 웃을 일이 있는가? 오늘날 성인 근로자들은 '웃음 고갈 상태'에 놓여 있다. 아기는 하루 평균 400번 웃는다. 하지만 35세 이상 성인은 고작 15번 웃을 뿐이다. 한국도 이보다 적으면 적었지 많지는 않을 것이다.

유머의 효용을 알면서도 부담스럽게 생각하는 것은 왜일까. 웃기지 못하고, 오히려 자신만 우습게 보일까 하는 부담감 때문이다. 이에 대해서는 두 가지 견해가 다툰다. '잘해야 본전' 혹은 '밑져야 본전'이라는 입장이다. 전자는 리더들이 일반적으로 걱정하는 대로 웃음 본전도 못 찾고 채신머리 없다는 평만 듣는 것이다. 런던비즈니스스쿨 박사과정생 장강(Zhang Gang)의 최근 연구에 따르면 "유머를 효과적으로 쓰는 리더는 직원에게 동기를 부여하고 더 큰 존경을 받는 반면, 웃기려고 노력하지만 재미없는 리더나 자신을 웃음거리로 만드는 리더는 오히려 덜 존경받는다"고 한다. 유머의 마이더스 효과를 구하려다 마이너스 효과를 자초할 수 있다는 견해다. 반면에 '밑져야 본전'이란 긍정적 주장도 팽팽히 맞선다. 잘하면 유리한 면은 있으되 못해도 불리한 면은 없다는 것이다. 다양한 상황에서 실험한 결과, 연구자들은 질문에 실패한 농담으로 대응한 사람과 진지하게 대답한 사람에 대한 인식에 큰 차이가 없다는 점을 알아냈다.

문제는 웃기지 않는 게 아니라, 누군가를 불쾌하게 했을 때다. 부적절한 유머나 농담은 상처를 넘어 리더의 지위, 인격을 일거에 깎아내린다. 하버드 경영대학원의 연구자 앨리슨 우드 브룩스(Alison Wood Brooks)는 "유머에 내재된 위험을 피해가기란 어려운 일이다. 사람들은 직장에서 끊임없이 어처구니없는 농담을 한다. 하지만 그런 위험을 피한 이들에게는 큰 보답이 기다린다"고 말한다.

유머, 쉽지 않지만 공덕을 쌓을 만한 소통행위다. 유머 리더십의 고수가 되기 위해서는 '웃을 일이 있어야지요' 또는 '어디 한번 네가 날 웃겨봐' 하는 고압적 자세에서 벗어나야 한다. 남이 웃겨주길 기다리기보다 먼저 웃고 먼저 웃길 필요가 있다. 유머로 리더십을 발휘해보라.

자, 유머의 내공을 발휘하려면 어떻게 해야 할까. 수사반장의 법칙을 기억하자. '수집하고, 사용하고, 반복하고, 장점을 살리는' 것이다.

첫째, 수집하라. '뽀빠이' 이상용은 한 달에 책을 50권쯤 산다. 책을 읽으며 야한 내용은 빨강 볼펜으로, 새로운 내용은 파랑 볼펜으로, 웃기는 내용은 검정 볼펜으로 노트에 적는다. 그런 노트가 1주일에 한 권씩이다. 방송인 김제동은 하루에 신문을 70분씩 읽는다. 논조가 다른 신문을 번갈아 읽고, 사설을 스크랩해 자기 의견을 옆에 적는다. 사람들의 가슴을 치는 '김제동 어록'은 그런 공을 들여 나왔다고 한다. 이런 자료를 모았다가 적절한 자리에서 풀어놓으라. 양적 축적이 질적 변환을 초래한다.

둘째, 사용하고 반복하라. 유머를 하면서 자신이 먼저 웃거나, 다음 이야기가 생각나지 않아서 멈추면 남을 웃기기 힘들다. 연습하고 반복해서 본인이 웃지 않으면서 능청스럽게 구사할 수 있어야 한다.

셋째, 장점을 발휘하라. 유머코드를 맞추는 것은 쉽지 않다. 오죽하면 유머로 잘 알려진 영국의 정치사상가 토머스 모어가 재혼한 부인과 사이가 나빠진 것도 유머코드가 달랐기 때문이란 평이 있겠는가. 차라리 자신의 캐릭터와 어울리는 자신만의 유머코드를 갈고 닦는 게 더 현실적이다. 만약 웃기는 유머에 자신이 없다면 허를 찌르는 '아하!' 식 유머도 충분하다. 재치유머를 시도해보라.

내성적이라 사람들 앞에서 말하는 것조차 떨리고 부담스럽다면 최후의 처방이 있다. 남의 유머에 적극적으로 호응하고 크게 웃어주는 것. 그것만으로도 부적절한 유머 10가지 말하는 것보다 큰 효과를 발휘할 수 있다. 반응만으로는 성이 안 찬다면 유머를 적어서 들고 다니는 것도 삶의 지혜다. 모 대기업의 상무는 10개 정도의 유머모음집을 갖고 다닌다. 만나는 사람에게 명함과 함께 건네는 것. 상대방이 그걸 읽으며 박장대소하면 분위기는 한 번에 부드러워지고 이야기는 일사천리로 진행된다.

　마지막으로 유용한 팁 하나. 사람들이 내 말에 웃는 게 내가 정말 재미있어서인지 궁금해하는 리더들이 종종 있다. 일단 웃음 전염은 권력에 비례하게 마련이다. 조직의 리더가 농담을 하면 헛웃음일망정 모두 따라 웃어준다. 이럴 때는 가족, 특히 청소년 자녀에게 시험해보면 정확히 알 수 있다. 그들에게 먹히면 웃음 천하무적이다. 또 하나, 즉석 확인 방법도 있다. 진짜 웃음인지 가짜 웃음인지 알아내고 싶다면 눈가 주름을 보라. 눈이 웃어 주름이 생겼다면 인위적으로 만들 수 없는 진짜 미소, '뒤셴(Duchenne)' 웃음을 짓고 있는 것이다. 즉 눈주름이 생기게 웃으면 정말 웃겨서 웃는 것이다.

[성찰과 통찰]

아재개그를 하더라도 일단 연습을 해보라. 자꾸 연습해야 표정이 생기고 감정이 들어간다. 개그의 상중하 수위를 가지고 분위기에 따라 적용해보라. 단, 품위를 지키면서 수위를 넘지 말라.

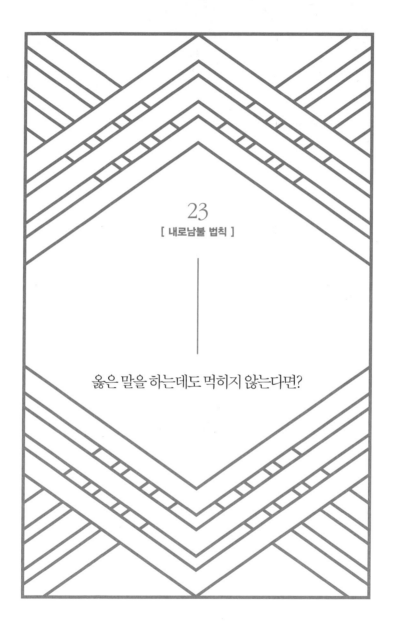

23
[내로남불 법칙]

옳은 말을 하는데도 먹히지 않는다면?

"허리띠 아래는 언급하지 말라."

《맹자》〈진심장구 하〉에서 맹자는 불하대(不下帶), 허리띠 아래는 이야기하지 말라고 한다. "말하는 것이 가깝고 구체적이면서도 뜻하는 바가 깊고 먼 것, 그것이 선언(善言)이다. 자기가 지키고 조심하는 것은 간약(簡約)하지만 베풀어지는 것은 대중에게 널리 미치는 것, 그것이 선도(善道)다. 덕 있는 군자가 하는 말은 허리띠 아래로 내려가지 않지만 거기에 우주의 이치가 존재한다. 덕 있는 군자가 지키는 것은 그 몸 하나를 닦는 데 불과한 것 같지만 천하가 다 다스려져 태평하게 된다. 인간의 큰 병통 중 하나는 자기 밭을 버려두고 남의 밭에서 김매기를 좋아한다는 것이다. 이것은 타인에게 요구하는 것은 엄청나게 많으면서 정작 자기가 걸머져야 할 책임은 소홀히 하는 것이다."

옛사람들은 시선을 항상 허리띠 위로 두라고 했다. 먼 이야기, 허황된 말, 남의 이야기보다 자신의 행동과 말에 신경 쓰라는 뜻이다. 이를 요즘 말로 압축하면 '내로남불하지 말라'가 될 듯하다. 남 참견하지 말고 자신의 앞가림부터 잘하라는 이야기다. 영어에도 'below the belt'란 표현이 있다. 권투에서 유래한 말로, 허리 아래를 치면 비겁하다는 뜻이다. 말의 유래는 다르지만 궁극적 의미는 같다. 허리띠 아래로 내려가지 말라. 내 이야기는 하지 않고 남의 이야기만 하면 쓸데없는 참견이고 사람이 궁색해진다.

공자 학단에 이런 일이 있었다. 공자의 제자 사마우는 사마환퇴란 폭력배 인물을 형으로 두고 있었다. 동생은 형에게 언제 무슨 일이 닥칠지 몰라 걱정이 태산이었다. 사마우는 학우(學友) 자하를 찾아가 "사람들은 모두 형제가 있는데 나만 혼자인 것 같습니다"라고 털어놓았다. 이 말을 들은 자하는 "사람이 사는 것과 죽는 것은 자신의 명에 달려 있고 부귀는 하늘에 달렸으며, 군자가 공경하여 실수가 없고 사람 사귀는 데 공손하고 예절을 갖추면 세상 사람들이 다 형제라 하니 군자가 어찌 형제 없음을 근심하겠는가"라고 말해준다.

말인즉 옳다. 작은 혈연에 얽매이기보다 거시적 견지에서 사해형제주의를 가지라는 입바른 조언이었다. 군자의 도리를 다하면 핏줄을 넘어 온 세상 사람이 모두 형제가 되고 싶어 할 터이니 외로울 리가 없다고 일러준 것이다. 하지만 정작 이 말을 한 자하 자신은 어땠을까. 아들을 여의었을 때 하도 슬피 울어서 말년에 시력을 잃을 정도였다. 남의 문제에 대해 조언하는 것과 내 문제에 대처하는 것이 얼마나 다를 수 있는지 극명하게 드러내는 이야기다.

입찬소리, 입바른 소리, 입빠른 소리… 살면서 의식하든 못하든 우리가 범하기 쉬운 언어의 실수다. 비슷비슷해 보이지만 차이가 있다. 입찬말은 자신의 지위나 능력을 믿고 지나치게 장담하는 말이다. 입바른 말은 '바른말을 하는 데 거침이 없다'는 뜻이다. '입이 도끼날 같다'는 말과도 뜻이 통한다. 반면 입빠른 소리는 남에게 들은 말이나 자신의 생각을 참을성 없이 떠드는 것을 뜻한다.

리더들이 가장 범하기 쉬운 언어실수가 '내로남불'의 입바른 소리다. 내가 하면 로맨스, 남이 하면 불륜이란 의미다. 아는 것은 많고 하는 것은 적은, 언행 격차에서 이 같은 문제가 발생한다. 자신은 선을 넘나들면서 상대는 절대 불가의 금기를 지킬 것을 강요한다.

'내로남불' 딜레마는 같은 사안을 다르게 보는 자기중심적 시각, 잣대의 이중성에서 발생한다. 입찬소리, 입바른 소리는 누구나 할 수 있다. 그 말을 자신에게 적용하는 것은 아무나 할 수 없다. 자신이 던진 말이 고스란히 되돌아와 진퇴양난에 처하는 사람들을 종종 본다. 대부분 나의 언행은 '의도'로 온정적으로 해석해주길 기대하면서 상대의 언행은 '결과'로 냉정하게 추궁한다. 자신의 행동은 상황에 맞춰 고무줄처럼 늘렸다 줄였다 핑계를 대면서 상대의 행동은 다락같이 높은 이상론에 기준을 맞추라고 주문한다. 나는 감성으로 소구하고, 상대에겐 이성으로 요구한다.

공자는 입바른 소리, 입빠른 참견을 경계했다. 그는《중용》

에서 "활 쏘는 것은 학식과 덕행이 높은 선비와 비슷한 점이 있다. 과녁의 정곡을 놓치면, 돌이켜 그 자신에게서 원인을 찾아야 한다(反求諸己)"고 했다.

한비자 역시 군주에게 유세할 때 '내로남불'의 딜레마에 대한 경계를 빼놓지 않았다. 맹자의 비유가 '내 밭, 남의 밭'이었다면 한비자는 '눈과 눈썹'이다. 《한비자》〈유로편(喩老篇)〉중 목불견첩(目不見睫) 고사를 살펴보자.

초나라 장왕이 월나라를 정벌하려 하자 신하인 두자(杜子)가 이유를 물었다. 왕이 "월나라는 정치가 어지럽고, 병력이 약하기 때문"이라고 하자 두자가 이렇게 답한다. "저는 사람의 지혜가 눈과 같은 것이 될까 두렵습니다. 지혜는 눈과 같아서 백보 밖은 볼 수 있지만 자신의 눈썹은 볼 수 없습니다. 병력이 쇠약하고 정치가 어지럽기는 월나라보다 더한데도 정벌하려고 하니, 이는 지혜가 눈과 같은 것입니다." 초장왕은 이 말을 듣고 월나라 공격계획을 포기한다. 한비자는 "지혜의 어려움은 다른 사람을 보는 것이 아니라, 자신을 보는 데 있다"고 말한다.

〈관행편(觀行篇)〉의 '목단자견(目短自見)'도 같은 뜻이다. 이번에는 용인술 시각에서 접근한다. "예전에 이주(離朱)라는 사람은 백보 밖에서도 털끝을 분별할 정도로 시력이 좋았다. 그런 이주도 자기 눈썹을 보지 못한다. 백보 밖이 가깝고 눈썹이 멀기 때문이 아니라 사람의 이치상 그럴 수 없기 때문이다."

노자는 《도덕경》에서 "남을 아는 자는 지혜롭다 하고, 자신을 아는 자는 명철하다 한다(知人者智 自知者明)"고 했다. 요컨대 자기반성이 명(明)이라면, 상대 판단은 지(智)다. 지식과 현명함이 모두 모자라면 차라리 괜찮다. 지식은 넘치는데 자기반성은 부족하니 문제가 발생한다. 성서 마태복음에서 "먼저 네 눈에서 들보를 빼어라. 그 후에야 밝히 보고 형제의 눈에서 티를 빼리라"라고 한 것도 모두 같은 맥락이다.

공맹과 한비자, 성서의 공통적 가르침은 무엇일까. 나에게는 엄격하고 상대에게는 관용적인 '내불남로'(내가 하면 불륜, 남이 하면 로맨스)까진 힘들다 하더라도, 최소한 언행일치 리더는 되라는 주문이다. 리더의 최고 덕목은 자기성찰이다. 자기성찰은 '내불'의 엄정한 거울로 반성하고, 상대 관찰은 '남로'의 포용으로 리더십을 발휘해야 한다. 혹시 당신이 바른 말을 하는데도 상대가 냉소를 보이거나, 튕겨 나오는 반발의 말을 하지는 않는가. 그렇다면 내로남불의 입바른 소리, 입빠른 소리가 넘치는 것은 아닌지 돌아볼 필요가 있다.

[성찰과 통찰]

– 입찬소리, 입바른 소리, 입빠른 소리… '내로남불' 발언을 하지 않으려면 우선 내 눈썹, 허리띠 위부터 제대로 보자. 내 발이나 제대로 매고 있는지 돌아보자.
– 내로남불의 말빚을 지지 않으려면 무엇을 경계해야 하는가?

24
[아첨 감별의 법칙]

아첨, 즐기되 삼키지 않으려면?

리더는 기본적으로 외로운 자리다. 정호승의 시구절에 비기자면 '외로우니까 리더'다. 대기업 CEO는 오너 눈치를 보느라 힘들고, 중간관리자는 위에서 차이고 아래에서 치인다. 중소기업 사장은 콧구멍만 한 조직이라도 반골, 냉골 다 있어서 해달라는 요구가 하늘을 찌른다고 하소연한다. 중소기업의 중간관리자 역시 애매하고 쓸쓸하다. 직책만 장(長)이지, 중간에서 역할을 다하느라 점심도 건너뛰거나 김밥 한 줄로 애쓰다 보면 '내가 화장실도 갈 새 없이 무슨 짓인가'란 생각이 절로 든다. 엄청나게 바쁜데, 또 어느 순간 스케줄이 빌 때가 있다. 그럴 때면 문득 안부라도 물어주고 챙겨주는 문자 메시지 하나가 아쉽다. 먼저 전화하긴 민망하고, 딱히 전화할 곳도 마땅치 않다.

이럴 때 김 대리의 전화 한 통, 문자 한 통이 가뭄에 단비처럼 반갑다. "부장님, 소주나 같이하시지요." 외롭고 상처 입은 상사를 보듬으며 김 대리가 이러쿵저러쿵 조직사정도 들려주고 상사의 힘을 보여주라고 충성인 척, 조언인 척 훈수하기도 한다. 첩보인지 정보인지 알 수 없는 그의 말에 점차 기대고 마음을 나누게 된다.

비록 회사 이야기를 나누지 않더라도 아첨꾼은 상사와 가진 대화의 빈도만으로도 조직 내 권력을 암암리에 확보, 주위 사람에게 호가호위한다. 아첨꾼들의 권력을 결정하는 것은 직위가 아니라 상사와의 접촉 빈도다.

남이 보기에 너무 빤한 아부라서 "저거 아부인 줄 모르세요?" 물으면 "그래도 좋은걸" 하는 경우를 종종 본다. 하다못해 앉을 때 의자라도 빼주고, 양복저고리라도 들어주고 챙겨주는 직원이 더 살갑고 정겹다. 그래도 나를 가치 있다고 생각하니 저 짓을 하는 게 아니겠는가.

모 회장의 이야기다. 그는 평소에 예순에 은퇴하겠다고 했다가 번복하곤 했다. 그러더니 70대에는 정말 은퇴하겠다며 임원진에 후계계획을 마련해오라고 지시했다. A임원은 각 전문가를 모아 승계 플랜을 짰다. 반면 B임원은 놀기만 해서 사람들이 의아해했다. 마침내 보고하는 날, 그 놀던 임원은 어떻게 했을까. "피터 드러커는 96세까지 현역으로 일했습니다. 은퇴라니 무슨 천부당만부당한 말씀이십니까?" 이 둘 중 누가 회장의 마음에 들었을까. 짐작한 대로 B였다. A는 밤잠을 설쳐가며 준비했건만 바로 인사발령 조치됐다. 슬프지만 현실이다.

아부는 수천년 전에도, 심지어 동물의 세계에도 횡적으로 종적으로 존재해왔다. 오래된 역사만큼이나 아부 신공도 다양하다. 가장 대표적인 것으로 역사적 인물에 빗대서 하는 아부가 있다. 손발이 오글거리긴 하지만 적의는 없다.

한 번은 당태종이 화가 나 악사 고최외의 머리를 물속에 처박게 했다. 잠시 후 그가 고개를 들더니 웃음을 지었다. 태종이 왜 웃느냐고 묻자 고최외는 이렇게 대답했다.

"제가 방금 전 물속에서 굴원을 만났사온데 그가 제게 말하길 '나야 초나라 회왕이 하도 무도하여 먹라수에 몸을 던졌지만 너는 성군을 만났는데 왜 여기에 왔느냐'고 하더이다."

이 말에 태종은 한참을 웃었다. 기막힌 아부 아닌가.

이에 비해 최상급을 남발하는 아부는 부끄러운 줄 모른다는 점에서 몰염치하다. 장관에 임명되자 "가문의 영광"이며 "태산 같은 성은"에 "목숨 바쳐 보답하겠다"는 충성서약을 남겼다가 임명 43시간 만에 하차한 경우도 있다. 이처럼 과도하고 유치한 아부는 조직수명을 오히려 단축시킬 수 있다.

리더에 대한 신뢰를 온몸으로 증명하는 아첨도 있다. 일본 전국시대 영웅 오다 노부나가의 사랑을 한 몸에 받은 모리 란마루라는 어린 장수가 있었다. 하루는 모리가 소반에 수북이 귤을 담아오는 걸 보고 오다가 한마디 했다. "조심해라. 떨어뜨릴라." 당신이라면 어떻게 했겠는가. 여기서 아부지능의 고저가 판가름 난다. 보통사람은 그 말을 듣고 더욱 조심해 안전하게 진상할 것이다. 그러나 모리는 주군의 말이 끝나기가 무섭게 넘어졌다. 물론 실수는 아니었다. 신하들 앞에서 주군의 염려가 옳았음을 보여주기 위해 일부러 떨어뜨린 것이었다.

이렇게까지는 하지 않더라도 상사의 말투나 행동을 모방하는 아첨은 일상다반사다. 아첨파들은 상사를 모방해 같은 유형의 인물임을 증명하려고 한다. 습관과 특성, 취미 등 어떻게든 교집합을 찾아내기 위해 혈안이 된다. 사장이 등산, 스키를 좋아하는 것에 따라 사내에서 취미동호회가 영고성쇠를 거듭한다. 이들 딸랑이의 모토는 '알아서 긴다'가 아니라 '알아서 느낀다'이다.

이 정도는 약과인지도 모른다. 역겨운 아첨의 최극강을 뜻하는 단어는 연옹지치(吮癰舐痔)다. 등창의 고름을 빨고, 치질 난 항문을 핥아준다는 뜻으로 윗사람에게 아첨하기 위해 못하는 짓이 없음을 뜻한다. 영어로 아첨꾼 표현도 'asskisser', 'brown noser'다. 엉덩이에 키스하다 보면 분비물이 묻어 코가 갈색이 된다고 비유한 것이라 한다. '아부' 하면 떠올리는 이승만 대통령 관련 에피소드 "각하, (방귀를 뀌어) 얼마나 시원하십니까!"는 견줄 바가 아니다.

리더들이나 팔로워들은 하나같이 아첨을 혐오한다는데 어째서 직장에는 아첨이 횡행하는가. 리더들은 저마다 사람 보는 고단수의 눈을 가졌다고 자부하는데 정작 자신들은 고단수의 아첨에 걸려드니 아이러니하다. 더욱이 칭찬과 아부는 경계가 너무 모호하다. 내가 하면 칭찬이요 존경이지만, 남이 하면 아부요 아첨이다. 겸손과 비굴, 칭찬과 아부, 진실과 아부, 평판과 아부… 판별이 쉽지 않다. 눈금 하나만 삐끗해도 순식간에 칭찬 정량을 넘겨 아부가 된다. 오죽하면 공자도 아부의 혐의에서 자유롭지 못했다. "나는 임금을 섬기는 데 예를 다했을 뿐인데 사람들은 그걸 보고 아첨한다고 하는구나(子曰 事君 盡禮 人以爲諂也)."

권력자들은 아부를 싫어한다고 하면서도 의식적이든, 무의식적이든 자신의 파워시그널을 보낸다. 팔로워들은 그 시그널을 민감하게 읽어 반응하는 것뿐이다. 마키아벨리도 〈군주론〉에서 아부는 결국 하는 사람보다 받는 사람의 문제라고 말한다. 그는 "신하가 훌륭한지 여부는 군주의 현명함에 달려 있다. 군주의 지적 능력을 알기 위해서는 주변의 인물들을 살펴보면 된다"고 했다. 아첨을 좋아하는 리더 옆에 아첨을 잘하는 팔로워가, 강직한 리더 주위에 강직한 팔로워가 모이게 마련이다.

더욱이 리더들은 아부의 강도와 배신의 강도는 정비례한다는 사실을 잊지 말아야 한다. 제환공을 몰락시킨 간신 삼총사가 그랬다. 요리사 역아는 사람고기를 먹어보지 못했다는 제환공의 말에 자신의 아들을 요리해 바칠 정도였다. 수조란 인물은 스스로 고자가 되어 내시로 들어가 후궁들을 관리했다. 개방은 15년 동안 부모가 아파도 보러 가지 않고 제환공의 비위를 맞췄다. 자신의 몸을 해쳐가면서 충성했던 이들은 결국 음모를 꾸며 제환공을 죽음으로 몰아넣었다. 성에 갇힌 제환공은 물 한 모금 얻어먹지 못한 채 굶주려 죽었다. 그를 구하러 성에 진입했을 때는 죽은 지 이미 두 달이 지난 후였다. 아부에 길들여진 리더의 슬픈 말로다.

성공한 리더, 장수한 리더들은 이 같은 문제점을 미리 예방했다. 본인 스스로 아부를 막고, 조직에도 아첨예방백신을 세게 놓았다. 한번 맛들이면 빠져나오기 힘들다는 것을 알기에 구성원들이 감히 시도하지 못하게 했다. 아부를 싫어한다고 말로만 해서는 부족하다. '말하지 않아도 내가 아첨 싫어하는 것을 알겠지' 하며 유야무야 한 번 두 번 넘기지 말라. 묵인은 예스와 동의어다. 확실히 거부의사를 밝히라. 자, 어떻게 막을 것인가.

첫째, 할리우드 액션을 통한 감별이다. 즉 자신의 의도를 숨기거나, 진짜 주장이나 행동을 숨기거나 바꾸는 등 함정을 놓아 미리 분별하는 것이다. 리더를 지지하는 것인지, 리더의 주장을 지지하는 것인지 판별해보는 것이다.

어느 날 한나라의 소후가 신하들에게 깎던 손톱이 없어졌다고 거짓말했다. 신하들이 여기저기 찾아보았지만 원래 없던 손톱이 나오겠는가. 그런데 한 신하가 자기 손톱을 잘라갖고 와서 찾아냈다고 말했다. 소후는 그 신하가 아첨에 능하다는 것을 알게 되었다. 그런가 하면 초장왕은 왕위에 오른 후 무려 3년 동안 신하 간보기에 들어갔다. 매일같이 주지육림 술잔치 벌이기를 3년, 마침내 충신과 간신을 감별한 초장왕은 비로소 심판에 착수했다. 왕과 어울려 만수산 드렁칡이 얽히도록 같이 논 신하들은 치도곤을 맞고 심하게는 사형에 처해졌다. 반면에 왕이 싫은 기색을 보여도 죽음을 불사하고 끝까지 충언한 신하들을 중용했다. 충신을 알아내기 위해 '적과의 동침'을 감행한 셈이다.

둘째, 아부에 불이익을 준다. 조조는 속 보이는 아부를 하면 포상은커녕 인사 불이익으로 응징했다. 당시 조온이란 인물이 벼슬자리를 지키기 위해 조조의 아들 조비를 사도부의 관원으로 등용했다. 그러나 조조는 이를 기뻐하기는커녕 헌제에게 표를 올려, "조온은 저의 아들에게 벼슬을 주었으니, 인재를 뽑는 것이 실제적이지 않습니다"라고 해 관직에서 물러나게 했다. "내가 네 속을 훤히 읽고 있으니 잔머리 아부하지 말라"고 못을 박아놓은 것이다.

셋째, 직언에 포상한다. 앞의 방안이 네거티브 시스템이라면 이것은 포지티브 시스템이다. 당태종이 그 경우다. 봉덕이란 신하가 앞에 말한 함정방법을 사용해 충직한 신하인지 시험해보라고 할 때 당태종은 이렇게 답한다. "흐르는 물이 흐리거나 맑은 것은 물의 근원 때문이다. 정치와 인간사도 물과 같다. 군주는 속임수를 쓰면서 신하에게 정직하라는 것은 근원이 흐린 물이 맑기를 바라는 것과 마찬가지다. 큰 믿음을 바탕으로 천하를 다스리고 싶지, 속임수로 풍속을 가르치고 싶지 않다." 거짓으로 간신을 구별해내는 것은 올바른 방법이 아니란 지적이다. 대신 그는 직언을 장려하고 포상함으로써 조정의 풍토를 바꾸려 노력했다.

넷째, 아부 시나리오를 예측해 예방한다. 세종대왕이 이 경우다. 한 번은 경기도에서 보리 이삭 한 줄기에 네 갈래가 나는 기이한 일이 벌어졌다. 기회는 이때다 싶었는지 경기관찰사 김맹성이 하례하며 "성인의 덕화가 돈독하사 능히 태평성대를 이루었으니 하늘이 상서로운 보리를 내어 아름다움을 밝게 보이셨다"고 아부했다. 이때 리더들이 잠깐 정신줄 놓으면 팔로워들은 리더의 마음 살 호재라고 쾌재를 부르며 관련 이벤트로 확대시킨다. 세종은 그런 신하들의 속내를 잘 읽어 방비했다. "이처럼 아름다움을 과장하는 일은 내가 심히 부끄럽게 여긴다. 각 도에 타일러 '상서로운 보리'에 대해 축하하는 예식을 하지 못하게 하라."

나는 시킨 적 없는데 과잉 충성한다는 리더의 말만으론 부족하다. 다 벌어지고 나서 '나는 몰랐다'고 말해봐야 구차한 변명이다. 일어나기 전에 예방하는 게 진짜 리더다.

다섯째, 행동이 한결같은지 살핀다. 다른 사람, 다른 장소에서도 좋아하고 싫어하는 것이 같은지 살펴보라. 고대 로마의 철학자 플루타르코스는 〈모랄리아〉에서 이를 사람과 원숭이의 차이로까지 비교한다. 사람은 늘 자신의 행위를 하기에 같은 것에서 기쁨과 칭찬을 찾는다. 반면 원숭이는 흉내쟁이, 눈치쟁이라서 자기를 받아들이는 사람에 알맞게 변신해 레슬링을 하고, 흙먼지를 뒤집어쓰며 노리개 노릇을 한다는 것이다.

공자는 《논어》에서 군주가 나라를 망치게 할 한마디로 "내가 말하면 아무도 어기지 않는 것이 군주 된 즐거움이라 말하는 것"을 꼽았다. 한마디로 '책임의 리더 노릇'은 하지 않고, '군림의 리더 놀이'만 할 때 나라가 망한다는 죽비소리다. 이를 판별하는 질문은 간단하다. 조직충성과 상사충성이 따로 노는가? 직원들의 충성이 업무 촉진요소인가, 지체요소인가? 충성은 냉소의 대상인가, 열정의 요소인가?

군림의 리더 놀이가 아닌 책임의 리더 노릇을 하려면 다음 몇 가지를 명심하자.

첫째, 무리한 충성보다 합리적 충성을 요구하라.

둘째, 리더의 기분보다 조직의 기준에 맞추게 하라.

셋째, 좋은 친구보다 위대한 리더가 되어라.

[성찰과 통찰]

아부에 휘둘리지 않는 플루타르코스의 팁 하나. 알렉산더 대왕이 간신을 물리칠 수 있었던 비결은 숙면과 성욕 절제라 한다. 즉 자기관리야말로 간신을 물리치는 쉽고도 현실적인 방안이라는 것이다. 아부를 일러 껌과 같다고 했다. 즐기되 삼키지 않으려면 어떻게 해야 할까?

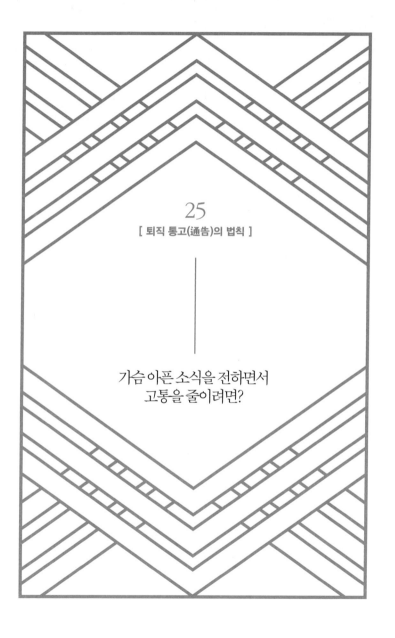

25
[퇴직 통고(通告)의 법칙]

가슴 아픈 소식을 전하면서
고통을 줄이려면?

세상의 모든 이별은 슬프다. '첫'이란 말은 설레지만 '끝'이란 말은 먹먹하다. 조직생활도 마찬가지다. 입사의 첫 발걸음은 가볍지만, 퇴직의 마지막 걸음은 무겁다. 시작은 창대하지만, 끝은 미약하지 않기가 힘들다.

여기저기서 퇴직을 알리는 소식이 날아들곤 한다. 조직운은 한마디로 '라스트맨 스탠딩(last man standing)', 버티며 반전을 노리면 언젠가는 트인다. 하지만 구조조정과 명예퇴직이 상시화된 오늘날에는 굴욕을 견뎌가며 라스트맨이 되고자 해도 쉽지 않다. 특히나 회사를 그만두기엔 이르고, 새로 다른 일 시작하기엔 엄두가 나지 않은 상태로 명예퇴직을 맞아야 하는 중년의 어중간한 경력자들은 감당불가다. 자녀교육, 노부모 봉양 등 집안 사정 뻔히 아는 처지에 이들에게 퇴직을 알려야 하는 리더 역시 가슴 아프긴 마찬가지다.

일전에 만난 어느 리더는 직원에게 해직 통고를 해야 했던 것에 가슴 아파했다. 하지만 1년 만에 본인이 당사자가 됐다. 월급쟁이의 순환법칙이다. 어제 승진한 사람이 올해 좌천당하고, 어제 퇴직을 알린 사람이 오늘 잘리는 게 인생살이다. 오늘 칼자루를 쥐었다고 해도, 내일은 칼날을 잡아야 하는 게 월급쟁이 관리자의 숙명이다.

퇴직 통고는 아무리 철혈(鐵血)이라도 하기 힘들고, 퇴직 통고를 듣는 것은 아무리 철면피라도 땅이 흔들리는 일이다. 이 땀나는 대화를 시작해야 하는 리더들은 등에 땀이 흐른다. 아침에 하느냐 오후에 하느냐, 월요일에 하느냐 금요일에 하느냐 등 온갖 노하우가 나돌기도 한다. 영화를 보면 해고 통고를 전문으로 하는 직업이 등장하기도 한다. 가상이지만, 오죽하면 그런 상상이 나왔겠는가.

연애의 고수는 만남을 잘하는 사람이 아니라 이별을 잘하는 사람이다. 잘 헤어진다는 것은 이별의 뒤끝이 남지 않게 한다는 것이다. '아름다운 이별'은 힘들더라도 적어도 원한이나 원망은 남지 않도록 하는 게 상대에 대한 예의다.

리더십 고수도 마찬가지다. 신뢰구축에서 중요한 것은 선발과 육성 못지않게 퇴직 대응이다. 직원들을 떠나보내야 할 때 예의와 품위를 지켜야 한다. 이를 제대로 못하면 떠나는 사람과의 유대가 무너진다. 더 큰 문제는 남아 있는 사람들의 마음마저 돌아서고, 당신의 리더십이 신뢰를 얻기 힘들어진다는 사실이다. '살아진' 자의 슬픔, '사라진' 자의 굴욕을 줄이고 없애야 진정한 리더십이다. 과연 품위를 지켜주면서 퇴직을 통고하기 위해서는 어떻게 해야 하는가?

첫째, 신속하되 신중하게 알리라.
가끔 보면 인사소식을 홈페이지에만 공지하고 본인에게 사전에 알려주지 않는 조직이 있다. 자신과 관련된 나쁜 소식을 남에게 '카더라 통신'으로 듣는 것처럼 비감한 것은 없다. 최대한 빨리 본인에게 직접 전달하는 것은 당사자를 존중하는 매너다. 물론 나쁜 소식의 메신저가 되는 것은 불편하다. 그럼에도 리더는 직접 대면해 알리는 불편을 감내해야 한다.

단, 명심할 것이 있다. 신속히 알리되 당사자에게 준비할 시간, 분위기 감지할 시간을 줄 필요가 있다. 단적인 예로 퇴직미팅을 할 때는 상사가 직접 미팅을 고지하기보다 인사과를 통해 알리는 것이 좋다. 당사자가 분위기를 감지할 수 있도록 사전포석을 두는 것이다. 저성과자라 할지라도 자신이 일 못하고 태도가 좋지 않아서 '잘린다'고 생각할 사람은 없다. 어느 사장은 퇴직 통고를 위해 미팅을 알렸는데, 대상자가 티 없이 밝은 얼굴에 은근히 승진까지 기대하며 나타나 당혹했다는 경험을 털어놓기도 했다.

통고를 언제 할지에 대해서도 의견이 분분하다. 주초의 월요일 아침이 나을까, 금요일 오후가 나을까. 노동시장이 유연한 서구에서는 전자를 권하는 편이다. 그만두면 또 알아보면 된다는 생각에서다. 반면에 우리나라에서는 후자가 적합하다는 경험담이 우세하다. 혼자 생각하든, 가족과 의논하든 본인이 생각을 정리할 시간이 필요하다는 것이다. 시간대도 서로 감성적 대화를 할 수 있는 오후나 저녁이 낫다는 의견이다.

둘째, 분칠도 풀칠도 하지 말라.

퇴직의 이유와 사실을 간결하고 정확하게 전달하는 것으로 충분하다. "자네가 그동안 회사에 얼마나 헌신했는지, 능력 있는지 안다"는 식의 분식(粉飾)이나 "이번에 세대교체론상 떠밀린 대상이다", "몇 퍼센트 구조조정하라고 해서 어쩔 수 없었다"라는 등 이유에 풀칠하며 상황을 호도하지 말라. 이는 결국 상사의 자기위로용 멘트일 뿐, 결코 상대방에 대한 인정이 아니다. 그렇게 말해봐야 상사를 고마워할 사람은 없다. 오히려 상사만 나약해 보이거나 조직만 불합리해 보인다. 어느 쪽이든 바람직하지 않기는 마찬가지다.

또 하나, 어설프게 위로한답시고 '더 좋은 기회' 운운하지 말라. 연인이 이별할 때 가장 싫어하는 멘트 중 하나가 '이제 나보다 좋은 사람 만날 거야'라고 한다. 퇴직 통고 역시 마찬가지다. 어설픈 위로는 반감을 낳기 쉽다. 본인은 덕담으로 한 말이겠지만 상대에겐 덕으로도, 득으로도 들리지 않는다. 모자라는 공감은 원한을 낳지만, 지나친 공감은 원망을 산다. 같이 걱정해주는 것은 좋지만, 지나친 걱정은 재기의 옹골진 마음을 다지는 데 방해가 된다.

셋째, 희망고문하지 말라.

쉽게 말해 미련 주지 말라는 것이다. 희망고문은 뒤통수치기보다 더 큰 고통을 준다. 일격에 당하면 한 번 아프고 그만이지만, 희망고문은 만성고통을 준다. "나중에 재고용 기회를 알아보겠다", "하청 등 관계사 일을 알아보겠다" 등의 말을 퇴직면담 때 하는 리더들이 있는데, 정말로 가능성이 있는지 가슴에 손을 얹고 생각해볼 일이다. 리더는 당장의 아픔을 줄이기 위해 가볍게 던지는 말이지만, 당사자는 무겁게 받아들이고 기대를 걸 수 있기 때문이다. '병 주고 약 주고'는 필요하지만 순서가 뒤바뀌어 '약 주고 병 주는' 행위는 곤란하다. 자신의 권한 내에서 쓸 수 있는 자원과 기회라면 상관없지만, 그게 아니라면 입을 다물라. 실현 가능할 때 이야기해도 늦지 않다.

해직 통고, 품위는 지키되 수위는 넘지 말라. 신속하되 신중하고, 모자라지 않되 넘치게 공감하지도 말라. 뒤통수를 치지도 말아야 하지만, 희망고문으로 만성고통을 일으켜서도 안 된다. 그래야 사라진 자의 굴욕도, '살아진' 자의 슬픔도 함께 치유할 수 있다.

[성찰과 통찰]

퇴직 통고는 리더십의 최절정 전술이다. '누군가를 해고해야 하는 사태에 직면해야 진정한 리더가 된다'는 말이 있을 정도다. 자식은 아버지의 등을 보며 자라고 직원들은 리더가 불편한 일에 대처하는 자세를 보며 충성한다. 불편한 소식을 전달할 때 지켜야 할 것과 하지 말아야 할 매너는 무엇인가.

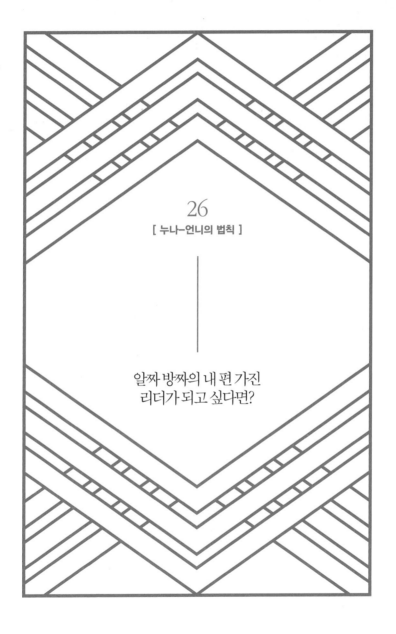

26
[누나-언니의 법칙]

알짜 방짜의 내 편 가진
리더가 되고 싶다면?

장비가 집 뒤 복숭아 동산에 꽃이 한창이니 내일 이 동산에서 천지(天地)에 제(祭)를 지내고 셋이 의형제를 맺어 한마음으로 협력하기로 한 뒤에 일을 도모하자고 하였다. 유비와 관우가 동의하여 다음 날 도원(桃園)에 검은 소(黑牛)와 흰 말(白馬)과 지전(紙錢) 등 제물을 차려놓고 제를 지내며 맹세했다. "유비, 관우, 장비가 비록 성은 다르오나 이미 의를 맺어 형제가 되었으니, 마음과 힘을 합해 곤란한 사람들을 도와 위로는 나라에 보답하고 아래로는 백성을 편안케 하려 하고, 한 해 한 달 한 날에 태어나지 못했어도 한 해 한 달 한 날에 죽기를 원하니, 하늘과 땅의 신령(皇天后土)께서는 굽어살펴 의리를 저버리고 은혜를 잊는 자가 있다면 하늘과 사람이 함께 죽이소서." 맹세를 마치고 유비가 형이 되고, 관우가 둘째, 장비가 셋째가 되었다.

《삼국지연의》의 호걸 유비, 관우, 장비가 도원에서 의형제를 결의하는 장면이다. 이 장면은 실화냐 아니냐를 떠나서 뜨거운 감동을 자아낸다. 피는 섞이지 않았지만 피를 함께 마시고 발라 나눔으로써 더 진한 의형제로 뭉친다… 인심이 표변하는 세태에서 변하지 않는 뜨거운 우정을 상상해볼 수 있어서다. 인생을 잘 산 지표는 얼마큼 벌었는지도, 어디만큼 올라갔는지도 아니고, 인생역경에서 내 손을 잡아줄 사람을 가졌는지에서 갈린다는 말이 왜 있겠는가. 인생에서 내 편 들어줄 그 한 사람 얻기가 쉽지 않다는 반증 아니겠는가.

얼마 전 지인에게 재미있는 건배사를 들었다. '누나-언니'란 건배사였다. 그 뜻을 들어보니 "누가 나의 편인가", "언제나 니 편"에서 머리글자를 딴 말이란다. 리더들에게 왜 이 건배사가 먹힐까. 구성원을 내 편으로 만들고, 내 편인지 확인하고, 언제까지나 내 편이었으면 하는 심리가 있어서일 것이다.

오바마 전 미국 대통령이 힐러리 클린턴 후보에 대한 지지를 표명하며 한 말은 "나는 그녀 편이다(I'm with her)"이다. 잘해보라고 팔짱 끼고 지켜보다가 안 되면 '내 그럴 줄 알았지' 하며 시세에 편승해 평가하는 것이 아니다. 한 편이 된다는 것은 무조건적 지지를 보내고 함께 뛴다는 의미다. 심지어 판세가 불리하거나 패배하더라도 손 잡아주는 것이다. 우리 인생도 그렇지 않은가. 희망을 갖고 인생에서 다시 일으켜 세우는 것은 돈, 권력보다 내 사람의 따뜻한 말 한마디다.

물론 "요즘 네 편 내 편 어디 있느냐. 보스가 떠나면 오히려 그 라인의 사람들까지 줄줄이 피해를 입으니 내 편 만들어놓지 않는 것이 낫다"고 말하는 리더들도 많다. 그러나 이게 진심일까. 이런 표피심리 아래 존재하는 진피심리는 어쩌면 배신에 대한 두려움 아닐까. 어쩌면 이들은 어정쩡한 충성이 아니라 진심을 요구하는 것인지도 모른다. 아군과 적군, 적과 동지가 혼재하거나 분간하기 힘든 '개와 늑대의 시간'일수록 리더는 "언제나 당신 편"이라고 외쳐주는 동지 같은 팔로워가 그립다. 그래서 입에 발린 충성의 말에 만족하지 못하고 시험에 들게 해서라도 내 편임을 확인하고 싶다.

반대파의 맞짱은 그러려니 하지만 '어제의 동지'가 치는 뒤통수는 아프다 못해 아리다. 의심이 가는 내 편은 확실한 적보다 더 무섭다. 대부분의 리더들이 '배신'의 배(背)만 나오면 필요 이상으로 푸르르 떨고 파르르 경계하는 모습을 보인다. 등신은 견딜망정 배신은 좌시하지 못한다며 어금니를 악문다. "브루투스 너마저!" 외마디를 남기며 쓰러져간 카이사르의 최후는 많은 리더들에게 최악의 트라우마다. 내 팔을 잡아주는 내 편인지, 내 발목을 잡는 네 편인지 헷갈릴 때 진이 빠진다.

내 편을 따질 때 쓰는 편(便)은 사람 인(人)과 고칠 경(更)이 합쳐진 글자다. 경은 말과 소 등을 길들이는 채찍을 뜻한다. 즉 사람이 가축을 도구로 편리하게 길들이는 것을 뜻한다. 내 편을 만든다는 것은 결이 나게, 길이 나게 하는 것이다.

알짜배기 내 편은 공짜로도, 강짜로도 만들어지지 않는다. 시간과 노력을 들여야 한다. 길들이는 것은 제대로 보는 것이고, 이는 곧 마음으로 보는 것이다. 눈으로 보이지 않는 것을 보아야 한다. 그래야 무의미한 수많은 사람들 중에서 특별한 내 사람이란 관계를 만들 수 있다.

그렇다면 어떻게 궂을 때나 맑을 때나 '언제나 네 편'을 외칠 내 편을 만들 것인가.

첫째, 가장 일반적인 것은 이익으로 묶는 것이다. 예컨대 상사가 보상을 줄 수 있다고(당장은 아니더라도 앞으로라도) 기대할 때 구성원은 충성을 서약한다. 보상-보장-보답의 상호거래를 바탕으로 한 이해관계는 내 편 만들기의 기본이다. 이 과정이 삐걱거리면 '불안한 동침'을 하다 결국 배신으로 파탄나기 쉽다. '리더의 보상'이란 탄환이 바닥날 때, 구성원은 매정하게 충성을 끊는다. 임기말 리더들은 종종 "왜 나는 ○○○처럼 권력말기에도 굳건히 옆을 지킨 좌청룡 우백호가 없는가" 한탄하곤 한다. 이는 거래 이상의 명분, 가치관을 같이하지 못한채 계산기만 두드린 결과다. 이익은 토대일망정 여기에서 한발 더 나아가지 못할 때에는 비루하다.

둘째는 꿈, 즉 이념과 비전을 공유하는 것으로 연대하는 것이다. 리더는 팔로워의 능력으로, 팔로워는 리더의 권력을 이용해 꿈을 이루고자 하는 상부상조의 관계다. 중국의 마오쩌둥과 저우언라이의 관계가 대표적이다. 이들은 표면적으로는 상하관계였지만 이면적으로는 공조관계였다. 저우언라이의 명성과 인기는 퉁명스럽고 현실적인 상관인 마오쩌둥을 앞질렀지만 결코 추월하려 하지 않았다. 공유가치가 같았고, 그 목표를 이루기 위해서는 마오쩌둥이 앞서는 것이 효과적임을 저우언라이가 받아들였기 때문이다.

셋째는 정으로 엮는 것이다. 한국의 조직문화에서 작용하는 독특한 요인이다. 오랜 세월 동고동락했거나 어려운 시기에 도와줬다는 정으로 엮는 것이다. 모 중소기업 사장에게는 이너서클이 있다. 이들이 어려움을 겪으면 물불을 가리지 않고 해결해준다. 예컨대 어느 이너서클 직원이 전세 값이 부족해 고민이라는 말을 들으면 부동산 전문가를 섭외해 해법을 구할 수 있도록 자리를 마련해준다. 또 자신의 VIP 고객이나 지인을 만날 때 같이 자리해 세상 돌아가는 이야기를 들으며 견문을 넓히게 해준다. 지금까지 임원이직률 소수점 이하라는 그의 '내 편 만들기' 지론은 간결했다. 같은 팔로워라도 다 똑같이 대하지 않고 내 사람인 경우엔 확실히 밀어주고 도와준다는 것이다.

프레드 댄스로(Fred Dansereau) 버팔로대 경영학과 교수는 VDL(Vertical Dyadic Linkage, 상하 짝관계) 이론을 통해 내 편, 네 편을 내집단(in group), 외집단(out group)으로 설명한다. 겉으로 보이는 공식구조 이면에 드러나지 않는 비공식적 관계가 존재한다. 이들 내집단 구성원들은 조직에 더 큰 충성과 몰입을 보이며, 만족도도 외집단 구성원보다 높다. 리더 역시 내 편이라 믿는 내집단 구성원들에게 더 중요한 일을 맡기고 소통이나 위임도 더 많이 한다. 팔은 안으로 굽으며 '우리가 남이가'를 형성해간다는 것이다.

단, 이때 리더에게 필요한 것은 저울과 거울이다. 저울은 내 사람의 잣대를 '나에게 잘하는 사람'이 아닌 '조직에 유익한 사람'으로 보려는 기준이다. 거울은 내가 정한 기준을 잘 지키고 있는지 스스로 비추는 성찰을 의미한다.

당신은 지금 몇 겹으로 진정한 내 편을 만들고 있는가. 혹시 공염불의 누나(누가 나의 편인가)만 외치고 있지는 않은가. 공짜로 얻으려고 하지도 말고, 강짜로 만들려고도 하지 말라. 남의 눈에는 보이지 않는, 나에게만 보이는 마음의 눈을 밝혀 알짜 방짜의 내 편을 만들라. 내 편 만들기의 3요소 이(利), 꿈, 정을 점검해보라.

[성찰과 통찰]

– 내 편의 진정한 뜻은 무엇이라고 생각하는가?
– 파벌과 인맥은 어떻게 다른가?
– '누나(누가 나의 편)' 외칠 때 '언니(언제나 니 편)'라고 화답하게 할 나만의 관계 필살기는 무엇인가?

· 3부 ·

力

인생의 운을 부르는 창조적 언력

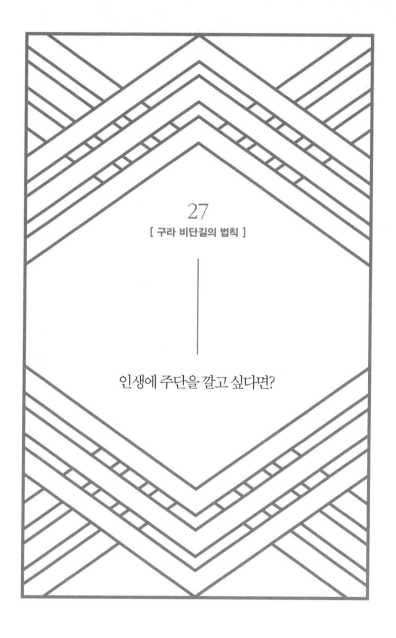

27
[구라 비단길의 법칙]

인생에 주단을 깔고 싶다면?

위나라 사람 장의가 도둑 혐의를 쓰고 흠씬 얻어맞고 돌아왔다. 그러고는 '내 혀가 아직 붙어 있나' 아내에게 물어봤다는《사기열전》의 이야기는 언제 봐도 짠하다. 그는 결국 혀로 인생반전을 이뤄냈다. 춘추전국시대 최고의 유세가로 성공했으니 말이다.

그에게 인생역전의 힘은 혀였다. 인생의 운은 승전보다 반전에 있다고 한다. 승전이 실력이라면 반전은 언력(言力)이다. 인생의 반전을 이룬 이들은 실력자보다 언력자가 많다. 언력을 우리말로 하자면 '말발'이라 할 수 있지 않을까. 말발이 운발도 좋게 하는 셈이다.

말발, 언력은 단지 말 잘하는 것을 넘어 협력을 이끌어내는 지능이자 힘이다. 유발 하라리(Yuval Harari)는《호모 데우스》에서 혁명을 시작하고 싶다면 '몇 명이나 내 생각을 지지할지' 묻지 말고 '내 지지자들 가운데 몇 명과 효과적으로 협력할 수 있을지' 물으라고 말한다. 협력은 말지능이 기본이다. 말의 그물로 읽고 얽고 낚아내는 능력이다. 이런 언력은 장의의 혀처럼 삶의 반전력을 끌어낸다. 지지를 끌어내 운을 상승시킨다. 지지를 기대하며 박수치기를 요구하기보다, 협업을 요청하며 어깨동무하고자 한다.

언력을 말발, 나아가 구라발이라고 하면 더 쉽게 와 닿을 것이다. 혹자는 '구라'라니 상스럽게 생각할지 모르겠다. 본디 구라는 '거짓말'의 속칭이다. 그러나 나는 '말의 비단(口羅)'이란 해석이 끌린다. 언어의 감수성을 담은 표현이라 해석돼서다. 현실에서도 구라는 부정적인 뜻보다는 입담 좋은 사람들의 별명으로 자주 쓰이곤 한다.

우리말로 말발, 한자어로 언력, 시쳇말의 구라 이 3가지는 상통한다. 내 말에 주단을 깔아 노래와 시가 되어 공감의 길을 놓는 것이라고 생각한다. 김훈 작가는 《남한산성》에서 "글은 길이다"라고 했지만 진정한 말발은 사람의 아픈 마음을 비단으로 따뜻하게 감싸고 서로 통하는 비단길을 까는 일이다. 진정한 구라력은 입으로 비단을 펼쳐 상대를 마음의 그물로 포획한다.

변화는 감정을 움직여야 가능하다. 감정(emotion)의 어원은 '움직이다'라는 뜻의 라틴어 'movere'다. 사람의 감정을 움직여야 행동을 이끌어낼 수 있다. 비단 같은 감수성의 구라발로 사뿐히 즈려밟는 비단길을 놓으라. 비단 너머 고치의 아픔을 읽고, 그물로 짜서 얽고, 낚는 것이다.

첫째, 읽어라. 공감하는 힘이 곧 언력이다.

언력을 펼치려면 대추 한 알 속에 담긴 천둥, 비단에 담긴 고치의 고통을 읽어낼 수 있어야 한다. 인간에 대한 이해와 배려

없이 몇 마디 지식과 두세 마디 명언으로 한두 발짝 앞서가거나 '남보다 나음'을 과시하거나 증명하는 데 쓰인다면 진정한 언력이 아니다. 길거리 약장수의 가짜약 파는 것과 다를 것이 없다.

구라는 공감력이다. 사회적 감수성이다. 난사람보다 된 사람이 되고자 치열한 노력을 기울이는 것이 인문학이다. 한자 어원으로 인문(人文)의 의미를 살피면 보다 정확하게 이해할 수 있다. 사람 인(人)은 사람이 서 있는 모습을 옆에서 본 모양이다. 글월 문(文)은 사람의 가슴에 문신을 새긴 모양이다. 가슴에 낸 문신의 용도가 무엇이겠는가. 각각을 구별해 영혼이 알아보고 돌아올 수 있는 표식이다. 다시 말해 자기정체성이다. 또 하나의 의미는 상처다. 아픈 상처를 아롱진 무늬로 승화시키고, 역경을 경력으로 역전시켜 나가는 게 바로 문이다.

언력에서 이 '상처'에 대한 공감이 빠질 수 없다. 언력은 말을 잘하고자 하는 수사학만이 아니다. 사람을 사람답게 하는 것은 나의 손톱 밑 가시, 신발 속 모래알의 고통으로 상대의 아픔을 이해하고 공감하는 마음과 태도에서 나온다. 그것을 배우고자 고찰, 성찰, 통찰하는 것이 인문학이다. 상대의 아픔을 내 아픔으로 여기니까 리더다. 리더의 구라는 바로 인(仁)의 크기와 비례한다. 인은 '네가 아프면 나도 아프다'는 연민의 마음과 통한다. 상대의 허물, 허물 속의 속살을 읽어줄수록, 보듬어줄수록 언력이 올라간다.

그런 점에서 언력의 묘미는 성공담이 아니라 실패담, 정확히는 역전담에 있다. 성공을 자랑하기보다 실패와 역경의 교훈을 말한다. 절정보다 과정, 성공의 크기보다 역전의 심도에 초점을 둔다. "나는 이렇게 성공했다"보다 "나는 실패와 역경에서 이런 걸 배웠다"가 관심이다. 역경을 경력으로 만든 이야기가 이들의 관심 주제다.

둘째, 이어라. 구라력은 마음과 마음을 이어 그물을 짜는 힘이다.

언력은 사람과 사람 사이를 이어준다. 너와 나를 '우리'로 만든다. 말을 넘어 마음을 얽어 묶는 힘이다. 인(仁)은 사람(人)이 둘(二) 모인 것이다. 사람다워짐은 관계에서 출발한다. 사람과 사람 사이에 놓인 고통과 간격을 미리 읽고 감싸고 궁리하는 것이 진정한 언력이다. 언력은 마력(馬力)과 마력(魔力)을 함께 갖고 있다. 빠르게 달리고, 알 수 없는 힘으로 잡아당긴다. 말은 사람들 사이에 길을 만들고, 그 위에서 만나게 한다.

한약방에 가보면 한약재료로 행인(杏仁), 도인(桃仁)이란 것이 있다. 특별한 것 같지만 복숭아씨, 살구씨다. 과일의 씨를 왜 인(仁)이라 표현했을까. 이는 인(仁)이 천지의 모든 원리를 포함하고 있다는 생각의 반영이다. 오행에서는 봄의 덕(德)을 인(仁)이라 했다. 봄은 모든 생명이 자라는 때이고, 싹트는 때다. 인간의 행위에서도 마찬가지다. 인을 군자의 5가지 덕 중

첫손에 꼽는 것도 이 때문이다.

아이돌 그룹 샤이니의 멤버 종현이 생을 마감하며 남긴 유서의 한 구절이 우리를 가슴 아프게 했다. 마음의 통증에 공감하지 않고 통증으로 다그치는 한 힘을 주기 힘들다. 죽을힘이 있으면 그 힘으로 살라는 것은 최악의 말이다.

무 자르듯 던지는 교과서 정답이나 도매금으로 묶어 "인생살이가 다 그런 거니 참으라", "고치라"며 자신의 결론과 이론으로 이끌어서는 안 된다. 마음의 그물을 칠 줄 아는 능력이 구라력이다.

셋째, 낚아라. 구라력은 낚는 힘이다. 상대 의도를 재구성하라.

사람들은 대개 자신의 행동은 의도로, 남의 행동은 결과로 해석한다. 그러나 언력 좋은 사람은 반대다. 즉 남의 행동에서도 의도를 긍정적으로 읽고자 한다. 그래야 상대의 마음을 낚을 수 있다. 긍정의 해석에서 긍정의 말발이 나온다. 의도를 재구성할 수 있어야 틀림을 다름으로 전환할 수 있다. 이것이 운발을 좋게 한다.

상대의 행동에 대해 의도는 무시한 채 결과만 갖고 풀이하면 대부분 부정적으로 몰게 된다. 내가 하는 것은 논리적 설명이고, 상대가 하는 것은 궁색한 변명이다. 당연히 갈등만 깊어진다. 영업팀은 본부에서 지원을 해주지 않아서 안 풀리고, 본부는 영업팀이 늘 '총알(지원)'만 바라며 쉽게 일하려 한다고 생각한다. 그러나 이럴 때는 논점강조보다 관점전환이 필요하다. 관점전환이란 나에게 보이는 세상 말고도 또 다른 세상의 모습이 있음을 이해하는 것이다. "○○○는 늘 그래"라고 편 가르기 식 판정을 하기보다 상대가 그 행동을 한 의도를 헤아려보라. 그 의도에 맞춰 이야기를 재구성할 줄 아는 힘이 진정한 구라발이다.

다음의 상황을 생각해보자. 당신이 상대의 질문에 열심히 대답하고 있는데 정작 당사자는 전화기를 만지작거리고 있다면 어떻게 하겠는가? 대개는 "일껏 물어봐놓고선 왜 딴짓을 해요?" 하고 짜증 혹은 화를 낼 것이다. 반면에 언력 있는 사람은 "제 이야기를 소중하게 생각해 메모까지 해주니 감사합니다"라고 긍정적으로 해석하고자 한다. 의도를 긍정적으로 해석하니 긍정의 말이 나온다. 그 사람이 정말 딴짓을 했다 할지라도 이제부터 집중할 수밖에 없다. 팩트 체크도 중요하지만, 더 중요한 것은 긍정적인 해석을 바탕으로 한 구라의 재구성이다.

단, 이때 주의할 것이 있다. '여우의 신포도'나 《아큐정전》의 아큐와 같은 자기만족, 자기기만과는 구별하라. 자기가 따지 못한 포도는 무조건 신포도라고 보거나, 자신의 패배와 굴욕을 승리로 둔갑시키는 아큐의 정신승리는 시각의 확장이 아니라 축소다. 상대에 대한 이해가 아니라 자기기만일 뿐이다. 현실을 직시한 상태에서 관점을 재구성하는 것이 둘의 차이다.

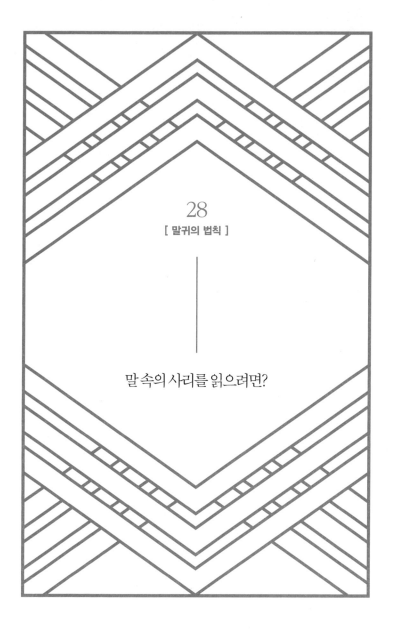

28
[말귀의 법칙]

말 속의 사리를 읽으려면?

"말을 알지 못하면 사람을 알 수 없다(子曰 不知命 無以爲君子也 不知禮 無以立也 不知言 無以知人也)."

《논어》의 마지막 장 〈요왈편〉의 끝 구절이다. "배우고 때로 익히면 또한 즐겁지 아니한가"로 시작한 《논어》가 이 구절로 끝나는 것은 의미심장하다. 배움의 첫 단추는 책으로 시작하지만 끝 단추, 궁극은 사람공부임을 시사하는 듯해서다. 혹자는 이 마지막 구절이 《논어》 전체에 천 근의 무게를 더하며 대미를 장식했다고 말한다.

지언(知言), 말을 통해 사람의 옳고 그름, 선함과 사악함을 알아볼 줄 아는 것은 예로부터 리더의 기본요건이었다. 지언은 지심(知心)이고 지천리(知天理)이며 지인(知人)이다. 이 모든 것은 하나로 통했다. 동서양 할 것 없이 지언(知言)을 최고의 지혜 요건으로 삼은 것도 그 때문이다. 마키아벨리는 리더의 능력을 3단계로 구분한다. 첫째는 스스로 이해하는 것이고, 둘째는 남이 이해하는 바를 파악하는 것이며, 셋째는 스스로도 이해하지 못하고 다른 사람을 통해서도 이해하지 못하는 것이다. 말하자면 무지몽매형 리더다.

맹자는 공자의 지언(知言)을 한층 진화시켰다. 맹자는 "지언을 하게 되면 도의에 밝아져서 의심이 없어진다"며 자신이 부동심(不動心)에 도달한 외적 요인으로 '지언'을 꼽았다. 아울러 그는 '말'이 진실을 밝히는 도구이기도 하지만, 거짓을 숨기고 사욕을 포장하는 도구가 될 수도 있다는 사실을 포착했다. 말이라고 모두 진실을 전하는 것은 아니며, 사람을 오도할 수 있는 4가지 오류에 빠질 위험을 경계하라고 했다. 그는 이런 말을 하는 사람을 가려내지 못하면 정치와 일에 해를 끼친다고 강조한다.

첫째는 피사(詖辭), 편견에 치우친 말이다. 치우친 말을 한다는 것은 무언가에 마음이 가려져 있다는 뜻이다. 상대의 프레임을 읽고 관점과 주장의 편향성을 알아차려야 올바른 판단을 할 수 있다. 분홍빛 안경을 쓰면 세상이 다 분홍빛으로 보이게 마련이다. 말에 감춰진 편견을 찾아라.

둘째는 음사(淫辭), 정도를 지나쳐 함부로 내뱉는 말이다. 사람의 말은 모두 마음에서 나온다. 나쁜 말이든 좋은 말이든 과장되고 격하게 반응하는 것은 그의 마음이 향하는 바, 가치관을 보여준다. 그 말이 무엇에 빠져 있는지 혹은 무엇을 감추고 있는지 찾아라.

셋째는 사사(邪辭), 사악하고 거짓된 말이다. 틀린 정보가 들어가면 틀린 판단이 나온다. 가짜 자료, 뉴스를 기반으로 한 거짓 주장, 과장된 주장을 늘어놓는 기저에는 자신의 이익을 위해서는 수단과 방법을 가리지 않겠다는 의도가 숨겨져 있다. 사실에 바탕한 현실성 있는 주장과 논리인지를 살펴보아야 한다. 사실(fact)을 확인하라.

넷째는 둔사(遁辭), 두루뭉술 둘러대는 궁색한 말이다. 둘러대는 말은 막다른 궁지에 몰린 마음에서 나온다. 무엇을 회피하고 숨기려 하는지, 어떤 일을 남에게 떠넘기려 하는지, 상대방의 곤궁해하는 바를 알아야 한다. 그간 해온 주장을 갑자기 부정하거나 책임을 회피하는 것은 없는지 살펴보라. 자신이 주장하던 바와 삶의 궤적이 일치하지 않고, 주장을 바꾼 근거를 설명하지 못하며 얼버무리는 것은 책임성 문제다. 말을 잘 못하는 것과 회피하는 것은 다른 차원이다. '어떻게 살아야 한다'와 '어떻게 살고 있다'는 전혀 다르다. 삶보다 더 확실한 메시지는 없다.

피사, 음사, 사사, 둔사… 이는 각각 논리성, 현실성, 사실성, 책임성이 없는 말이다. 말의 오류에 빠지지 않으려면 상대가 하는 말이 무엇을 뜻하는지 잘 분별해야 한다. 텍스트를 넘어 콘텍스트도 함께 보아야 한다. 상대가 피하려고 하는 것과 알리려고 하는 것은 무엇인가. 토론에서 상대의 약점과 틀린 점, 치우친 점, 숨기고 싶은 점을 공략하면 게임은 끝난다.

공자도 지언의 구체적 방법에 대해 다양하게 설명했다. 이를 종합하면 맹자와는 또 다른 4가지 기준으로 정리할 수 있다. 말 속에 담긴 논리, 의리, 심리, 수리를 파악해서 대응하란 이야기다. 사람 판단은 말 속의 4리를 읽는 데서 판가름 난다.

첫째, 말 속의 논리를 읽어라.

세상이 각박해져서인지, 흔히 '좋은 사람'이라 하면 어수룩함을 먼저 떠올린다. 착하고 물렁팥죽이어서 남의 말에 속기 쉽다고 생각한다. 하지만 어리석음과 어짊, 어수룩함과 현명함은 다르다. 지레 불신하지도 않지만, 일이 벌어지고서야 땅을 치며 후회하지도 않는다. 적어도 상대방의 말이 사리에 맞는지 아닌지를 판단할 수 있어야 한다.

재아가 공자에게 여쭈었다. "어진 사람은 우물 속에 사람이 있다는 말을 들으면 (생명의 위험을 무릅쓰고) 그곳으로 쫓아 들어가나요?" 실로 애매한 질문이다. 우물에 사람이 빠졌다면, 군자는 앞뒤 가리지 않고 우물로 뛰어들어야 하지 않겠는가? 만약 뛰어든다고 말하면 맹목적이며 어리석은 것이고, 사람이 빠졌는데 우물에 들어가지 않는다고 하면 이타주의적 자세와 배치되지 않는가. 이에 공자는 이렇게 답한다.

"어찌 그렇겠는가? 군자를 우물까지 가게 할 수는 있을지언정 그를 빠뜨릴 수는 없고, (우물 속에 사람이 있다고) 거짓말할 수 있을지언정 (우물에 빠지도록) 속일 수는 없다."

군자는 누군가의 이야기를 들으면 일단은 그 말을 (의심하지 않고) 진실로 가정해 확인해볼 것이다. 논리에 맞다면 군자는 속을 수 있다. 하지만 군자는 자신의 상황 판단을 통해 가장 확실한 대응방안을 도출할 것이다. 그래서 최종적으로 사기에 넘어가지는 않을 것이다.

여기서 재아의 질문 의도는 아마도 '어진 사람은 무조건 사람을 믿어 속아 넘어가느냐'일 것이다. 그러나 어진 사람은 바보가 아니다. 사람은 믿더라도 일은 믿지 말고 확인하라. 말의 논리를 살펴라.

둘째, 말 속의 의리를 읽어라.

논리가 정오(正誤)의 개념이라면 의리는 충간(忠奸)의 개념이다. 말을 안다는 것(知言)은 상대의 말에서 그가 간사한지 아닌지를 구별할 수 있다는 뜻이다. 이와 관련해 좀 더 자세한 지혜를《논어》〈안연편〉에서 살펴볼 수 있다.

자장이 밝음(明)에 대하여 물었다. 이에 공자는 "물이 젖어 들듯이 하는 헐뜯는 말과 살갖을 파고드는 하소연이 행해질 수 없다면 밝다 할 것이다(浸潤之譖 膚受之愬 不行焉 可謂明也已矣)"라고 말한다.

여기서 말하는 밝음이란 사람의 의도를 읽어내 충간을 식별하는 통찰력, 즉 인재를 발탁하고 등용하는 안목이다. 침윤지참(浸潤之譖)은 사물을 조금씩 적셔가듯이, 시간을 들여 임금의 마음을 파고들어 남을 음해하는 것이다. 리더 곁에는 미처 느끼기 어려운 교묘한 중상모략이 생겨나기 쉽다. 그런 것들이 애초에 일어나지 않게 하는 것이 밝음이자 멀리 보는 현명함이다.

"그 녀석은 상대가 칼을 품고 오는지, 꽃을 들고 오는지도 알아보지 못하는 놈이야."

어느 드라마에서 재벌 회장이 아들을 못마땅해하며 한 말이다. 적군과 아군을 판별하는 것, 이는 리더십의 첫 단추다. 입에 꿀을 발랐지만 배에는 칼을 품고 있는지, 아니면 입으로는 날카로운 말을 내뱉지만 마음에 충심을 품었는지 알아볼 때 리더십을 발휘할 수 있다. "등용했으면 의심하지 말고, 의심하면 등용하지 말라"는 말도 있지만 이에 앞선 전제는 사람을 알아보는 안목이다.

아부와 사기의 말일수록 외피는 훌륭하고 달달하고 듣기에 부담이 없다. 더구나 한 번에 소나기 치듯 쏟아지는 것이 아니라 가랑비에 옷 젖듯 조금씩 스며들어 알아차리기 어려우니, 이런 말을 하는 사람은 미리 조심해 멀리하는 것이 상책이다.

셋째, 말 속의 심리를 읽어라.

공자는 사람을 알아보기 힘들다는 말에 구체적으로 이렇게 조언했다. "그 사람이 행동하는 바를 보고, 그 일을 하는 이유를 깊이 파보라. 그리고 무엇을 평소에 편안해하고 좋아하는지 종합적으로 살펴라. 그러면 어떻게 숨길 수 있겠는가(視其所以 觀其所由 察其所安 人焉廋哉 人焉廋哉)?" 말만으로는 부족하고, 행동, 목적, 가치관까지 두루 보라는 이야기다. 겉으로 하는 말 이면의 동기와 가치관을 읽어야 말 속에 숨어 있는 마음, 사람이 보인다.

tvN의 나영석 PD가 〈꽃보다 할배〉를 연출할 때 이야기다. 그 때 짐꾼을 맡은 연예인이 이서진 씨였다. 그를 낙점한 이유도 평소의 언행을 본 결과라고 한다. 나 PD는 어르신들의 해외여행에서 젊은 짐꾼에게 가장 요구되는 것이 무엇인지 생각해보았다고 한다. 외모? 외국어? 그는 '어르신들을 편하게 공경할 줄 아는 효자형 성품'이 최우선 요소라 생각했단다. 효자 성품? 그게 어디 눈에 보이는가. 어떻게 이런 젊은 연예인을 알아낼 수 있을까 궁리하다가, 어르신들의 매니저나 방송국 사람들에게 물었다고 한다. 그랬더니 입을 모아 추천한 인물이 까칠한 귀공자인 줄로만 알았던 이서진 씨였다는 것이다.

이렇게 반전 매력을 선사하는 이들이 있는가 하면, 입안의 혀처럼 상냥한 줄 알았는데 의외로 거만하고 무례한 사람도 있다. 평소 나에게 대하는 언행으로만 판단하면 사람을 오판하기 쉽다. 이해관계에 따른 포장 때문이다. 가장 확실한 창구는 을에게 하는 언행이다. 아무리 무뚝뚝하고 목석 같은 사람이라도 갑에겐 어떻게든 잘하게 돼 있다. 사람의 본성은 을에게 혹은 이익당사자가 아닌 사람들에게 대하는 언행에서 드러난다. 모 회사의 임원은 식당 점원들에게 반말하고 함부로 대하는 사람은 일단 경계한다고 한다. 약하다고 무시하는 것은 약해지면 무시할 것이라는 사인처럼 읽혀서라고 설명한다. 두루 살펴라. 특히 '을'에게 하는 언행이 진짜 그 사람의 참모습이다.

넷째, 말 속의 수리를 읽어라.

"나는 처음 사람을 볼 때 그의 말을 듣고 행동을 믿었다. 그러나 이제 나는 사람을 볼 때 말을 듣고 행동까지 살피게 되었다. 재여 때문에 그것을 고치게 됐다(始吾於人也 聽其言而信其行 今吾於人也 聽其言而觀其行 於予與 改是)."

공자의 탄식이다. 공자의 제자 가운데 자로와 재여는 유독 야단을 많이 맞았다. 자로가 행동이 앞서는 열정 때문에 혼났다면 재여는 말이 앞서는 뺀질이여서 혼났다.

사실 많은 리더들이 위와 같은 말을 한다. 말만 보고 믿었더니 영 다르다고…. 이런 말재간과 진정성을 구별하는 방법은 수치를 확인하는 것이다. 플라톤은 "정의는 숫자다"라고까지 말한 바 있다. 공정함은 어중간한 짐작이 아니라 엄정한 숫자를 통해 실현할 수 있기 때문이다.

일본의 서비스 머천다이징 회사인 무사시노의 고야마 노보루 사장은 '지언 방법'에 대해 이렇게 말한다. "회의시간의 90%는 듣는다. 보고는 현장의 진실을 알기 위한 것인데, 그 자리에서 직원을 혼내거나 지적하면 본래 목적을 이룰 수 없다. 이미 알고 있는 내용이라도 참고 듣는다. 더 좋은 정보가 없어도 이야기를 듣는 것만으로 '핵심이 어긋나 있군', '정곡을 찌르는 말을 하는군' 등 각자의 업무 이해도나 특성을 알게 된다."

그는 지언의 강령으로 구체적 사실에 기반을 둔 보고 시스템을 마련하라고 강조한다. 고객-경쟁사-거래처-본인의 구체적 의견을 항목당 한두 줄로 보고하도록 한다는 것이다. 이때 숫자와 고유명사 등 분명한 수리에 주목해 들으면 상대가 어떤 역량을 갖고 있는지, 현장을 뛰고 있는지, 정보수집을 철저히 하는지 판별할 수 있다는 이야기다.

지언은 신묘한 독심술이 아니다. 자신의 마음을 성찰한 후, 상대의 말을 깊이 관찰했을 때 얻을 수 있는 상식적 통찰력이다. 상대 말의 뜻 사이, 줄 사이를 살피면 마음이, 사람이 보인다. 말의 의도와 의중을 편견이나 선입관, 아집 없이 읽어낼 때 토론이든 설득이든 대화든 통할 수 있다.

[성찰과 통찰]

논리, 의리, 심리, 수리 등 사리에 밝아지기 위해 다음의 질문을 해보라.
– 내가 반드시 알아야 할 사항은 무엇인가?
– 수치와 고유명사는 정확한가?
– 눈에서 힘을 뺐는가? (보이지 않는 전제에 사로잡혀 있지는 않은가?)
– 이 일의 이해관계자는 누구인가?

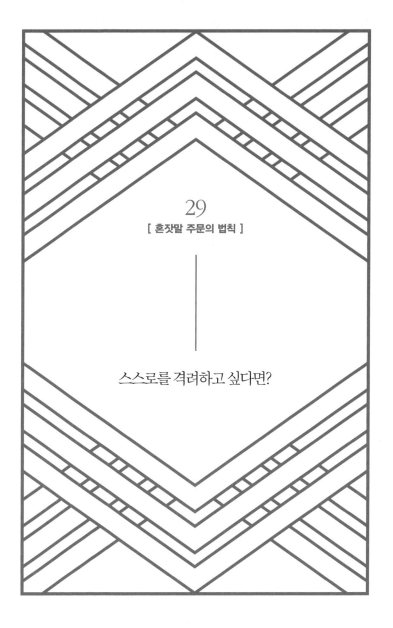

29
[혼잣말 주문의 법칙]

스스로를 격려하고 싶다면?

"수리수리마수리"

흔히 엉터리나 장난 마술 주문인 걸로 알지만 산스크리트어로, 불교 경전 〈천수경〉에 나오는 구절이다. 〈천수경〉의 첫머리는 '입에서 지은 업(業)을 깨끗이 씻어내는 참된 말'로 시작되는데, 그 말이 바로 "수리수리마하수리 수수리 사바하"다. 이것을 3번 연거푸 외움으로써 입으로 짓는 모든 업을 깨끗하게 씻어낼 수 있다고 한다. 말로 말을 닦는 셈이다.

'쓰는 대로 이루어진다. 말하는 대로 이루어진다.' 말의 영력(靈力)을 강조할 때 인용하는 말이다. 말에는 영혼이 깃들어 있다. 이른바 언령(言靈)이다. 사람이 말을 하지만, 말이 사람을 만든다. 행하는 대로 말하기도 하지만, 말대로 행하기도 한다. 언력이 주로 남에게 끼치는 영향력이라면, 언령은 스스로에게 미치는 영혼력이다. 말하자면 자기최면, 자기예언(self fulfillment prophecy)이라 할까. 말에 혼(魂)과 영(靈)이 있어 하나하나 의미가 담겨 현실을 움직이는 힘이 된다. 이기(利器)로 사용할 수도 있지만, 흉기로 악용될 수도 있다. 야생마와 같아서, 말을 길들이지 않으면 사람이 말에 끌려다닌다.

언령이 발휘된 자기예언의 가까운 예로 2016년 리우올림픽 때 펜싱선수 박상영의 '할 수 있다' 주문이 있다. 결승전 마지막 세트, 상대와의 점수 차는 4점. 지켜보는 이들 모두 역전은 불가능하다며 고개를 저을 때 시선을 고정한 선수가 조용히 되뇐다.

"할 수 있다, 할 수 있다, 할 수 있다."

스스로에게 되뇐 주문은 희망을 현실로 바꿨다. 강력한 자기암시를 통한 피그말리온 효과였다. 100개가 넘는 상장기업 대주주인 일본 제일의 투자가 다케다 와헤이, 그가 대부호가 될 수 있었던 비결 역시 언령의 힘을 활용한 덕분이다. 그는 하루에 3000번씩 "감사합니다"라고 말하면 인생이 바뀐다고 말한다. 그는 창업기부터 '다마고 보로'라는 계란과자를 만들어 왔는데, 제조공장에 "감사합니다, 감사합니다"라고 녹음한 테이프를 24시간 틀어놓는다고 한다. 감사 인사를 듣는 것은 과자라기보다 직원이고, 직원들은 그 말을 들으며 정성을 기울여 최고의 제품을 만들게 된다. 내가 아는 어느 사장은 골프를 잘 친다. 그는 자신감이 떨어질 때 "나만큼 드라이버 치는 사람 있으면 나와보라고 해!" 하며 자신이 장쾌하게 드라이버 날리는 모습을 연상하고 '굿 샷'을 외치며 스스로를 다독여준다고 한다. 그러면 정말로 힘이 솟는다는 것.

언령의 힘은 막연한 느낌을 넘어 과학적으로도 근거가 있다. 말의 힘은 인간의 사고체계를 지배한다. 대뇌학자들의 연구에 의하면 말은 뇌세포에 98% 정도의 영향을 미친다고 한다. 미국 일리노이 대학의 산다 돌코스(Sanda Dolcos) 교수 연구진은 "혼잣말이 의지력과 자제력 향상에 도움을 준다"는 연구결과를 발표했다. 원하는 목표를 달성할 때까지 '혼잣말'로 스스로에게 인지시키는 것이 계획을 지키는 데 도움을 준다는 설명이다. 같은 혼잣말을 하더라도 "나는 날씬해질 거야. 나는 할 수 있어"라고 말하는 1인칭 독백보다 "너는 날씬해질 수 있어. 너라면 반드시 해낼 거야"라고 자기 자신에게 하는 2인칭 대화법이 더 효과가 높았다고 한다. 돌코스 교수는 "이는 어린 시절 다른 사람들로부터 지지와 격려를 받았던 긍정적인 기억을 떠올리게 해 동기부여가 확실하게 되기 때문"이라고 분석했다. 말대로 된다는 것은 허투루 하는 말이 아니다. 말을 제대로 사용하는 것은 삶을 똑바로 세팅하는 것과 같다.

언령은 유인력, 각인력, 견인력의 3단계 프로세스를 거친다. 유인력(誘因力)은 대상을 잡아당기는 힘이다. 각인력(刻印力)은 마음에 새기는 힘이다. 견인력(牽引力)은 나를 끌고 가는 힘이다. 말은 이처럼 잡아당겨서 새기고, 지속적으로 끌고 가 원하는 바를 이루게 한다.

유인력의 예를 속담에서 찾아볼 수 있다. '뭐 눈에 뭐만 보인다'가 바로 그것이다. 어떤 것에 집중하면 세상의 오만 가지가 내 관심주제와 연관돼 보인다. 관련 없던 것들이 구심력을 갖고 몰려든다. 어느 원장이 해준 이야기다. 리더십이란 주제에 관심을 가지고 늘 생각하고 말하니, 영화니 드라마니 심지어 친구와 술을 마시면서도 산지사방 오만 가지가 중심점으로 집중되고 서로 연관되더란 것. 영화를 보면서도 저기서 마차를 몰 때 주연과 조연의 팔로워십 관계는 이런 거였지 하는 등으로 말이다.

각인력은 말 그대로 마음에 새기는 것이다. 흔히 복수를 맹세할 때 '마음에 새긴다'고 표현하는 것도 말을 해야, 글로 써야 실행에 옮길 수 있음을 뜻해서일 것이다. 시쳇말로 '가수는 곡명 따라, 배우는 영화명 따라 된다'고 한다. 책의 저자도 그렇다. 밝은 내용을 쓸 때는 기분도 밝아지고, 어두운 내용을 쓰면 마음도 가라앉는다. 최근 〈하버드 비즈니스 리뷰〉 논문에 의하면 심지어 사람의 외모도 이름을 따라간다고 한다. 연구진은 컴퓨터에 약 10만 개의 얼굴을 입력하고, 두 개의 이름 중 사진에 나온 사람의 진짜 이름을 골라보게 했다. 그랬더니 컴퓨터는 54~64%의 확률로 정확한 이름을 골랐다는 것. 우연히 맞힐 50%보다 통계적으로 유의미하게 높은 결과였다. 그 이유는 "'스콧'이라는 이름을 가진 사람을 알거나 만났던 사람들은 정확히 그림을 그리지는 못해도 스콧이 어떻게 생겼는지에 대해 고정관념을 가지고 있다. 이름이 '스콧'인 사람들은 그 고정관념에 자신을 맞추고 싶어 하기 때문에 외모도 이름을 따라가게 된다"는 것이다.

견인력은 나를 끌고 가는 힘이다. 앞의 유인력, 각인력은 내가 말을 끌고 가는 힘이지만, 견인력 단계부터는 오히려 말이

나의 주인이 돼 내가 실행하도록 부추기고 종용한다. 이는 연애할 때의 프로세스와 비슷하다. 상대가 눈에 뜨이고, 마음에서 떠나지 않고, 결국은 상대에게 내가 끌려가는… 이렇듯 언령은 혼잣말로 나와 나누는 연애라 할 수도 있다.

단, 명심할 것이 있다. 말의 주술에도 하얀 주술과 검은 주술이 있다. 예컨대 '할 수 있다'가 전자라면 '하면 된다'는 후자다. 현재 상황과 목표 사이의 간극을 줄일 자기 피드백 없이 말만 늘어놓는 것은 자기기만이다.

최재천 이화여대 석좌교수는 "'할 수 있다'의 자기최면은 위에서 내리누르는 세뇌가 아니라 스스로에게 거는 최면이다. 살아남기 위해 또는 짝을 얻기 위해 남을 속이는 동물은 많지만, 나에게 하는 '하얀 거짓말'은 오로지 우리 인간만 할 줄 아는 속임수다. 자기기만은 실로 아름다운 진화의 산물이다"라고 말한다. 복은 받는 것이 아니라 짓는 것이란 말이 있다. 감사할 게 있어서 감사한 게 아니라, 감사하니 감사할 게 생긴다. 웃을 일이 있어서 웃는 게 아니라, 웃으니 웃을 일이 생긴다. 앞뒤 순서를 바꿔보라. 언령의 힘이 생긴다. 당신이 말을 하지만, 말이 당신을 만든다. 당신도, 나도, 우리도 할 수 있다.

[성찰과 통찰]

내가 힘들 때 용기를 주는 자기최면의 '하얀 거짓말' 한마디는 무엇인가? 그 말을 2인칭 대화법으로 되뇌며 나의 마음을 유인하고 각인하고 견인해보자.

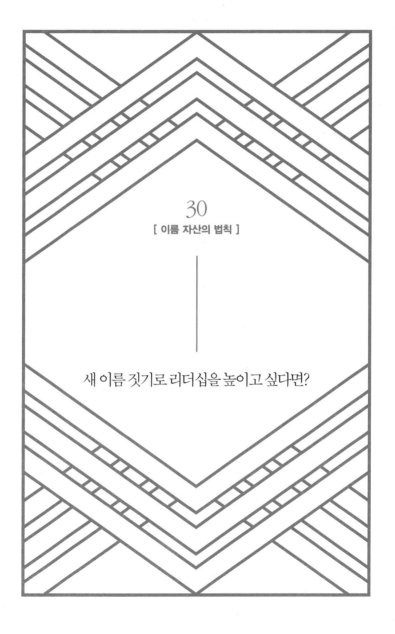

30
[이름 자산의 법칙]

새 이름 짓기로 리더십을 높이고 싶다면?

문학작품 속 등장인물 이름에는 혼이 들어 있다. 캐릭터가 담겨 있다. 단순한 이름을 넘어 의미부여다. 그리스 비극의 오이디푸스는 '부은 발'이란 뜻이다. 그 이름처럼 오이디푸스는 예고된 운명적 시련을 극복해나간다. 판소리 〈춘향가〉의 춘향은 말 그대로 봄향, 분향기가 푼푼이 풍기는 이름이다.

성서 창세기에서 아담의 첫 번째 임무는 날짐승 들짐승 집짐승의 이름을 짓는 것이었다. 이름 짓기는 각각의 사물에 대한 의미부여를 넘어 관계 만들기다. 아담이 작명해줌으로써 인간과 동물 사이에 비로소 유의미한 특수 관계가 형성된다. 이름을 지은 대로, 만든 대로 생각의 집도 지어진다. 모임도 이름이 없으면 오래 가지 않는다. 돌이켜보면 이름을 짓지 않은 모임은 얼마 가지 않아 흐지부지된 경우가 많다. 이름은 정체성의 반영이고, 의미부여 작업이다.

그만큼 이름은 중요하다. 미국 변호사 500명을 대상으로 한 연구에선 '이름의 발음 난이도와 사회적 지위' 사이에 상관관계가 있는 것으로 밝혀졌다. 발음하기 쉬운 이름을 가진 변호사일수록 고위직인 것으로 나타났다. 이름을 쉽게 인식할 수 있느냐, 없느냐가 영향을 미친 것이다.

리더는 이름을 짓는 자다. 작명, 조어를 통해 자신이 의도한 이념에 매력을 부여한다. 컨셉의 뼈에 살을 붙인다. 말을 바꿔야 마인드가 바뀐다.

GE는 잭 웰치의 그 유명한 '중성자탄 법칙(하위 10%는 무조건 퇴출시키는 인사원칙)'을 포기하고 인사혁신을 시도하고 있다. 그러면서 가장 먼저 추진한 것이 HR 용어 바꾸기였다. '성과 관리(management)'를 '개발(development)'로, '성과 피드백(feedback)'을 '인사이트(insight)'로 바꾸었다. 긍정적 평가는 지속하라는 의미에서 '컨티뉴(continue)'로, 개선이 필요한 인사이트는 '컨시더(consider)'란 용어로 전면 바꿨다. 아 다르고 어 다른 점 하나로 생각의 방향을 바꾸는 것이 작명력이다. 이름에는 무엇이 중요한가가 드러나 있다.

반면에 잘못 규정한 용어는 불운과 사고를 부른다. GM의 용어조작이 대표적 예다. 2007년 GM은 점화장치와 에어백 결함을 알고 있었음에도 리콜 등의 조처를 하지 않은 대가로 3500만 달러의 벌금을 부과받은 바 있다. 이때의 결함으로 13명이 사망할 정도로 문제가 심각했다. 사고원인 중 하나는 GM의 조직 내 금기어 때문이었다. 분식회계 못지않게 나쁜 것이 '분식용어' 사용이다. 당시 GM은 엔지니어들에게 '문제(problem)' 대신 '상태(condition)'로, '결함(defect)' 대신 '설계대로 작동하지 않는(dose not perform to design)' 등을 사용하게 했다. 추후 있을지 모르는 법적 책임을 피하기 위해서였

다. '위험한(dangerous)', '나쁜(bad)', '유해한(evil)', '무서운
(terrifying)', '일촉즉발의 상황(powder keg)', '매우 위험한 일
(widow-maker)', '지독한(horrific)' 등의 단어도 모두 금기어
였다. 금기어가 문제를 덮고, 해결을 가로막아 사태를 악화시
킨 것이다.

조직을 흥하게도 하고 망하게도 하는 리더의 작명력. 작명력
을 발휘하려면 3점이 갖춰져야 한다. 관점(시각), 초점(중심), 방
점(강조)이 그것이다. 고스톱에서도 먼저 3점 이상이 되어야 게
임을 계속할지 중단할지 결정할 권한을 가진다. 언력에서도 3
점을 확보해야 판세를 리드해 대세를 만들 수 있다. 관점으로
닻을 올리고, 초점으로 키를 잡고, 방점으로 노를 젓는 것이다.

첫째, 관점이다. 관점은 프레임이다. 원하는 방향으로 돛
을 올려라. 긍정을 담아라.

말은 우리가 경험한 사람과 사물, 그들에 대한 우리의 견해
를 나타낸다. 명명을 통해 생각에 영향을 미칠 수 있다. 당신의
입장을 정하라. 무엇을 보느냐보다 중요한 것은 어디에서 보
느냐. 관점은 출발점이자 지향점이자 작명의 전제다. 관점
에 따라 느낌과 반응이 달라진다. 현명한 리더는 생각을 바꾸
려고 구태여 애쓰지 않는다. 스토리의 프레임을 짜서 그쪽을
향하게 한다.

하다못해 회의실 명 하나에도 그 회사의 취향과 지향이 보

인다. 중국 최대 전자상거래 업체인 알리바바의 회의실은 무협소설 중 무림고수들의 시합장소를 따서 명명했다고 한다. 그런가 하면 별 이름, 세계적 도시 이름, 위인 이름, 스포츠 종목 명을 붙인 곳도 있다.

몇 년 전 미래학자 다니엘 핑크가 내한강연을 했을 때 일이다. 한 참석자가 이런 질문을 던졌다. '힐링데이(치유의 날)'란 이름으로 자유시간을 주었더니 직원들이 사우나를 가거나 개인적인 일에 사용한다며 "회사 실적이 힐링데이 제정 이전과 다르지 않다"고 답답함을 토로했다. 이에 대한 다니엘 핑크의 조언 중 하나는 '힐링데이'란 명칭을 '경험의 날'로 바꾸면 어떻겠느냐는 것이었다. 힐링데이란 말을 듣는 순간 '쉬어야 하는 날'로 마인드가 세팅되는 반면, '경험의 날'은 새로운 경험을 추구하도록 방향 짓기 때문이다. 교수들의 안식년을 연구년으로 바꾼 것도 관점전환의 일환이다. 안식하는 해와 연구하는 해의 의미는 하늘과 땅차이다. 모 대기업은 특별 보너스를 자기계발비라 명시하는 것만으로 기존보다 책 구매비가 현격히 늘었다고 한다. 미국의 인지언어학자 조지 레이코프(George Lakoff)는 "개인의 삶은 복잡한 현상을 설명할 때 이용하는 핵심적 은유에 영향 받는다"고 말한 바 있다. 원하는 방향으로 돛을 올리면 배는 그 쪽을 향하게 돼 있다. 희망을 담으면 희망이 생기고, 절망을 담으면 절망이 된다. 말에 긍정과 포용을 담아야 하는 이유다.

둘째, 초점이다. 초점으로 키를 잡아라. 과감히 생략하고 단순화하라.

작명력은 사진 찍는 것에 비유할 수 있다. 사진을 잘 찍는 사람은 배경과 인물, 사물을 한 프레임에 다 담으려 하지 않는다. 초점을 맞추고는 나머지 배경과 주변 사물은 과감히 생략해 단순화한다. 사진의 초점은 정의하는 것과 통한다. 일에 붙는 직함이나 사람들이 일에 대해 이야기할 때 사용하는 용어들은 직장에 대한 개념도를 형성한다. 조직문화를 바꾸고자 할 때 재명명하는 것도 그 때문이다. 집단 안에 동일한 특성이 많을수록 동질감과 결속은 강해진다. 그 집단만이 쓰는 용어는 그런 역할을 강화한다. 리더가 신조어를 만드는 것은 바로 그런 효과가 있다.

성공한 기업들은 직함이 창의적이다. 한 단어로 일의 정체성을 드러낸다. 그 비결은 초점 맞추기에 있다. 디즈니랜드에서는 놀이공원 직원들을 '캐스트 멤버(cast member)', 엔지니어와 멀티미디어 전문가를 '이매지니어스(imagineers)'라 부른다. 서브웨이는 생산직 근로자들을 '샌드위치 아티스트'라고 부른다. 리셉셔니스트를 '첫인상 관리자(directors of first impressions)', PR 직원을 '브랜드 전도사(brand evangelists)'라 부르는 회사도 있다.

미국 트럭회사인 PE 사는 컨테이너 식별 실수로 연 25만 달러의 손실을 보았다. 컨설팅을 해보니 직원들의 인식을 바꾸는 게 급선무라는 결과가 나왔다. 회사는 이후 일꾼, 트럭운전사 대신 서로를 마스터, 즉 장인(匠人)이라 부르게 했다. 그 결과 손실이 50% 이상 감소했다고 한다. '배달의민족' 김봉진 대표는 배달음식에 대한 정의를 바꿈으로서 직원과 소비자의 인식을 바꿀 수 있었다. 즉 심야에 시켜먹는 저렴한 음식에서 '사랑하는 사람들과 행복한 시간을 갖게 하는 음식'으로 새롭게 정의한 것이다. '우, 와' 하며 먹는다는 데서 회사 이름도 '우아한형제들'로 지었다고 한다. 이름을 바꾸면 정의가 달라지고, 생각도 바뀐다.

그런가 하면 직책, 직함에 재미 요소를 넣어 자부심을 향상시킨 예도 있다. 런던경영대학원 댄 케이블(Dan Cable) 교수가 10년간 연구한 결과에 따르면 새로운 직함으로 부르면 직원들의 업무태도를 개선하고 구직자 수를 증가시킬 수 있다고 한다. 가령 어느 병원은 전염병 전문가를 '병원균 킬러(germ slayer)', 예방접종을 맡은 간호사를 '민첩한 주사(quick shot)', X선 기술자를 '뼈 수색대(bone seeker)'라고 부른다. 예방접종할 때 정확성만을 중시하지만 못지않게 중요한 것이 민첩함이다. 주사 맞기 전의 조마조마함을 생각해보라. 나라면 민첩한 주사란 별칭을 명함에 박은 간호사를 주저하지 않고 선택할 것 같다.

연구팀은 5주 후 이들 직원과 기존 직함을 그대로 쓴 직원들의 업무태도를 비교했다. 그 결과 새 직함을 갖게 된 이들은 감정적 소진 정도가 덜하고, 스스로를 더 쓸모 있는 사람이라고 느꼈으며, 정보를 더 자유롭게 교환했다. 유럽의 한 대형 양조장에서는 새로운 직함을 함께 만들고 공유한 직원들의 업무 만족도가 다른 직원들에 비해 16% 더 높고 소속감도 11% 더 높았다. 새 직책명이 일의 재미와 의미를 북돋운 결과였다.

빛을 한 점으로 모아야 초점이 생긴다. 중언부언 군더더기를 쳐내고 한 단어로 간결화해보라. 레스 모어(Less More), 덜어낼수록 중점에 집중된다. 초점이 선명해진다.

셋째, 방점을 찍어라. 방점으로 노를 저어라. 강조를 통해 되살려라.

방점은 글 읽는 사람의 주의를 끌기 위해 글자 옆이나 위에 찍는 점이다. '뭣이 중한디'를 부각시켜 의도한 쪽을 보게 하는 것이다. 초점이 중심이라면 방점은 말 그대로 옆의 점, 위의 점이다. 방점은 기존에 보고도 지나쳤던 것을 부각시켜 다시 조명하는 힘을 가진다. 영어로 된 전문용어가 종종 사용되는 이유는 단번에 그 의미가 시각화되고 유추 가능하기 때문이다. 가령 '블랙 스완(black swan)'은 도저히 일어날 것 같지 않은 일이 일어나는 것을 뜻한다. 월가 투자전문가인 나심 니콜라스 탈레브(Nassim Nicholas Taleb)가 그의 저서 《블랙 스완》을 통해 서브프라임 모기지 사태를 예언하면서 두루 쓰이게 됐다. 검은 색의 백조는 '실제로는 존재하지 않는 어떤 것'

또는 '고정관념과는 전혀 다른 어떤 상상'이라는 은유적 표현
으로 서양고전에서 사용된 용어였으나, 17세기 한 생태학자가
호주에서 흑조를 발견함으로써 '불가능하다고 인식된 상황이
실제 발생하는 것'이란 의미로 전이됐다.

　이처럼 기존의 익숙한 것에서 이끌어내는 '다시 보기' 역시
새로 만들기 못지않게 강력한 힘을 발휘한다. 미국의 링컨 대
통령이 사용한 '국민의, 국민에 의한, 국민을 위한'은 영어번
역 성서의 서문으로 쓰였던 말을 웹스터가 인용하고, 그것을
흑인해방 주창자였던 바커 목사가 재인용했던 것이다. 이를
링컨이 다시 인용하면서 폭발적 힘을 발휘했다. 영국의 처칠
총리가 사용한 '철의 장막'도 그러한 예다. '철의 장막'은 극
장에서 불이 날 경우 무대와 객석 사이를 차단하는 방화벽을
가리키는 단어로, 1910년대부터 독일에서 사용하던 말이었다.
이것이 구 소련의 폐쇄성을 지칭하게 된 것은 1930년대 외교
관 부인이었던 스노우든 부인이 소련에 대해 쓴 기행문에 사
용하면서부터였다. 그 말을 처칠이 다시 인용해 유명해진 것
이다.

　2500년 전 공자에게 제자 자로가 질문했다. "선생님께서 정
치를 하게 되면 가장 먼저 무엇을 하시겠습니까?" 공자는 이
에 대해 "정명(正名)", 즉 이름을 바로잡겠다고 답했다. 스승
의 말에 제자는 "아, 너무 관념적이다", 즉 현실 물정을 모른다

고 답답해했다. 하지만 봉황의 깊은 뜻을 참새가 어찌 알 것인가. 정작 현실적인 것은 공자였다. 권력의 속성에 둔감한 것이 아니라 민감했다. 공자는 말을 짓는 것이, 세우는 것이, 만드는 것이 통설을 만드는 것이고, 그것이 통치의 최우선임을 잘 알았다. 말이 길고, 길 따라 생각이 흐르며, 생각이 행동의 봇물을 터뜨린다는 것을 알았다. 정명은 마음의 삳바잡기다. 통설을 만드는 적극적 리더십 행위다. 실력에 매력을 더하는 고도의 정치행위다.

명(名)은 저녁 석(夕)과 입 구(口)가 합쳐진 글자다. 어둠 속에서도 구별, 판별할 수 있는 차별성을 갖도록 하는 것이 이름의 실체다. 리더여, 당신의 말로 선점하고 독점하라. 언어의 대장장이가 되는 것, 그것이 곧 정명이요 리더십 브랜드다.

[성찰과 통찰]

지금 내가 하는 일, 우리 부서의 이름, 회의실 이름을 새로 지어보라. 긍정의 관점, 단순간결의 초점, 강조의 방점을 담아보라. 시대정신과 자부심이 드러나는가? 이미지가 그려지고, 메시지가 분명한가?

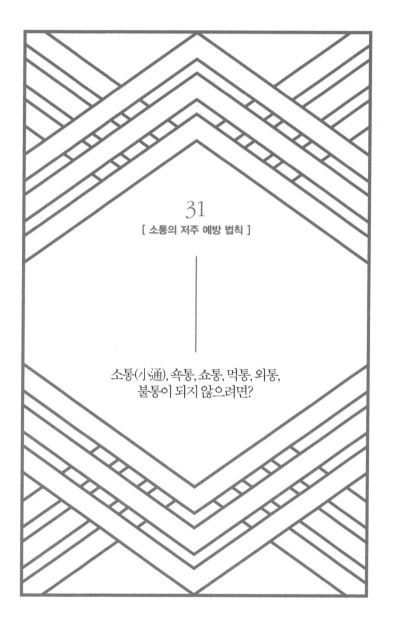

31

[소통의 저주 예방 법칙]

소통(小通), 쑉통, 쇼통, 먹통, 외통,
불통이 되지 않으려면?

소통, 너무 많이 들어서 귀에 딱지가 앉은 말이다. 많은 리더들이 나름대로 소통을 한다고 하는데 직원들은 도리질한다. 미국의 한 연구기관 조사에 따르면 회사 임원들 가운데 86%가 스스로는 커뮤니케이션을 잘한다고 믿고 있지만 실제로는 17%만이 효과를 본다고 한다. 우리나라도 심하면 심하지, 덜하지는 않을 것이다. 회사는 월급 주는 척하고, 상사는 시키는 척하고, 직원은 일하는 척한다. 겉으로는 원활히 소통하며 착착 척척 돌아가는 것처럼 보이지만 실제로는 모두 시늉만 하고 있을 뿐이다. 리더가 직원의 제안에 하는 "좋은 말인데…"는 '(좋은 말이지만) 반영하지 않겠다'는 뜻이고, 직원이 리더에게 하는 "알겠습니다"는 '지시는 들었지만 하지 않겠다'는 말과 동의어인 경우가 많다. 그런데도 서로 알아들은 시늉만 한다.

소통은 쉽지 않다. 왜일까? 소통의 저주 때문이다. 상대가 나만큼 알아들었다고 착각하기 때문이다. 1990년 스탠퍼드 대학 심리학과 연구진은 '두드리는 자와 듣는 자(tapper and listener)'라는 간단한 실험을 고안했다. 한 사람은 이어폰으로 쉬운 동요를 들으면서 박자에 맞춰 탁자를 두드리고, 다른 사람은 그 소리를 듣고 어떤 노래인지 맞히는 게임이다. 두드리는 사람에게 예행연습을 시킨 후 듣는 사람이 과연 이 노래를 맞힐지 예상해보라고 했더니 50%가 상대방이 노래를 맞힐 것이라고 답변했다. 결과는? 안타깝게도 120명 중 3명밖에 맞히지 못했다. 2.5%의 정답률이었다. 50대 2.5의 소통 차이는 전하는 자와 듣는 자의 정보불균형 때문이다.

같은 불통이라도 원인은 다양하다. 넘쳐도 문제, 모자라도 문제다. 어떤 리더는 동굴 속으로 숨어버리며 소통(小通)했고, 어떤 리더는 질보다 양으로 승부하는 쇽통족(shock)이었으며, 어떤 리더는 남에게 보여주기 식 쇼통(show)만 하다 실패한다. 그런가 하면 듣기만 하고 반응하지 않는 먹통형 리더도 있고, 반대로 자기주장만 퍼붓는 외통형 리더도 있다. 각각의 유형에 따라 처방도 달라져야 한다.

첫째, 커뮤니케이션에 소극적인 소통(小通)이다. 리더가 직접소통을 싫어하면 간접소통이 횡행한다. 교과서 내용이 불명확하면 참고서와 해석이 분분한 것처럼 말이다. 이럴 때 득세하는 것이 이른바 '문고리 권력'이다. 동서고금을 막론하고 문고리를 쥔 자들은 리더의 권력에 기대어 호가호위한다. 교과서 내용은 알 바 없이 자기들 마음대로 각종 해석과 주가 달린 참고서를 내민다.

진나라 2세황제 호해가 그 경우였다. 준비 없이 권력을 넘겨받은 그는 못난 리더다. 못난 리더에 못된 리더는 약도 없다.

그는 "눈과 귀가 좋아하는 것은 남김없이 하고 싶고 마음속으로 즐기고 싶은 바를 끝까지 하고 싶다"고 대놓고 말했다. 그러자 간신 조고가 문고리 권력을 행사하기 시작했다.

먼저 신하들과의 직접소통을 막고는 줄 세우기에 들어갔다. 황제가 기분 좋을 때는 마음에 드는 신하를 보고하게 하고, 기분이 나쁠 때는 평소에 밉보인 신하들을 들여보냈다. 당연히 채택률이 달라질 수밖에 없다. 신하들은 조고 라인에 줄을 대려고 혈안이 됐다. 이때 조고가 자기 편을 판별한 방법이 바로 지록위마(指鹿爲馬)다. 황제 앞에 사슴을 놓고 말이라고 하고는 누가 자기 편인지 알아보는 것이다. 틀린 줄 알면서도 나에게 복종하는 사람이 누구인지 시험한 것이다. 인의 장막에 둘러싸인 리더의 소통은 어떤 결과를 빚었는가. 결국 2세황제는 조고의 술수에 말려 자결했다.

소통을 아예 외면하지는 않는다고? 이렇게 주장하는 리더들 중에도 소통(小通)형이 많다는 것을 아는가? 경영자들 중에는 '자나 깨나 회사 생각'이란 이들이 많다. 회사에 대해 생각하는 시간만큼 회사가 성장했다고 말한다. 문제는 본인 혼자 진도를 뽑는다는 것. 구성원들은 리더의 생각 속도를 따라가지 못하는데도, 동굴형 리더들은 으레 팔로워들도 자기만큼 알고 자기처럼 생각하고 알아서 움직일 거라 착각한다. 리더가 열심히 솔선수범하면 이심전심으로 따라오리라 생각한다. 본인의 대화가 절대적으로 부족한 것은 자각하지 못한 채.

리더는 일하는 사람이 아니라 일하게 하는 사람이다. 그러니 밤샘 야근하며 직원들 눈치 주지 말라. 대신 그들과 개인적 대화시간을 늘려라. 직원의 이름, 성격, 취미, 가족사항, 업무 태도 등을 서류철 뒤적이지 않고도 말할 수 있어야 한다. 직원은 리더가 자신의 상황을 파악하고 있다는 것 자체를 인정으로 받아들인다.

모 벤처기업 사장은 직원들의 경조사, 개인적 상황을 매달 서면 보고받는 시스템을 아예 상례화했다. 직원들과 미팅할 때는 담당 팀장에게 해당 직원들의 신상을 사전 보고받는다. 그러고는 일부러 "아들이 이번에 초등학교에 입학했다며…" 등의 터치를 해준다. 그 말을 들은 직원이 고마움을 느끼는 것은 당연하다. 사장은 물론 그것을 귀띔해준 팀장에게도 말이다. 모 기업의 부장은 "아버지가 편찮으신 것을 알고 사장이 '아버지 차도가 어떠냐'고 서너 번 이상 물어주고 금일봉까지 따로 챙겨줄 때 감사를 넘어 감동의 마음이 들었다"고 말한다.

소통은 가까울수록 활발해진다. 중요한 것은 정신적, 감정적 근접성이다. 대화에 능숙한 리더는 높은 자리에서 내려와 개인적이고 투명한 소통을 시도한다. 사무적인 일은 사무적으로 돌아갈 뿐, 기대 이상의 충성은 기대 이상의 관심과 스킨십 소통을 해야 얻을 수 있다.

둘째, 속통(shock通)은 하고 싶은 말을 마구 쏟아내는 소방

호스형 리더에게서 보인다. '소통의 시대'에 살다 보니 많은 리더들이 무조건 이야기를 많이 하면 소통리더가 되는 것으로 착각한다. 조회, 인트라넷 등 다양한 수단으로 끊임없이 전달사항을 쏟아낸다. 소통은 양이 아니라 질이다. 던지는 공이 많을수록 받을 확률은 낮아진다. '척'할 뿐 '착착' 진행되는 경우는 드물다. 직원들은 회의시간에 열심히 받아 적는 척, 듣는 척하면서 낙서를 하거나 메신저 수다를 떠는 등 조용한 사보타지로 딴전을 부린다. 리더는 일 시키는 척, 구성원은 일하는 척하는 위선이 척척 돌아간다.

이런 리더들은 말의 배설욕구를 절제해야 한다. 어떻게? 준비력을 갖추면 된다. 소통의 효과성은 준비성과 전달력으로 결정되는데, 이 중에서도 준비성이 더 중요하다. 생각날 때마다 쏟아내지 말고 목표에 집중하라. 소통을 해서 무엇을 이루고 싶은지 명확히 인식하지 못하면 초점 없는 대화를 하면서 시간과 에너지만 허비하게 된다. 직원들이 자주 하는 말이 무엇인 줄 아는가? "제발 일에 집중하게 해달라"는 것이다.

으레 이런 리더들은 생각날 때 말하지 않으면 잊어버린다고 하는데, 대화하거나 지시할 때 머릿속에 질문사항을 미리 정리해두는 습관을 들이자. 모 유통업체의 전무는 미팅하기 전에 육하원칙에 맞춰 답을 적어보곤 한다. 누가 이 일을 해야 하는가, 완료되었을 때 누가 알아야 하며 누가 알고 싶어 하는가, 관련 정보를 누가 필요로 하는가, 언제 일어나야 하는가, 이 메시지가 전달된 후 정확하게 어떤 일이 일어나길 원하는가. 이러한 사항을 마음속으로라도 정리해보니 훨씬 간결해지고 놓치거나 번복하는 횟수도 줄었다고 한다.

준비성에는 적절한 채널 선택도 중요하다. 메시지 교환이나 즉각적인 결론이 필요할 경우에는 대면하거나 전화를 이용하라. 여러 명이 관련되었다면 회의를 권할 만하다. 이메일은 다양한 상황에 효과적으로 사용되는 수단이지만 민감한 사안이나 감정적 문제가 개입됐을 때에는 피하는 게 좋다.

셋째, 쇼통(show通)은 보여주고 싶은 것만 보여주려는 리더 유형이다. 한마디로 인기와 박수에 목숨 거는 연예인형 리더다. 노나라 대부 계손씨는 공자의 제자들을 비롯해 당대의 명망가들과 교유했다. 좋은 리더가 되고자 여러 전문가들과 만나 자문을 들었다. 그런데도 그는 암살당하는 비참한 최후를 맞았다. 무엇이 문제였을까. 공자의 제자 안탁취는 그런 의문에 이렇게 답한다.

"옛날 주나라의 성왕은 광대나 난쟁이를 거느리고 마음껏 향락에 탐닉했습니다. 하지만 정무를 처리할 때는 군자와 의논했습니다. 그런데 계손은 반대였습니다. 예의를 갖추고 만난 손님이 수없이 많았지만 정무를 처리할 때는 광대나 난쟁이와 의논했습니다. '누구와 함께 있는가'가 아니라 '누구와 상의하는가'가 중요하다는 말이 있게 된 이유입니다."

겉으로는 명망가, 오피니언 리더와 교유하면서, 중요한 의사 결정은 마음에 드는 사람과 하는 이중성은 소통이 아니라 쇼통일 뿐이다. 소통은 지지자, 같은 편끼리 모여 '우리가 남이가'를 묻고 답하며 확인하는 것이 아니다. 듣기 좋은 말만 하면서 결론 없는 과정이 반복되면 직원들이 지친다. 소통은 이질적이고 다양한 의견, 나아가 반대파까지 포용해 의견을 조율하는 자리다.

물론 반대나 논쟁이 불편하거나 부담스러울 수 있다. 그렇다면 의견을 써서 내게 하는 것도 방법이다. 아니면 의도적인 반대의견란을 만들거나, 반대자 역할을 지정하거나, 의도적으로 반대 입장의 질문을 던지는 등 구성원들이 거수기나 박수부대가 되지 않도록 하는 제도적 장치가 필요하다.

넷째, 열심히 듣기만 하고 후속조치가 뒤따르지 않는 '먹통' 리더는 어쩔 것인가. 똑같은 건의사항이 매번 반복되는데도 '건의와 제안'을 하라고 하는 유형이다. 이런 조직일수록 냉소의 바다가 되기 쉽다. 먹통형 리더들은 스스로 민주적이라 생각하겠지만 반짝 발끈형이라는 게 문제다. 늘 좋은 이야기라고 말은 하는데 후속 대책이 없다.

소통의 핵심은 스피치의 유창함이 아니라 신뢰다. 직원들은 안 된다고 말하는 악플보다 메아리 없는 무플을 더 힘들어하고 불신한다. 지킬 수 없는 약속은 안 하는 것이 낫다. 아니면 약속을 파기한 이유라도 밝혀라. 다 들어주지 못한다면 검토 했다는 성의표시라도 하라. 말을 안 한다고 해서 직원들이 잊 어버린 것이 아니다.

모 학습지업체에서는 '신호등 소통법'을 이용한다. 해당부 서의 검토 후 수용은 녹색 신호등, 불가는 빨간 신호등, 일정조 건까지 검토 중은 노란색 신호등 표시를 하는 것이다. 이를 통 해 구성원들은 자신들과의 대화가 '한강에 돌 던지기'가 아니 라 실제로 다루어지고 있다는 믿음을 갖게 된다.

다섯째, 외통형은 자신의 생각만 퍼부어 조직의 분열을 일으키는 독단 유형이다. 소통은 단합과 고취를 위함인데, 이 런 리더는 입을 열 때마다 조직에 분열을 가져온다. 이들의 특 성은 자기확신이 뚜렷해 '나만이 옳다'는 독단, 독선을 일삼는 다는 점이다. 이들은 시시비비를 사소한 것까지 콕 찍어 말해 주지 않으면 상대가 모를 것이라는 불안증을 갖고 있다. 지적 을 해야 성장한다는 것이 외통형 리더의 생각이다. 그러나 입 에서 나온 말은 기관총 같은 지시와 비난뿐이다.

이들은 말하는 사람에게 주의를 기울이는 연습부터 해야 한 다. 무슨 말인지 다 알겠다며 말허리 끊지 말라. 평가하기보다 피드백을 해주라. 앞으로 잘하기 위한 피드백인지, 과거의 잘 못을 추궁하려는 지적인지 직원들은 한눈에 구별해낸다.

특히 흥분한 상태라면 대화를 멈추고 추후에 자리를 마련하

라. 뜨거울 때 쇠를 쳐야 한다고? 그것은 긍정적 내용에만 적용되는 말이다. 부정적 내용을 격앙된 상태에서 주고받으면 수용은커녕 반발을 산다. 설령 직원의 잘못이 맞더라도 '내가 이 정도 심한 말을 들었으면 그것으로 샘샘'이라고 생각할 수도 있다. 공격을 질문으로 치환해보라. 무엇보다 '나도 틀릴 수 있다'는 사실을 명심하라. 헐크같이 날뛰는 나의 감정을 이해하고 어떻게 행동해야 할지 생각하여 상황에 대응하라. 화력(火力)보다 화력(話力)을 키우라.

[성찰과 통찰]

'tapper and listener' 게임을 5회쯤 해보자. 동요를 들으며 모스부호처럼 박자를 맞추고, 상대에게 곡을 맞히라고 해보라. 상대가 맞혔는가? 그렇지 않다면 무엇 때문인가? 이를 통해 깨달은 것은 무엇인가?

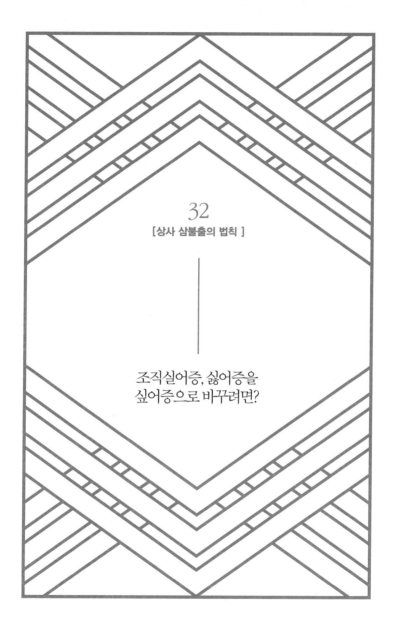

32
[상사 삼불출의 법칙]

조직실어증, 싫어증을
싶어증으로 바꾸려면?

관리자와 대척점에 놓이는 용어는? 당신은 어떤 용어를 떠올렸는가? 혹시 '리더'를 떠올리지는 않았는가? 워렌 베니스(Warren Bennis)의 그 유명한 글귀 "관리자는 일을 옳게 되도록 하지만, 리더는 옳은 일을 한다(Managers do the things right, but leaders do the right thing)"를 인용하면서 말이다.

과연 직원들은 어떨까. 그들도 관리자의 대칭용어로 '리더'를 번득 떠올릴까. 답부터 말하면 아니다. 이들의 대답은 '고나리자'다. 모나리자의 그윽한 미소가 연상된다고? 천만의 말씀이다. '관리자'의 오타를 따서 만든 신조어인데, 이래라 저래라 관리하는 상사를 일컫는 말이다.

취업포털 인크루트가 2016년 직장인 470명을 대상으로 설문조사를 실시한 결과 61%가 상사의 리더십을 10점 만점에 5점 이하로 평가했다. 현재 상사와 다시 일해볼 의향 또한 5점 이하였다. 기업들은 고객로열티를 알아보기 위해 반복구매, 추천의사를 묻는 NPS(순추천고객지수)를 활용한다. 이를 활용해보면 앞서 설문조사에서 내부고객인 구성원의 상사리더십 NPS 평점은 추천, 재구매 양면에서 모두 5점 이하인 셈이다. 당신의 리더십 NPS는 얼마일 것 같은가?

이를 반영하듯, 단군 이래 최고로 똑똑하다는 대한민국의 청년세대가 조직에서 실어증을 겪고 있다. 원인은 3무(無), 무력, 무익, 무시 때문이다.

무력(無力)은 짐작하듯 상사와의 권력차에서 비롯된 두려움 혹은 어려움의 결과다. 무익은 입을 열어봐야 예상되는 리스크는 큰데 기대되는 이익은 작으니 구태여 위험을 자초할 필요 없다는 나름의 판단이다. 무시는 아이디어나 의견을 수렴한다고 해도 결국은 부러진 화살이 돼 '위로 전달되지 않더라'는 그간의 경험칙에서 나온다. 결국 '내가 뭐 힘 있냐'로 귀결되는데 뭐하러 말을 하느냐는 것이다. 연구결과에 의하면 무익과 무시에 따른 현장묵언이 무력보다 2배 이상 많다고 한다. 상사가 무서워서라기보다 우스워서 말을 안 한다는 이야기다.

가끔 기업교육을 가면 "요즘 리더십에선 카리스마는 한물갔지요" 하는 말을 듣는다. 그때마다 나는 "카리스마는 리더의 칼이 아니라 책임력에서 나온다. 리더의 카리스마 필요성은 영원불멸"이라고 말하곤 한다. 책임감 없이 칼만 휘두르는 '칼 있으마'가 문제일 뿐, 카리스마는 죄가 없다.

카리스마까지는 안 되더라도 적어도 우스운 상사가 되지 않으려면 어떻게 해야 하는가. 다음의 3불만 조심해도 조직실어증을 부르는 고나리자, 삼불출 상사는 면할 수 있다. 광고 카피에도 있지 않은가. 좋아하는 일을 해주는 것보다 싫어하는 일부터 하지 말라고. 실어증을 앓고 있는 직원들의 입을 열게 하려면 어떻게 해야 하는가.

첫째, 오지랖형 상사다. 참견과 관심을 구분하라. 꿀상사보다 쿨상사가 돼라.

관심과 참견의 차이는 '그들이 좋아하는 이야기를 하느냐' vs '내가 좋아하는 이야기를 하느냐'로 갈린다. '다정도 병인 양하여'는 고나리자 상사의 대표적 고질증이다. 사적인 사항에 대한 호기심과 참견, 조언은 금물이다. 가까워지기는커녕 도망가게 한다. 어제, 지난 휴가에 있었던 일, 주말 데이트 내용, 이성친구 유무, 다이어트 등에 대한 호기심을 보이지 말라. 상사에겐 관심이지만, 직원에게는 오지랖 섞인 참견이다.

자신의 자녀, 배우자 등 가족문제에 대한 자발적 신상털이도 삼가자. 직원들은 공과 사를 구분하고 싶어 한다. 적당한 거리를 두라. 궁금해도 삼켜라. 온라인이든 오프라인이든, 좋은 내용이든 나쁜 내용이든 마찬가지다. 반응이 썰렁하거나, 어느 날 온라인상에서 상대방이 친구에서 팔로워로 바뀌었다면 위험신호다. 끈끈한 꿀관심보다 적당히 쿨한 거리를 두는 것이 상사의 매너다.

둘째, 감정 오버 상사다. 상사의 본질적 힘은 동감이 아니라 공감에서 나온다.

리더의 공감, 모자란 것도 문제지만 지나친 감정이입 또한 문제다. 공감이 지나치면 상황을 멋대로 해석해 속단하고 확정해 낙인을 찍거나, 당사자보다 더 펄펄 뛰며 흥분하게 된다. 한마디로 오버하는 것이다.

친구와 상사는 다르다. 친구는 함께 비 맞아주는 것으로도 충분하지만, 상사는 우산을 받쳐주어야 한다. 업무상 문제해결이 안 된 상태에서 상하관계가 좋아지기란 구조적으로 힘들다. "내가 너라도…"는 친구의 멘트이지, 리더에게 적절한 멘트는 아니다. 차라리 "당신이 리더라면"으로 구성원을 리더의 위치로 끌어올려 스스로를 바라볼 기회를 주라. 최고의 상사는 성장과 성공을 도와주는 상사다.

하버드 대학의 테레사 애머빌(Teresa Amabile) 교수가 직장인 238명의 일기 1만 2000건을 분석한 결과, 기분을 가장 좋게 만들어주는 것은 일에서 작은 성공을 경험하는 것(76%)이었다. 다음으로 업무에 필요한 지원을 받는 것(43%), 사내 대인관계에서 좋은 경험을 하는 것(25%)의 순이었다. 큐어(cure) 없는 케어(care) 공세는 별 효과가 없다. 오히려 몸 버리고 시간 쓰고서도 '오버타임 근무시킨다'고 욕먹는 일타삼피의 봉변을 당하기 십상이다.

셋째, 오리발형 상사다. 리더로서 용기 있는 대변자의 모습을 보여주라. 무력보다 무용(武勇)을 보여주라.

어떤 안건에도 리더가 예산, 상황 등의 평계를 대면 조직에 침묵의 강이 흐를 수밖에 없다. 머리 짜내 입 아프게 이야기했는데 공허한 메아리가 되는 것을 좋아할 사람이 어디 있겠는가. 어떤 아이디어든 실행하려면 돈, 시간, 인력이 든다. 윗선에서 불편해하는 것들이다. 이런 것들을 건드리거나 대변해주는 모습은 보이지 않은 채 '왜 이렇게 아이디어가 없냐'고 닦달해봐야 직원들만 더 움츠러들 뿐이다. 아이디어가 없는 게 아니라 맨땅에 헤딩하고 싶지 않은 것이다. 자신의 리더가 옹호자, 대변자라는 신뢰가 형성되어야 직원의 입이 열린다.

기억하자. 직원이 묵언을 할지 방언이 터질지, 조직실어증과 싫어증에 걸릴지, 싫어증에 걸릴지는 그들의 문제가 아니라 리더의 문제다.

[성찰과 통찰]

나는 삼불출(오지랖, 오버, 오리발) 상사는 아닌가. 리더의 카리스마는 '칼'도 아니지만, '맘'에서만 나오지도 않는다. 책임력에서 나온다.
– 참견과 관심을 구분하는가?
– 동정, 공감, 동감을 구분하는가?
– '내가 무슨 힘이 있느냐' vs '내가 책임질 테니 해보라', 평소 말의 비율은 어떤가?

33
[약속 다이어트의 법칙]

공약 비만증에 걸리지 않으려면?

중국 사람들은 음식으로 만들지 못하거나 먹지 못하는 게 없다고 한다. 오죽하면 책상다리까지 진미요리로 만들 수 있다는 말이 있겠는가. 심지어 이들은 말(言)까지도 먹는 대상으로 삼는다.

말을 먹음, 식언(食言)에 대한 최초 언급은 《서경》에 나타난다. 당시 하나라 정치에 대한 백성의 불만은 하늘을 찌를 듯했다. 은나라의 탕임금은 민심을 등에 업고 혁명에 나선다. 이때 탕이 하나라 정벌을 독려하기 위해 군사들을 모아놓고 맹세한 말이다. "바라건대 그대들은 오로지 나를 보필하여 하늘의 벌을 이루도록 하라. 내 그대들에게 크게 상을 내리리라. 그대들은 이 말을 불신하지 말라. 나는 말을 먹지 않는다."

이와 연관해 '식언이비(食言而肥)'라는 사자성어가 있다. '말을 많이 먹어서 살이 찌다'라는 뜻으로, 거짓말을 일삼는 사람을 비유하는 말이다. 〈춘추 좌씨전〉에 나오는 이야기다.

춘추시대 노나라 애공이 월(越)나라에 갔다가 돌아오자 권신인 계강자와 맹무백이 조촐한 환영연을 열었다. 그러나 겉으로만 화목할 뿐 분위기는 어색했다. 애공이 없는 동안 계강자와 맹무백은 여러 번이나 군주를 비방하고 헐뜯었기 때문이다. 애공도 그 사실을 알고 있었으니 말하자면 적과의 동침, 아니 적과의 술자리였다. 어색한 분위기가 지루하게 이어지던 중, 맹무백이 동석했던 곽중이란 자를 보고 이렇게 말했다.

"공은 그동안 몸이 많이 부해졌구려."

그러자 애공이 기다렸다는 듯 끼어들었다.

"곽공(곽중)이 그럴 수밖에 없지 않겠나. 그대들이 한 거짓말을 하도 많이 주워 먹었으니 말일세."

애공에게 이들의 뒷담화를 고스란히 고자질했던 인물이 바로 곽중이었던 것이다.

하긴 우리말에도 '말을 삼킨다'는 표현이 있다. 하지만 '말을 먹는다'와 '말을 삼킨다'는 엄연히 차이가 있다. 말을 삼킨다는 표현은 어떤 상황에 압박감을 느껴 하고 싶은 말을 하지 않는다는 뜻이다. 반면 식언(食言), 말을 먹는다는 한자 표현은 약속한 말을 지키지 않는다는 뜻이다.

입은 먹는 기능과 말하는 기능을 하는 신체기관이다. 말하는 것, 먹는 것이 함께 쓰이는 것은 동서고금 같다. 'Read my lips(내 입술을 읽어달라)'는 내 말을 믿어달라는 뜻이다. 1988년 아버지 부시 대통령 후보는 공화당 전당대회에서 "나를 믿으세요. 더 이상 새로운 세금은 없을 겁니다(Read my Lips, No more Taxes)"라고 공언했다. 이 한마디는 초반 부진을 극복하는 역전의 디딤돌이 됐다. 그러나 집권 후 경기침체가 계속되자 결국 1990년 민주당의 증세안을 받아들였다. '말을 먹은' 결과가 된 것이다. 이후 지지율이 떨어져 재선에 실패했고, 부시의 공약은 미국 대통령이 한 최악의 발언 중 하나로 꼽혔다.

리더의 약속은 부피가 아니라 용량으로 측정된다. 약속의 용량은 실행률이다. 살다 보면 분위기에 휩쓸려서, 시쳇말로 '짱'이 되고 싶어 '뻥'을 치기도 한다. 그러다 '꽝'이 돼 부끄러워하기도 한다. 말에 부도가 나고, 신뢰가 깡통계좌가 돼 리더십을 발하기 힘들어진다. 오럴해저드(oral hazard)가 곧 모럴해저드(moral hazard)다. 말에 뻥과 꽝을 줄여야 말짱 리더가 될 수 있다. 아무리 배고파도 먹지 말아야 할 것이 있다면, 바로 자신이 내뱉은 말이다. 남에게는 말을 삼키게 하지 말고, 스스로는 말을 먹지 않는 것, 그것이 리더의 언어예절, 아니 예술이다.

식언은 단순한 거짓말을 넘어 개소리가 되기도 한다. 말 같지 않은 말을 동양에서는 '개소리', 한자로는 '猾(으르렁거릴 은)'이라 하고 서양에서는 'bullshit'라 한다. 직역하면 '소똥 싸는 소리'다. 철학자 해리 프랭크퍼트(Harry Frankfurt)는 저서 《개소리에 대하여》에서 거짓말과 개소리를 구분하며 "개소리가 거짓말보다 더 진리의 적"이라고 강조한다. 거짓말쟁이는 자기검열이란 일말의 자책감이라도 있지만 개소리쟁이는 그것조차 없기 때문이다. 뻔뻔하게 우기기만 하면 된다. 거짓말은 발각되면 모욕과 분노 속에 가차 없이 시비곡직의 비판을 받는다. 반면 개소리는 '아니면 말고' 식으로 대응하면 되니 안전(?)하다. "웃자고 한 이야기에 죽자고 달려들면 곤란하다"는 식으로 어깨 한 번 으쓱하고 상대의 속 좁은 협량을 탓하면 그만이다.

요즘 보면 '짱'인 듯 말하는데 결국 뻥, 꽝으로 끝나는 경우가 많다. 개소리, 헛소리, 큰소리, 흰소리가 넘쳐난다. 하나같이 '겉은 창대하나 속은 형편없이 미약하다'는 게 공통점이다. 최근 문제시된 정치판의 허세말은 셀 수 없을 정도다. "부인에게 죄가 있다면 총으로 쏴 죽이겠다"거나 "(내 마음대로 안 되면) 자살을 검토하겠다"는 등의 극언, 막말의 뻥 퍼레이드가 잇따른다. 그 후 당사자들이 어떤 수습이나 반성, 성찰을 했는지는 전해지지 않는다. 그나마 사후 수습이라고 하는 말이 '누구 좋으라고 실행하겠냐'는 적반하장 식 해명이다.

허당-허세 발언은 정치판에서만 쏟아지는 것이 아니다. 경영현장에서도 마찬가지다. 예전에 한 취업포털이 직장인을 대상으로 'CEO의 거짓말'을 조사한 적이 있다. 그때 1위로 꼽힌 것이 '이 회사는 여러분의 것입니다'였다. 이어 '내년 한 해만 더 고생하자', '연봉 못 올려줘서 늘 미안해', '우리 회사는 미래가 있다' 등이 뒤를 이었다. 모두 뻥이고 꽝이다.

리더가 진심으로 한 말일 수도 있지 않느냐고? 물론 그럴 수도 있다. 그런 점에서 거짓말은 아닐지 몰라도, 뒷감당이 안 되는 당장의 사태수습용 허당-허세 발언이라는 점은 변함이 없다. 예로부터 리더가 말하는 데 신중했던 것은 말하기가 어려워서가 아니라 말한 대로 실행하기가 어려워서다. 아무리 사기 진작 차원에서 좋은 의도로 말했다 해도 번번이 같은 말만 반복되고 실행이 따르지 않으면 조직에 불신이 쌓인다. 기업 코칭을 해보면 리더들은 한결같이 구성원들의 적극적 참여와 능동적 변화를 요구한다. 그러나 막상 구성원들의 이야기를 들어보면 '침묵의 씨앗'과 '변화의 장애물'은 리더의 언행불일치에 있는 경우가 많다. 허위든 허세든, 허당공약을 남발하고 뒷감당을 하지 않는 리더에게 실망한 아픈 경험을 토로한다.

　더 문제는 말을 먹은 리더들이 미안해하는 기색조차 없다는 것이다. 공약 이행을 요구하는 구성원에게 미안해하기는커녕, 오히려 "그때는 그때고 지금은 지금이다. 분위기가 달라졌는데 옛날 약속을 들먹이다니 눈치 없다"며 적반하장으로 통박을 준다. 같은 리더가 연초엔 미래 먹거리 프로젝트라고 적극 장려하다가 연말에는 '돈 먹는 하마' 사업이라며 매서운 레이저 눈총을 쏠 때 구성원들은 아연실색한다. 아예 리더 자신이 한 말을 까마득하게 잊어버리는 경우도 허다하다.

　의도든 아니든 리더의 공언(公言)이 공언(空言)으로 변하는 사태가 반복될수록 리더의 말발은 급전직하, 힘을 잃는다. 직원들이 별 말 하지 않는다 해서 당신의 식언이 무사통과되었다고 착각하지 말라. 당신은 말을 먹었고, 그들은 말을 삼켰을 뿐이다.

그런데 궁금증이 생긴다. 유독 리더들의 개소리, 흰소리가 더 많은 이유는 왜일까? 그들의 영향력 때문일까, 아니면 리더들이 유독 뻥, 꽝의 말을 많이 하는 것일까? 만일 후자라면, 그이유는 무엇일까? 여의치 않은 상황 변화를 많이 겪어서일까, 타고난 성격이 문제일까?

연구에 의하면 오럴해저드를 불러일으키는 원인은 성품이나 경제력보다 '권력'이다. 즉 권력자들이 실제로 식언을 많이 하며, 그 이유도 권력을 가졌기 때문이라는 것. 버클리대 심리학자인 폴 피프(Paul Piff)의 연구에 따르면, 지위가 높아지고 권력이 커질수록 정직성과 신뢰성이 낮아졌다. 한 실험에서 연구진은 참가자들에게 고용 담당자 역할을 하게 했다. 고용 담당자는 근무기간 6개월 미만의 임시직 직원을 채용해야 한다. 하지만 지원자는 충분한 자격을 갖췄고 안정적인 정규직을 원한다. 이 지원자를 설득할 방안을 마련하라고 하자, 사회경제적 지위가 높은 사람일수록 지원자에게 일자리가 임시직임을 알리지 않았다. 그뿐 아니라 지원자가 근무기간에 대해 묻는다면 거짓말을 하겠다고 대답했다. 요컨대 권력이 구조적으로 부정직한 행동을 하도록 묵인 내지 조장한다는 이야기다.

전국시대 위(魏)나라 문후(文侯)는 사냥터지기인 우인에게 사냥일정을 예고해놓았다. 요즘말로 부킹이다. 그런데 예약한 날이 되자 아침부터 폭우가 내리는 것 아닌가. 게다가 조정에

축하할 일이 생겨 신료들을 모아 주연을 베풀게 되었다. 한창 주연을 베풀던 중 위문후가 문득 좌우를 둘러보며 "오시가 되려면 아직 멀었느냐"고 묻자 근신이 지금이라고 답했다. 그러자 위문후는 주연을 파하고 사냥터로 향했다. 신료들이 굳이 가실 필요가 있느냐고 만류하자, 위문후는 "우인은 과인으로부터 명이 있었기에 준비를 하고 있을 것"이라며 "과인이 직접 가서 취소하는 게 도리에 맞지 않겠느냐"고 답했다. 〈전국책〉에 실린 일화인데, 편찬자는 이 일화를 소개하며 "이로부터 위나라가 강성해졌다"고 짤막한 평을 남겼다. 짧지만 강력하다.

무신불립(無信不立), 믿음이 없으면 일어서기 힘들다. 리더십은 사소한 언행의 신뢰에서 비롯되고, 작은 말의 불신에서 무너진다. 사냥터지기와의 약속을 지키려고 노력한 위무후의 신뢰가 아쉽다. 오럴해저드는 부도덕만이 아니라 뻥, 꽝도 해당한다. 리더의 약속에도 다이어트가 필요한 이유다.

[성찰과 통찰]

리더의 약속이 깡통계좌가 되면 영향력을 발휘하기 어렵다. 말을 함부로 뱉지도, 먹지도 않고 실행하기 위한 나의 말단속 다이어트 방법은 무엇인가?

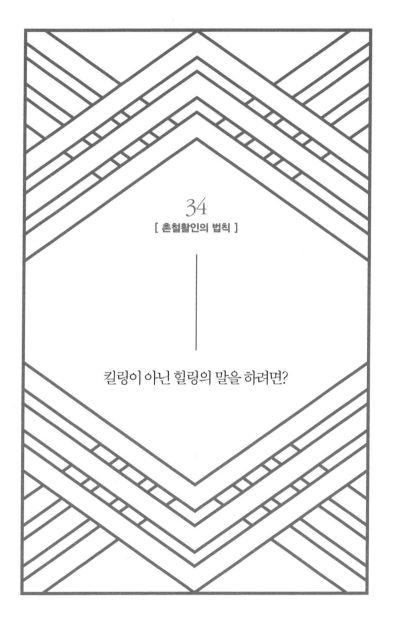

34
[촌철활인의 법칙]

킬링이 아닌 힐링의 말을 하려면?

'촌철살인(寸鐵殺人)', 간단한 말로 남의 약점을 찌르거나 감동시킴을 이르는 한자성어다. 촌철은 손가락 한 개 폭 정도의 무기를 뜻한다. "어떤 사람이 무기를 한 수레 가득 싣고 왔다고 해서 살인할 수 있는 것이 아니다. 나는 오히려 한 치도 안 되는 칼만 있어도 사람을 죽일 수 있다"는 데서 유래한 것이다. 남송 때 학자 나대경(羅大經)이 집으로 찾아온 손님들과 함께 나눈 담소를 기록한 《학림옥로》가 그 출처다. 말 한마디가 사람을 살리기도 하고, 죽이기도 한다.

흔히 '죽여준다'는 말을 한다. 정말 좋을 때 관용적으로 쓰는 말이다. '배고파 죽겠다', '힘들어 죽겠다'는 말도 쓴다. 다국적 모임에서 어느 한국인이 친근한 속어로 "너 죽고 싶어?" 하고 말했다가 심각한 제지를 받았다는 말을 들은 적이 있다. 쩽하고 참신한 표현이든, 찡한 감성의 표현이든 '죽이는' 말은 바람직하지 못하다. 말은 곧 생각이다. 죽이는 말은 생각이 익지 못한 채 배설되는 미성숙한 감정이다. 감정 배설의 욕구를 다스릴 줄 아는 것이야말로 자기관리의 최고 습관이고 인물평가의 중요 척도다.

말로 흥하기도 하고, 망하기도 한다. 말로 사람을 살리기도 하고 죽이기도 한다. 리더의 말공부는 말을 넘어 마음공부다. 말을 닦음으로써 마음을 닦는 것이다.《소학》등 유학 교육서들이 언어예절을 중요하게 다룬 것도 이 때문이다. 서양에서 '리더의 언어'가 주로 출세의 무기로 받아들여졌다면, 동양에서 '군자의 언어'는 마음공부의 수단으로 인식됐다. 서양에서 말을 날카롭게 다듬는 방법에 초점을 두었다면 동양에서는 말을 둥글게 다듬는 방법, 마음 다스리는 수양법에 방점을 두었다. 말 잘한다는 것은 유창성이 아니라 도덕성이었다. 서양은 원석을 갈아 보석을 만드는 연금술에 치중했다면, 동양은 보석의 흠집을 없애는 연마술을 중시했다.

따라서 어떤 말을 할 것인가의 구변보다 어떤 말을 하지 말아야 할 것인가 하는 말조심을 더 중요하게 생각한 것은 자연스러운 귀결. 옛사람들은 군자가 조심해야 할 삼단(三端)으로 문사의 붓끝, 무사의 칼끝, 변사의 혀끝을 들었다. 속담에 '병은 입으로 들어오고, 재앙은 혀에서 나간다'고 했다. 또한 '입은 재앙을 부르는 문이고, 혀는 목을 베는 칼이다'라고도 했다. 모두 말을 경계하라는 뜻을 담고 있다. 말로 흥하는 것보다 말로 망하지 않는 게 급선무였다. 좋은 말을 뜻하는 표현이 드문 데 비해 나쁜 말을 뜻하는 표현이 다양한 것도 그 때문이다.

상대방을 흠집 내고 헐뜯는 말을 일컬어 '독설(毒舌)'이라 한다. 욕설과 분노의 말은 상대방에게 독을 뿜는 것과 같다. 욕할 욕(辱), 헐뜯을 비(誹), 헐뜯을 방(謗)의 한자 어원을 보면 그

것이 어떻게 사람을 상하게 하는지 짐작할 수 있다. 욕(辱)은 손(寸)에 농기구(辰)를 들고 죽어라 일만 하는 모습이다. 즉 수고, 고통을 끼치는 일이다. 비(誹)는 사실이 아닌(非) 말로 남을 비난하는 것이다. 방(謗)은 곁에서, 혹은 가까운 사람(旁)이 말로 잘못을 나무라는 모습이다. 사실이 아닌 것을 가지고 가까운 사람이 하는 비난, 그것은 몸과 마음을 해친다.

중국 후당의 정치가 풍도란 인물이 남긴 〈설시(舌詩)〉가 있다. 말 그대로 혀에 관한 시다.

입은 재앙을 불러들이는 문이요(口是禍之門)
혀는 몸을 자르는 칼이로다(舌是斬身刀)
입을 닫고 혀를 깊이 감추면(閉口深藏舌)
가는 곳마다 몸이 편안해지리라(安身處處宇)

"혀는 몸을 자르는 칼이로다" 부분은 글로 읽기만 해도 섬뜩하다. 사자성어 중에 '적훼소골(積毀銷骨)'이란 말이 있다. 모욕과 욕설이 쌓이면 뼈가 녹는다는 뜻이다. 비방, 부정적 언사의 해로움은 가슴에 칼을 꽂고, 뼈를 녹인다. 혹시 나도 모르게 던진 말이 상처가 되어 누구의 가슴에서 자라고 있지나 않은지 두려워진다.

모 기업의 부사장은 평소 입이 걸다. 면전에서 폭언과 육두문자를 쏟아내는 것은 기본이고, 모욕적 언사도 예사다. 실력이 탁월하니 책임지는 부서도 많아 말폭탄을 맞는 직원도 많다. 일하다가 직원의 실수를 발견하면 당사자의 책상까지 달려가 "자네는 평차(평생 차장)나 해" 하며 팀원들 앞에서 망신 주기 일쑤다. 어쩌다 다른 사람이 "너무 심하지 않냐"고 어렵게 말하면 "우리 직원들은 나 이런 사람인 줄 알아서 상처 받지 않아요. 이 정도엔 익숙해요. 대신 나는 뒤끝은 없어요"라고 대수롭지 않게 응수했다. 과연 그럴까? 정말 여러 번 들으면 그 사람은 그러려니 하면서 적응이 될까? 내성이 생겨 웬만한 야단에는 상처 받지 않을까? 천만의 말씀이다. 직원들은 내색하지 않을 뿐, 마음으로까지 수용하는 것은 아니다.

이와 관련한 실험이 있다. 미국 워싱턴 대 심리학과 엘머 게이츠(Elmer Gates) 교수는 부정적 언사가 사람에게 얼마나 나쁜 영향을 끼치는지를 실험으로 증명했다. 사람들이 말할 때 나오는 침 파편을 모아 침전물을 분석했더니 감정 상태에 따라 색깔이 달랐다. 침전물은 평상시에는 무색이었다가 '사랑한다'는 말을 할 때는 분홍색이 되었다. 반면 화내거나 짜증낼 때, 욕할 때의 침전물은 짙은 갈색이었다. 갈색 침전물을 모아 흰 쥐에게 주사했더니 몇 분 만에 죽었다. 1시간 내내 화내며 욕을 내뱉는 사람에게는 실험용 쥐를 죽일 수 있는 독이 있었다.

언어폭력 피해자들의 뇌에 관한 연구도 부정적 언어의 무서운 주술력에 대한 경고를 담고 있다. 언어폭력을 당했던 사람들의 뇌는 보통사람의 뇌량과 해마, 전두엽과 달리 많이 쪼그라들어 있다고 한다. 욕설에 적응하는 게 아니라, 이성의 통제 기능이 퇴화하고 약화된다는 것. 한마디로 분노가 쌓여 언제 터질지 모르는 시한폭탄 같은 상태가 될 수도 있다. 영국 런던대 존 드웨일(Jean-Marc Dewaele) 박사는 "사람들은 욕을 보통의 단어보다 4배 더 예민하게 기억한다"는 연구결과를 발표했다. 좋은 말은 들어도 금방 잊어버린다. 반면에 부정적 말은 마음에 새겨 잊히지 않는다. 이를 거꾸로 말하면 힐링 언어를 킬링 언어의 4배는 해주어야 한다는 뜻이다.

한 연구에 의하면 리더가 자신에게 경멸이나 불쾌감을 드러낼 경우 스트레스 호르몬이 급격히 분비되고 심장 박동은 분당 30회에서 40회로 증가하는 것으로 나타났다. 이때 거울 뉴런과 진동자도 작동하면서 자신의 긴장감을 주변 사람들에게 전달한다. 결국 스스로 인지하기도 전에 부정적인 감정이 집단 전체에 전염돼 전반적인 실적 저하로 이어진다.

직원이 보고를 늦게 하거나, 성에 차지 않게 해 화가 났다면 분출하기 전에 먼저 스스로에게 질문을 던져보라. 이 일이 큰 재난인가, 아니면 그저 좀 불편한 정도인가? 물론 리더들도 스트레스와 분노에서 자유로울 수는 없다. 다만 시간을 들여 자신의 언어, 분노의 행동에 대해 돌아보고 건설적으로 푸는 나름의 방법을 연구할 필요가 있다.

첫째, 가장 좋은 것은 직원의 소리를 듣는 통로를 제도적으로 마련하는 것이다. 어느 회사든 고객들과의 소통통로가 마련돼 있다. 그것도 칭찬보다는 불만을 털어놓는 소통창구다. 직원들도 마찬가지다. 내부고객 아닌가. 리더는 직원들이 자신을 얼마나 싫어하는지 잘 모르는 경우가 많다. 직원들로부터 '리더에게 해주고 싶은 말, 고쳐야 할 것, 우리 조직에서 바꿔야 할 것, 하지 말아야 할 것'에 대해 가감 없이 들어보라. 익명처리는 기본이다.

실제로 해보면 아마 놀라는 정도가 아니라 까무러칠 것이다. 진솔한 상향평가를 들은 이들이 모두 그랬다. 공통적으로 3단계를 거친다. 처음에는 배신감과 경악이다. "아니 너희가 어떻게 그런 생각을!" 그러다 "직원 입장에선 그런 생각을 할 수 있겠다", 마지막에는 "내 잘못을 인정하고 고칠 것은 고치겠다"로 생각이 바뀐다. 리더가 '하라'에서 '나부터 고칠게'로 변화하니 조직 분위기가 확 달라지고 구성원도 존경하더란 이야기였다.

둘째, 자가 피드백이다. 자신의 하루 발언을 녹음해 들어보는 것이다. 무엇을 어떻게 어디에 비중을 두고 말하며 스스로 무엇이 넘치고 부족한지, 녹음만 들어도 판별이 된다.

셋째, 독설 리더뿐 아니라 독설 구성원의 문제도 함께 해결하자. 딜런 마이너(Dylan Minor) 하버드 경영대학원 교수의 연구에 따르면 스타 직원이 매년 회사에 5000달러의 이익을 더하는 반면 사악한 직원은 1만 2000달러의 손실을 끼친다고 한다. 사악한 직원 한 명이 스타 직원 두 명의 성과를 없애버리는 것이다. 사악한 직원은 다른 직원에게 강압적이고, 전체 조직에 부정적 영향을 미친다. 그런 직원이 있다면 1대 1 개인 피드백으로 교정해주어야 한다. 누구인지 모른다고? 직원들에게 물어보라. 그들은 누가 나쁜 직원인지 이미 알고 있다. 이를 방조 묵인하지 말고, 즉각 교체하거나 교화해야 한다. '바뀌거나 비키거나' 양단간 선택을 하게 하라.

독설의 피해자는 상대방만이 아니다. 말이 남긴 악한 기운은 상대방에게 부딪친 다음 곧장 선회하여 원래의 위치로 돌아온다. 따라서 독설은 상대의 마음에 상처를 줄 뿐 아니라 내 몸에 독을 심는 일이다. 꼭 복수를 당해서가 아니다. 자신의 독설을 가장 많이 듣는 사람은 다름 아닌 자신 아닌가. 독설은 벌의 침과 같다. 남을 공격하지만 자신도 해친다.

[성찰과 통찰]
- 죽이는 말은 생각의 토로가 아니라 감정의 배설이다. 분노가 역류한다면, 지금 당신이 하고자 하는 말의 목적이 무엇인지 검토해보라.
- 이외에 피터 드러커의 간단한 처방을 응용한 진단법이 있다. '당신의 자녀가 당신과 같은 상사 밑에서 지금 그 말을 듣는다면 어떤 기분이겠는가.'

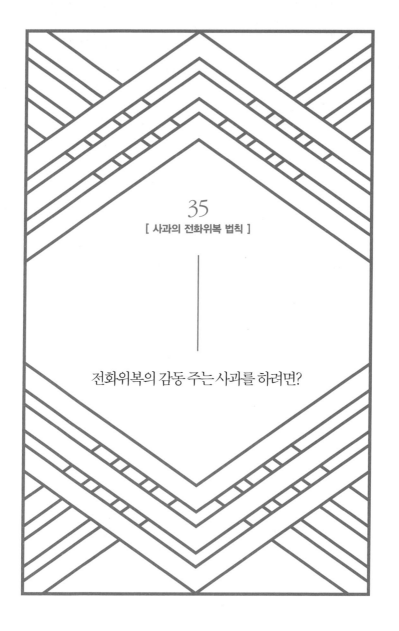

35
[사과의 전화위복 법칙]

전화위복의 감동 주는 사과를 하려면?

"소인은 실수하면 꾸미기부터 한다."

"군자의 허물은 일식이나 월식과 같다. 잘못을 저지르면 모두 바라보고, 잘못을 고치면 모두 우러러 본다."

공자의 말이다. 잘못하고서 은근슬쩍 덮으려 하거나 넘어가려 하는 것이야말로 가장 큰 실수다. 그것을 모르는 것은 오직 당사자뿐이다. 실수가 문제가 아니라 실수를 덮으려 할 때 문제가 된다.

사과에 대한 리더의 언행은 예나 지금이나 리더십을 평가하는 중요한 요소다. 리더십이 높은 사람이 사과를 잘하는지, 사과를 잘하면 리더십이 높아지는 것인지 선후관계는 분명치 않지만, 어쨌든 사과는 자신 있는 리더들의 공통점이다. 거꾸로 말해 리더들에게 그만큼 사과가 어렵다는 뜻이기도 하다. 인간적 실수를 하는 것은 리더나 보통사람이나 같다. 단, 얼마큼 진정한 사과를 하느냐에서 그릇 크기가 갈린다. 남들 눈을 의식해 억지로 하는 사과가 아니라 자발적 사과여야 상대를 감동시킨다.

그런 점에서 링컨 대통령의 사과는 가슴 뭉클하다. 남북전쟁 당시 버지니아 북부에서는 치열하게 반격해오는 남군과의 싸움이 한창이었다. 어느 날 수도방위 경비를 담당하던 스콧

대령이 링컨 대통령을 찾아와 휴가를 청했다. 아내가 증기선 충돌 사고로 사망해 장례식에 참석하기 위해서였다. 링컨은 "가족보다 전쟁에서 이기는 게 중요하다"며 역정을 냈다. 그러나 이내 링컨은 "내가 그때는 사람이 아니었다"고 말하며 진솔한 사과를 넘어 용서를 청하고 휴가를 허락한다.

어쩌면 이 정도는 실수가 아닐 수도 있다. 전쟁 와중에 머리는 복잡하고, 긴박한 전황보고는 계속 들어오고… 그러나 이럴 때 사람을 챙기는 것이 진짜 리더다. 작은 실수라도 바로잡고 넘어가는 게 큰 리더십이다.

예전에는 사과란 약함을 증명하는 굴욕적 행동이라는 생각이 지배적이었다. 사과할 때 '무릎을 꿇는다'는 관용적 표현이 쓰이는 것도 그 방증이다. 그래서 어떻게든 사과를 회피하는 유형이 많았다. 그런데 요즘은 오히려 사과를 너무 쉽게 생각하는 것이 더 문제가 아닐까 한다. 일단 대충 사과부터 해놓고 임기응변식으로 넘어가려는 것이다. "사과했으니 됐지", "이만하면 됐으니 웬만하면 받아줘" 하며 일방적으로 베풀 듯 하는 사과도 많다. 사과해야 할 때 하지 않는 것도 문제지만, 대충 하는 사과로 넘어가려는 태도 역시 문제다. 평소 육성조차 접하기 힘들던 기업인들이 90도로 몸을 꺾어가며 '송구하지만…'을 남발한다. 대하소설 급 사과문을 발표하며 머리를 조아리는 그들의 모습에 오히려 보는 사람의 손발이 오글거릴 정도다. '과공(過恭)은 비례(非禮)', 지나친 공손은 예절이 아니라는 말이 떠오르는 순간이다.

　사과 유형도 가지각색이다. 일이 터지고서야 뒤늦게 알았다는 금시초문형, 송구하고 부끄럽다고 말은 하지만 문제된 그 일은 내 소관이 아니라며 핵심을 요리조리 피해가는 격화소양(隔靴搔癢, 신발을 신은 채 가려운 곳을 긁는다는 뜻으로, 일을 하느라 애는 무척 쓰되 정곡을 찌르지 못함)형, 문제가 된 의사결정을 다른 사람에게 떠넘기는 책임전가형 등이 그것이다. 이는 냉정히 말해 사과라기보다는 해명에 가깝다. 총론에선 책임을 인정한다면서 각론에선 모르쇠로 일관하거나, 고장 난 레코드처럼 준비된 답만 달달 읊는 것은 진정한 사과가 아니다.

　'미안하다'의 사전적 정의는 '남에게 대하여 마음이 편치 못하고 부끄럽다(未安)'는 것이다. 영어의 'sorry'도 아프다는 뜻의 'sore'에서 유래했으니 동서양 할 것 없이 말 그대로 편치 않다는 말이다. 송구(悚懼)는 이보다 더 강한 표현으로 두려워서 마음이 거북하다는 뜻이다. 이처럼 두렵고 거북하고 부끄럽다며 몸을 낮추는 이들을 보며 마음이 풀리기보다 앙금이 남는 것은 왜일까. 제대로 사과하려면 어떻게 해야 할까.

　컬럼비아 대학교 비즈니스스쿨의 애덤 갤린스키(Adam Galinsky) 교수는 사과하기 전에 다음의 4가지 질문을 해보라고 조언한다.

　-위반행위가 실제로 발생했나?

　-조직의 책임이나 사명에 핵심적인 사안인가?

-대중의 반응은 어떨까?

-변화의지가 있는가?

이를 토대로 실제로 리더가 어떻게 사과해야 '독사과'가 아닌 '약사과'가 될지 알아보자. 신뢰를 주는 사과, 약이 되는 사과는 5도를 고려해야 한다. 5도란 고도, 속도, 밀도, 방도, 순도를 가리킨다.

첫째, 고도(高度)다. 실무자와 CEO, 누가 사과할 것인가.

보통 사고가 발생하면 누가 사과할지 고민한다. 애매할 때는 고고익선, 최고위자가 할수록 좋다. 최고책임자가 사과한다는 것 자체가 심리적 카타르시스를 준다. 더구나 사고를 친 사람이 최고책임자라면 말할 것도 없다. 몸통을 놔둔 채 깃털에 불과한 현장실무자가 하는 사과, 주변인을 거명하며 물귀신 작전을 펼치는 사과, 홈페이지에 달랑 사과문만 올려놓고 이름 석자도 밝히지 않은 작자미상의 사과, 자리를 모면하고자 하는 대피성 사과는 무책임해 보인다.

2011년 은행 전산망 마비 사태로 물의를 빚었던 모 금융기관의 기관장은 "나는 비상임이다. 사고 관련 보고를 바로 못 받았다. 곧 복구될 거란 직원들 말만 믿었다가 당했다"며 직원에게 원망의 화살을 쏘았다. 또 "(나는) 비상임이어서 업무를 잘 모르고, 내가 한 것도 없으니 책임질 것도 없다"고 책임을 회피했다. 여러 가지 이유를 대고 공식사과의 자리를 극구 피했다. 문제가 해결되기는커녕 더욱 커졌음은 물론이다. 점점 요구하는 사과의 강도만 높아졌다.

팔로워는 자신이 한 일만 책임지면 되지만, 리더는 자기 조직이 한 일을 포괄해서 상징적으로 책임져야 한다. "공은 여기서 멈춘다"는 해리 트루먼 대통령의 말을 명심하라.

두 번째, 속도다. 신속하게 할 것인가, 신중하게 할 것인가.

결론부터 말해 신속이 신중보다 이롭다. 물론 신중론에도 나름의 이유는 있다. 사과가 법적으로 불리하게 작용할까 봐 걱정하거나, 일파만파 소송이 꼬리를 물까 봐 염려하거나, 더 면밀히 조사해야 하는데 마녀사냥 식이 될까 우려하는 것이다. 이번 바람만 지나가면 저절로 가라앉을 것이란 기대도 없지는 않을 터. 그럼에도 이런 모든 우려와 기대를 지우고 일단 빨리 사과하는 게 득이 많다.

현대캐피탈 정태영 부회장의 2011년 전산망 해킹에 대한 신속한 대처는 모범사례라 할 만하다. 당시 현대캐피탈은 모든 사실을 고객과 언론에 털어놓았다. 당연히 여론은 들끓었다. 출장일정을 단축하고 귀국한 그는 "고객정보 보호를 위해 최선을 다하겠다"면서 "책임질 일이 있으면 책임지겠다"고 밝혔다. 정보가 유출된 것으로 추정되는 고객들에게 일일이 위험을 알리고 2차 피해를 막는 데 부심했다. 이 사고는 오히려 정부회장에게 전화위복이 됐다. 수습과정에서 신속하고도 책임 있는 리더십을 보여주었기 때문이다.

'아직 원인이 밝혀지지 않았으니 차차 추이를 보고, 일단 우리 책임은 아니다'란 식으로 수수방관하는 늑장대책은 금물이다. 차라리 "책임질 일이 있으면 책임지겠다"는 말로 여지를 남겨놓으라. 이는 (조사결과에 따라) 책임질 일이 없으면 지지 않겠다는 말과 동의어다. 같은 말이라도 아 다르고 어 다르다고, 훨씬 책임감 있게 들린다. 객관적 자료를 바탕으로 한 해명이든 전폭적 수용이든, 속도가 성패를 가른다.

세 번째는 밀도다. 누구에게 사과할 것인가. 관중인가, 피해자인가.

밀도는 진정성의 문제다. 사과의 진정성은 피해자에게 전달되고 체감되어야 한다. 가끔 번짓수를 잘못 짚은 사과를 하는 경우가 있다. 국민 등 애매한 집합명사나 제삼자나 심지어 자신의 상사 등… 당사자를 배제한 채 제삼자에게 사과하는 것이다. 그럴 경우, 정작 사과받아야 할 당사자의 분노를 일으킬 수 있다.

이실직고의 사과에는 가해자로서 피해자에게 표하는 공감이 담겨 있어야 한다. 일단 누가 무엇을 잘못해서 누구에게 어떤 피해를 입혔는지 구체적으로 적시하는 것이 기본이다. 원론적인 사과나 물의를 빚어 죄송하다는 식의 대국민 사과는 과녁 없는 사과로 진정성이 급락한다.

2007년 미국 장난감업체 마텔의 전 CEO인 로버트 에커트(Robert Eckert)의 사과는 진정성 어린 사과의 교과서다. 그는 중국 하청업체에서 제작한 장난감에서 독극성 물질이 검출되자 "CEO이기 전에 자녀를 둔 부모로서 여러분의 분노에 공감한다. 부모들이 원하는 것은 안전성"이라며 독극성 검출에 대해 사과했다. 공식적 용어, 관용어구에 가까운 '심심한 유감을 표합니다' 등으로는 진정성을 전하기 힘들다. 차라리 일상적 용어, 비공식적 용어, 개별적 언어를 쓸 때 진정성이 증폭된다.

넷째, 방도다. 어떤 소통채널을 이용할 것인가.

서면 vs 동영상, 공개 기자회견 vs 회사 홈페이지 등 채널에 따라 같은 내용이라도 효과가 달라질 수 있다. 직접 사과를 할 때에는 특히나 다면적 고려가 필요하다. 상대가 사과를 거부하거나, 면담 시 빚어질 돌발사태 등의 변수도 있다. 신문 등에 올린 서면사과는 정제된 반면 진정성이 평면적으로 전달된다. 동영상은 비언어적 메시지가 포함돼 입체적으로 사과의 마음을 전달할 수 있다. 더러 발연기라는 식의 싸늘한 시선도 있는 만큼, 공개 사과는 연습이 필요하다. 연기와 연습의 차이는 어쩌면 숙련도일지도 모른다. 말 그대로 아무것도 연습하지 않은 채 공개석상에 나가 사과하려다 보면 은연중에 본인의 평소 모습이 드러나 거만하다는 인상을 줄 위험이 있다. 진정성

노출도 사실은 연습이 필요하다.

다섯째, 순도다. 향후 대책을 어떻게 마련할 것인가.

반짝거린다고 모두 금은 아니란 말이 있듯, 90도 인사를 한다고 상처 난 마음에 약이 발라지는 것은 아니다. 거듭되는 사과는 서로에게 사과 피로증을 유발한다. 후회하는 것만으로는 부족하다. 그보다는 사후방지를 위해 대책을 말하자. 재발방지를 위한 행동과 본인이 어떻게 책임질지, 사고를 일으킨 당사자는 어떻게 처벌할지 천명해야 한다. 대책과 책임이 빠진 사과는 단팥 빠진 찐빵과 같다. 구구한 변명은 금물이다. 명쾌한 설명이 필요하다.

단, 명심할 것이 있다. 사과하지 말아야 할 사안에는 단호히 거부하라. 분위기에 밀리지 말라. 손가락질한 대중은 '아니면 말고' 하며 돌아서면 그만이지만, 무책임한 책임 추궁에 따르는 피해는 결국 해당자, 기업이 걸머져야 한다. 쿨한 사과에는 실체적 진실이 먼저다. 당당하고 꼿꼿한 거부 역시 필요하다.

애덤 갤린스키는 실체적 진실, 가치관에 의거해 당당히 사과를 거부한 미국의 사례 두 가지를 소개한다. 인터넷 장비 생산업체인 시스코의 존 체임버스(John Chambers) 전 CEO와 패스트푸드 업계의 공룡인 맥도날드가 그 주인공이다. 존 체임버스는 혁신을 추진하는 방식에 문제가 있다고 직원들로부터 비난받았다. 혁신 프로그램 추진과정에서 몇몇 직원들이 부자가 되자, 직원들 사이에서 불만이 일었던 것이다. 그러나 체임버스는 "임금의 공평함보다 혁신이 중요하다"며 자신의 신조를 밀어붙였다.

맥도날드는 자사 제품의 영양성분에 대한 우려가 제기될 때면 좀 더 건강한 메뉴를 개발하고 그 대신 제품의 양을 줄이는 전략으로 대응했다. 그러나 최근에는 "그릭 요거트가 아니다"라고, 샌드위치는 "절대 케일이 될 수 없다"고 당당히 선언했다. 리더나 기업이나 비난에 대해 수세적 태도만 취하기보다는 당당한 태도로 가치와 정체성을 설파할 필요도 있다. 그럴 때 신뢰성이 더 강해진다. 밀릴 것은 밀리고 밀 것은 밀라.

[성찰과 통찰]

- 최근 사과한 일이 있는가? 사과 과정에서 잘한 점과 못한 점은 무엇인가?
- 제때 사과하지 않아서 '호미로 막을 것을 가래로 막은' 경우는 없는가? 또는 본인의 신념과 상관없이 분위기에 밀려 사과해 '긁어 부스럼'이 된 적은 없는가?

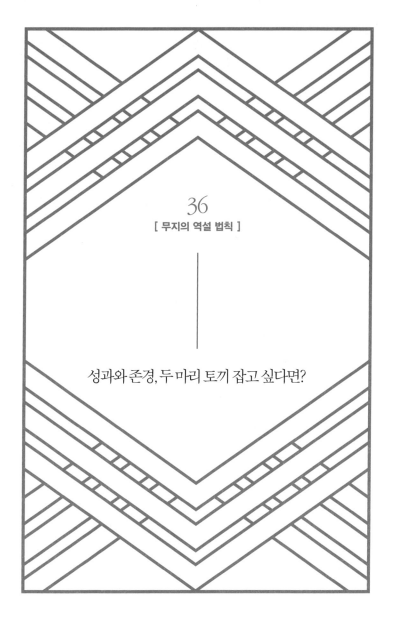

36
[무지의 역설 법칙]

성과와 존경, 두 마리 토끼 잡고 싶다면?

대문호 마크 트웨인은 무지와 관련해 이런 말을 했다. "인간이 곤경에 빠지는 건 뭔가를 몰라서가 아니다. 뭔가를 확실히 안다는 자기중심의 착각 때문이다."

시쳇말로 '단무지'란 말이 있다. '단순무식지식', 즉 단순무식하다고 자신 있게 말할 수 있는 게 진짜 지식인이라는 의미다. "나는 모릅니다." 진정한 지식인만이 자신 있게 할 수 있는 말이다.

의혹과 불혹은 양날의 칼이다. 역설적으로, 진정한 불혹은 의혹하는 데서 출발한다. 내가 아는 것은 정말 아는 것인가? 내가 맞다고 생각하는 것은 정말 맞는 것인가? 삶의 역설은 '다 안다'고 생각하는 것보다 '모른다'고 말하는 사람이 더 지혜롭다는 사실이다.

교육방송에서 최상위 1% 우등생과 그렇지 않은 학생들의 차이점을 다룬 적이 있었다. 차이는 지능이 아니라 메타인지였다. 즉 자신이 모르는 것과 아는 것을 구분해 파악할 줄 아는 게 최상위 1% 우등생들의 능력이었다. 마찬가지로 성숙한 리더일수록 '나는 다 안다'며 신(god)을 자처하기보다 '나는 모른다'고 자신 있게 말한다. 내 지식의 한계, 편견을 간과하지 말아야 실상을 간과할 수 있다. 망치를 쥔 사람은 모든 게 못으로 보인다. 이처럼 자신에게 익숙한 직업이나 도구의 관점에서 탈피하고자 노력하는 게 메타인지를 키우는 길이다.

가령 지금 앞에 있는 사람에게 '효율적 소통'을 구체적으로 한두 문장으로 말해보라고 요청해보라. 사람마다 얼마나 동상이몽하고 있는지 알 수 있을 것이다. 미숙한 리더일수록 느슨한 말로 대충 소통한 다음 다들 동의하고 이해했다고 생각하고 마무리한다. 그러다 사고가 터진다. 미국 다트머스 대학의 시드니 핀켈슈타인(Sydney Finkelstein) 교수는 실패한 리더의 가장 큰 공통점은 흔히 생각하듯이 나태함이나 급격한 상황변화, 도덕적 해이, 자금경색 그 어느 것도 아니라고 말한다. 오히려 성공 요인이 실패의 덫이었다. 그가 연구한 실패한 리더들은 보통사람보다 (그리고 초기보다) 더 부지런하고 더 청렴하고 외부상황에 더 민감하며 박식한 경우가 대부분이었다. 자신의 지식과 경험을 과신한 것이 결정적 패인이었다.

재미있는 동영상이 인터넷에서 회자된 적이 있다. 이름하야 '공항대기실 과자습격 사건'이다. 어떤 중년여성이 비행기를 기다리면서 상점에 들어가 잡지와 과자 한 봉지를 사들고 왔다. 시간이 남아 과자를 먹는데 옆에 앉은 신사가 천연덕스럽게 그녀의 과자를 먹는 것이 아닌가. 여성은 한마디 해줄까 하다 꾹 참는다. 그랬더니 신사는 마지막 과자까지 반쪽을 내서 먹고는 미안해하기는커녕 씽긋 웃으며 일어선다. 그 여성은 억지로 참지만 언짢은 감정은 어쩔 수 없었다. 반전은 그녀가 비행기에 탑승하면서 일어난다. 안경을 닦기 위해 휴지를 꺼내려고 보니 가방에 자기가 샀던 과자봉지가 그대로 있었던 것. 즉 그 신사가 무례했던 것이 아니라, 자신이 그 신사의 과자를 마지막까지 쪼개가며 먹은 것이다.

돌이켜보면 이 같은 일은 우리 일상에서도 종종 일어난다. 자신은 틀림이 없다고 생각하지만, 사실은 내 잘못, 편견, 선입관인 경우가 많다. 이런 오류를 방지하는 것은 '질문'이다. 끊임없이 본인의 전제에 질문을 던지는 것이다. 퓰리처상 수상 시인인 메리 올리버는 "이 우주에서 우리에게 두 가지 선물이 주어진다. 사랑하는 능력과 질문하는 능력, 이 선물은 우리를 따뜻하게 해주는 불인 동시에 우리를 태우는 불이기도 하다"고 말했다. 사랑이 공감의 불이라면 질문은 호기심의 불이다. 흔히 언력, 구라발이라 하면 모르는 것이 없고, 즉문즉답이 가능해야 한다고 생각한다. 반대다. 몰라서 묻고, 알면 확인하고자 또 묻는다.

혹(惑)은 창 과(戈), 성곽(口), 땅을 상징하는 일(一), 그리고 마음 심(心)이 더해진 모습이다. 창을 들고 나라의 국경을 지키며 국경문을 열어줄까 말까 망설이는 마음이다. 혹시와 역시, 설마를 오가는 마음이라고나 할까. 눈을 부릅뜨고 제대로 지켜보다가도 한순간 경계를 풀고 무너지는 것은 상대방의 속임수 때문이라기보다 내 마음의 미혹됨 때문이다. 사람공부, 말

공부, 마음공부가 도로아미타불로 무너지는 것은 혹(惑) 때문
이다. 남의 돌부리보다 내 돌부리에 걸려 넘어지는 경우가 많
다. 눈을 부릅뜨면 뭐하는가. 내 눈에 콩깍지가 씌면 소용이 없
다. 내가 기우뚱하게 보고, 내가 귀를 막고 있는 한 제대로 판
단할 도리가 없다.

사람들이 가지는 판단의 자기중심성, 혹(惑)은 크게 3가지
다.

첫째는 유사성의 혹(惑)이다. 사람은 겉으로 드러나는 유사
성이나 징후를 바탕으로 상대를 믿어도 좋을지 판단한다. 사
람들은 어떤 측면에서건 자신과 비슷한 특성을 가진 사람을
선호하는 경향이 있다.

둘째는 관계의 혹(惑)이다. 사람들은 관계가 친밀할수록 더
신뢰한다. 이 '내부자 효과'는 영향력이 막강하다. 그룹을 무
작위로 작은 소그룹으로 나누는 것만으로도 소그룹 구성원들
의 결속력을 강화할 수 있다.

셋째는 자기맹신의 혹(惑)이다. 사람들은 자신의 판단력을
평균 이상이라고 과대평가한다. 영국의 자동차 운전자를 대상
으로 조사한 결과, 설문에 참여한 운전자 95%가 스스로 운전
실력이 평균 이상이라고 믿는 것으로 나타났다.

올바른 주관을 가지려면 이러한 혹(惑)을 없애야, 아니 막아
야 가능하다. 공자는 마흔이 불혹이라고 했지만, 보통사람은

평생 살아도 힘든 게 불혹의 경지다. 이런 혹의 편향에서 벗어나기 위해 노력해야 할 것은 무엇인가.

예전에 박사학위를 받고 축하자리를 가졌을 때 교수님이 해주신 말씀이 기억난다. "박사학위는 자신 있게 모른다는 말을 할 수 있는 자격입니다." 자신이 아는 것이 무엇이고, 모르는 것이 무엇인지 아는 것이야말로 최상의 지식이다.

자기중심적으로 세팅된 뇌의 경로에서 의도적으로 벗어나 나의 무지를 보려면 다음의 언어습관, 생각습관이 필수다.

첫째, 모른다는 말을 기꺼이 하라. 당신의 취약점을 드러내라. 신망 있는 리더들은 직원들에게 일을 시키기만 하는 게 아니라 도움을 청한다. 자신이 모든 것을 알고 옳다고 자신하지 않는다. 무지를 널리 알려라. 도움을 청한다는 것이야말로 실력과 인품을 갖춘 리더라는 방증이다. 안정된 리더라는 신호다. 목표에 도달하기 위해 모두의 참여를 이끌어내는 리더라는 뜻이다.

둘째, 전제부터 다시 질문해보라. 듀폰은 고객 피드백을 받을 때, 생산-영업-마케팅 부서 직원들이 모두 참석한다. 고객의 소리 중에서 듣고 싶은 것만 골라 듣게 되는 오류를 줄이기 위해서다. 나는 보통사람과 다르다고 생각하지 말라. 오류를 막기 위한 장치를 의도적으로 고안하고 실행하라. 나의 생각은 물론 기존 주장의 전제조건도 재검토해보라.

셋째, 모르는 일의 목록을 만들라. 현대과학은 라틴어로 표현하면 '이그노라무스(ignoramus)', 즉 '우리는 모른다'에 기원하고 있다고 한다. 우리가 모든 것을 알지는 못한다고 가정하고, 지금 아는 것이 훗날 틀린 것으로 드러날 수도 있음을 받아들이는 것이 과학이라는 의미다. 지식의 섬이 넓을수록 해안선은 길어진다. 모른다는 것은 부끄러운 것이 아니라 그만큼 안다는 것과 동의어다.

넷째, 실패로부터 배우려고 노력하라. 실패가 자신이 한 행동의 결과임을 인정하고 실패를 통해 학습하는 것이다. 외부 상황 요인보다 자신의 잠재력에 집중해 생각해보라. 실수가 내 잘못임을 받아들일 때 오류를 시정하고 성장할 수 있다.

다섯째, 반대증거를 적극적으로 찾아라. 우리는 어떤 행동 방침이 옳다고 생각하면 모든 정보가 그것을 뒷받침한다고 여긴다. 더욱이 일단 시간과 열정, 비용이 투입되고 나면 전진만 하지, 후진을 싫어한다. 나의 생각에 배치되는 정보가 나오더라도 무시하고 배제한다. 확증편향에 '돌이키기엔 너무 멀리 왔다'며 전진만 하는 몰입상승이 더해지면 설상가상이다. 반대증거는 도외시하고 더 나은 대안은 무시한다. 이런 위험을 막기 위해 '우리가 만일 다른 결정을 선택한다면 어떻게 전개됐을지' 묻는 '만약에(if)' 질문을 상용하자.

진화론자 찰스 다윈은 젊은 시절부터 확증편향에 맞서 싸우는 것을 습관화했다고 한다. 자기 이론에 맞는 증거 못지않게 반대되는 증거에 귀를 기울였다고 한다. 관찰결과가 자신의 이론과 어긋날 때면 그점을 가장 진지하게 고민하고 결과를 기록해놓았다고 한다. 자신의 이론이 옳다고 확신할수록 그와 모순되는 것들을 더욱 활발하게 찾아 나섰다.

나를 낮춰야 높아진다. 단순무식을 인지하는 것이야말로 지식의 출발이다. 무지의 역설, 단무지의 법칙을 기억하자.

[성찰과 통찰]
'나는 모른다'의 구체적 실천은 목뿐 아니라 눈에서 힘을 빼는 것이다.
– 내가 알아야 할 그 밖의 것이 무엇인지 확실히 물어보라.
– 문제정의에서 빠진 것이 무엇인가 생각해보라.
– 기준을 바꾸거나, 뒤집어서 생각해보라.

단행본

—《1만 시간의 재발견》, 안데르스 에릭슨 · 로버트 폴 지음, 강혜정 옮김, 비즈니스북스, 2016.

—《공자가어》, 왕숙 편찬, 임동석 옮김, 동서문화사, 2009.

—《군주론》, 니콜로 마키아벨리, 박상훈 옮김, 후마니타스, 2014.

—《귀곡자》, 박찬철 · 공원국, 위즈덤하우스, 2008.

—《기브 앤 테이크》, 애덤 그랜트 지음, 윤태준 옮김, 생각연구소, 2013.

—《넛지》, 리처드 탈러 · 캐스 선스타인 지음, 안진환 옮김, 리더스북, 2009.

—《논어집주》, 성백효 옮김, 전통문화연구회, 2010.

—《루키 스마트》, 리즈 와이즈먼 지음, 김태훈 옮김, 한국경제신문사, 2015.

—《맹자집주》, 성백효 역주, 전통문화연구회, 2005.

—《멀티플라이어》, 리즈 와이즈먼 · 그렉 멕커운 지음, 최정인 옮김, 한국경제신문사, 2012.

—《모략의 즐거움》, 마수취안 지음, 이영란 옮김, 김영사, 2007.

—《빌 클린턴의 마이 라이프》, 빌 클린턴 지음, 정영목 · 이순희 옮김, 물푸레, 2004.

—《사기열전》, 정범진 옮김, 까치, 1995.

—《설원》, 유향 지음, 임동석 역주, 동서문화사, 2009.

—《세치 혀가 백만군사보다 강하다》, 리위이 지음, 장언 옮김, 김영사, 2004.

—《소서 : 삶의 근원은 무엇인가》, 황성공 지음, 문이원 편, 동아일보사, 2015.

—《소통과 설득의 달인 맹자》, 조성기, 그물, 2013.

—《손자병법》, 김원중 옮김, 휴머니스트, 2016.

—《순자》, 김학주 옮김, 을유문화사, 2008.

—《스마트한 생각들》, 로프 도벨리 지음, 두행숙 옮김, 걷는나무, 2012.

—《아부의 즐거움》, 이한우, 휴먼앤북스, 2007.

—《아웃라이어》, 말콤 글래드웰 지음, 노정태 옮김, 김영사, 2009.

—《오리지널스》, 애덤 그랜트 지음, 홍지수 옮김, 한국경제신문사, 2016.

—《용인술》, 김성회, 쌤앤파커스, 2014.

—《유토피아》, 토머스 모어 지음, 주경철 옮김, 을유문화사, 2007.

—《인물지》, 박찬철·공원국, 위즈덤하우스, 2009.

—《쟁경 : 동양고전에서 배우는 이기는 기술》, 자와환둥 지음, 노만수 옮김, 민음사, 2013.

—《정관정요》, 오긍 지음, 김원중 옮김, 휴머니스트, 2016.

—《정관정요》, 오긍 지음, 이충규 책임번역, 전통문화연구회, 2015.

—《조선의 르네상스인 중인》, 허경진, 랜덤하우스코리아, 2008.

—《조선의 아웃사이더》, 노대환, 역사의아침, 2007.

—《주역전의》, 성백효 역주, 전통문화연구회, 2010.

—《집단지성이란 무엇인가》, 찰스 리드비터 지음, 이순희 옮김, 21세기북스, 2009.

—《채근담》, 이석호 옮김, 명문당, 2015.

—《치국방략》, 영가선생 지음, 김동휘 옮김, 신원문화사, 2005.

—《플라톤의 국가》, 박종현 역주, 서광사, 2005.

—《플루타르코스의 모랄리아》, 허승일 옮김, 서울대학교출판문화원, 2012.

—《한비자》, 김원중, 휴머니스트, 2016.

—《한비자, 관계의 기술》, 김원중, 휴머니스트, 2017.

—《한비자, 권력의 기술》, 이상수, 웅진지식하우스, 2007.

기사

—"저열한 인격으로 높은 성과… '사악한' 직원은 기업을 어떻게 망치는가", Sharon Florentine, CIO Korea, 2016.03.23.

〈하버드 비즈니스 리뷰〉 논문

—"감정을 읽고 이해하고 조절할 줄 아는 리더를 육성하라", 김성남, HBR, 2016년1-2월.

—"경제의 윤활유 '신뢰'의 기술", 로더릭 M. 크레이머(Roderick M. Kramer), HBR, 2013년6월.

—"권력이 당신을 타락시키지 못하게 하라", 대처 켈트너(Dacher Keltner), HBR, 2016년10월.

—"누구를 믿어야 하나?", 데이비드 디스테노(David DeSteno), HBR, 2014년3월.

—"마음을 움직이는 조언(助言)의 기술", 데이비드 A.가빈(David A. Garvin) · 조슈아 D. 마르골리스(Joshua D. Margolis), HBR, 2015년1-2월.

—"무례함에 대한 대책", 크리스틴 포래스(Christine Porath), HBR, 2016년4월.

— "바보 같은 집단을 현명하게 만드는 법", 리드 헤이스티(Reid Hastie) · 캐스 선스타 인(Cass R.Sunstie), HBR, 2015년5월.

— "사람의 외모는 이름을 따라간다", 스콧 베리나토(Scott Berinato), HBR, 2017년 9-10월.

— "상사가 미우십니까?", 만프레드 F.R. 케츠 드 프리스(Manfred F.R. Kets de Vries), HBR, 2016년12월.

— "상사에게 내 아이디어를 관철시키려면…", 제임스 디터트(James Detert) · 수전 J. 애시퍼드(Susan J. Ashford), HBR, 2015년1-2월.

— "스스로의 편견을 넘어서라", 존 W. 페인(John W. Payne) · 캐서린 L. 밀크맨 (Katherine L. Milkman) · 잭 B. 솔(Jack B. Soll), HBR, 2015년5월.

— "신경과학으로 본 신뢰", 폴 J. 자크(Paul j. Zak), HBR, 2017년1-2월.

— "악질 리더 코칭하기", 만프레트 F.R. 케츠 드 프리스(Manfred F.R. Kets de Vries), HBR, 2014년4월.

— "에반젤리즘의 기술", 가이 가와사키(Guy Kawasaki), HBR, 2015년5월.

— "여성이여, 말문을 열어라", 메리 데이비스 홀트(Mary Davis Holt) · 질 플린(Jill Flynn) · 캐스린 히스(Kathryn Heath), HBR, 2014년6월.

— "왜 조직은 학습하지 않을까?", 브래들리 스타츠(Bradley Staats) · 프란체스카 지노 (Francesca Gino), HBR, 2015년11월.

— "유머로 리드하라", 앨리슨 비어드(Alison Beard), HBR, 2014년5월.

— "이제 조직의 정서적 문화에 집중하라", 올리비아 A 오닐(Olivia A. O'Neill) · 시걸 바르세이드(Sigal Barsade), HBR, 2016년1-2월.

— "재능의 저주", 잔피에로 페트리글리에리(Gianpiero Petriglieri)·제니퍼 페트리글리 에리(Jennifer Petriglieri), HBR, 2017년5월.

— "정서를 자극하는 리더가 되는 법", 리처드 보야치스(Richard Boyatzis) · 대니얼 골 먼(Daniel Goleman), HBR, 2014년2월.

— "제대로 선행하는 법을 아는 리더들", 커트 니키시(Curt Nickisch), HBR, 2017년6월.

— "친밀한 대화가 리더십이다", 마이클 슬린드(Michael Slind) · 보리스 그로이스버그 (Boris Groysberg), HBR, 2012월6월.

— "호의 탈진을 막아라", 애덤 그랜트(Adam Grant) · 렙 리벨(Reb Rebele), HBR, 2017 년6월.